KB047540

DMZ의 미래

The Future of the Korean DMZ

이 도서의 국립중앙도서관 출판시도서목록(CIP)은 ο·CIP홈페이지(http://www.nl.go.kr/ecip)와 국가자료
공동목록시스템(http://www.nl.go.kr/kolisnet)에서 이용하실 수 있습니다(CIP제어번호: CIP2013000726).

DMZ
의
미
래

DMZ 가치의 세계화와 지속가능발전

The Future of the Korean DMZ
Global Understanding and Sustainable Development

조응래 외 지음 | 경기개발연구원 엮음

한울
아카데미

발간사

한국의 DMZ 일원은 산과 강, 습지가 만들어내는 다양한 자연환경에 과거부터 이어 내려오는 다양한 역사적·문화적 흔적이 더해져 다채로운 매력을 지니고 있습니다. 더욱이 세계에서 유일하게 남아 있는 냉전시대의 유물로 전쟁의 상처와 아픔을 간직하고 있습니다. 60년 가까이 인간의 활동이 통제된 채로 남으면서 자연의 회복력과 순수성을 보여주는 한반도 DMZ는 국제적으로도 생태적·지질학적 가치를 인정받고 있습니다. 빠른 시일 내에 유네스코생물권보전지역으로 지정되어 전 세계의 많은 사람이 한반도 DMZ의 가치를 인식할 뿐만 아니라 DMZ를 보고 느끼고 즐기기 위해 방문하는 기회가 생기기를 기대합니다.

DMZ 접경지역은 그동안 과도한 군사시설보호구역 지정 및 취약한 산업기반으로 한국에서 소외된 지역이지만 통일이 이루어지거나 남북관계가 개선되면 한반도의 중심지역이 될 가능성이 매우 높은 지역입니다. DMZ와 관련된 여러 계획이 접경지역과 분리된 채 진행되고 있지만 DMZ의 활성화를 위해서는 접경지역을 고려한 발전전략이 반드시 필요하다고 생각합니다. DMZ의 배후도시인 접경지역에 산재해 있는 통일·안보·역사·문화·생태자원을 활용해 많은 사람이 방문할 수 있도록 유도하고 지역주민의 적극적인 참여를 통해 지속가능한 발전이 이루어지도록 노력해야 할 것입니다.

이 책은 2013년 DMZ 설치 60년을 맞이해 DMZ의 미래 모습을 전망하고자 기획되었습니다. 그동안 경기개발연구원에서는 「민통선지역 유네스코생물권지역 지정을 위한 타당성 조사 및 관리방안 연구」, 「DMZ 생태평화마을 조성을 위한 기초조사 및 발전방향」, 「경기도 접경권 초광역 종합발전계획(안) 추진방안」 등 DMZ 관리 및 접경지역 발전을 위한 다양한 연구를 수행했습니다. 이 책은 기존 연구와 달리 종합연구기관인 경기개발연구원의 특성을 살려 DMZ 및 접경지역과 관련한 경제, 환경, 관광, 도시관리, 교통, 남북교류 등의 이슈에 대한 정책방안을 종합적으로 제시하는 데 역점을 두었습니다. 남북관계가 개선될수록 DMZ 일원의 개발압력은 커질 것이기 때문에 DMZ를 체계적으로 관리하기 위한 방안을 지금부터 마련할 필요가 있습니다.

이 책이 DMZ를 보전하고 활용하는 정책방향을 설정하는 데 도움이 되기를 바라며 발간을 위해 노력해준 조응래 박사를 비롯한 집필진과 원고 정리를 맡아 수고해준 홍명기 연구원에게 감사의 말씀을 드리는 바입니다.

2013년 2월

경기개발연구원장 홍순영

추천사

1953년 휴전협정은 남한과 북한 사이의 완충지역이면서 법적 경계를 이루는 DMZ(비무장지대)를 탄생시켰다. 서부 섬 일대로부터 동부 고성군까지 폭 4km, 길이 248km에 걸쳐 있는 DMZ는 인간의 발길이 끊긴 지역으로 희귀식물과 멸종동물이 서식하는 생태적 보고이며 한반도의 평화와 안보, 그리고 생명의 잠재성을 위한 상징 장소이다. 생태의 보고인 DMZ는 지구촌 사람 모두의 관심지역이 된 지 오래이다. 전 세계인은 환경생태적인 가치 측면에서 뿐만 아니라 평화, 생명과 생태, 지속가능발전이라는 인류의 보편적 가치를 실현할 수 있는 기회로 DMZ를 바라보고 있다. 또한 기후변화 대응의 측면에서도 그 가치가 높게 평가되고 있다.

DMZ와 그 인접지역은 한반도 중앙에 자리 잡은 대규모 지대로서 환경 및 생태적 가치와 함께 여러 형태의 토지이용 잠재력을 지니고 있다. 이에 따라 한반도를 60년 동안 남북으로 가로지르고 있는 DMZ의 평화적 이용에 대한 관심은 갈수록 높아지고 있다. DMZ의 보전과 현명한 이용은 세계 과학연구 분야에의 기여, 생태와 문화적 이해의 확대, 미래를 위한 환경자산 축적, 평화 도모, 지역발전, 금수강산으로서 한반도 이미지와 유산을 재정립하는 기회를 제공할 수 있다는 점에서 그 가치와 의미를 찾을 수 있다.

DMZ는 세계 어느 곳에서도 찾아볼 수 없는 생태계이지만 인간의 발길이 닿기 시작하면 모든 것이 변할 수밖에 없다. 이미 경험한 바 있는 DMZ 내 경의선과 동해선 복원구간에서의 습지 육지화 현상이 그것을 증명한다. 절대로 보전되어야 할 지역과 지속가능한 이용이 허용되는 지역을 구분해 관리해나갈 필요가 있다. DMZ 일원의 보전·이용의 가치와 의미는 과거, 현재, 미래의 관점에서 조명될 필요가 있다. DMZ의 생태계는 민감하고 다양해서 현대과학으로는 그 가치를 모두 이해할 수 없기 때문에 미래가치를 고려한 책임 있는 보전과 지속가능한 이용이 이루어져야 할 것이다.

우리의 자연유산인 DMZ를 현명하게 관리해서 후세대에게 물려줄 책무를 다하기 위해서는 남북도 새로운 사고체계로 DMZ를 바라볼 필요가 있다. DMZ가 유네스코생물권보전지역으로 지정되면 남북이 공유하는 직간접적 혜택이 커질 것으로 예상된다. 접경지역에서의 조정과 협조를 위한 국제적 파트너십 구성과 이를 통한 남북의 적극적인 참여가 필요한 시점이다. 지역주민과도 충분한 소통을 거쳐 그들의 요구를 수렴한 DMZ 관리방안을 마련해야만 지속가능한 관리가 가능하다. 언제 올 지 모르는 통일이지만 그날에 대비해 DMZ 관리계획을 지금부터 준비해나가야 한다. 이 책이 이 같은 노력을 실천에 옮기는 데 큰 기여를 할 것으로 확신해 마지않는다.

2013년 2월
서울대학교 명예교수 김귀곤

서문

2013년은 DMZ(비무장지대)가 만들어진 지 60년이 되는 해이다. DMZ는 1953년 7월 27일 정전협정에 따라 군사분계선을 경계로 남북에 각각 2km의 완충공간을 두기로 협정함에 따라 설치되었다. 지난 60년간 사람들의 출입이 통제됨에 따라 DMZ 일원은 아주 특수한 자연생태환경이 이루어져 식생우수지역, 희귀식물군 서식지 등이 다수 분포하고 있다. DMZ의 자연생태환경에 관심이 많은 세계자연보전연맹(IUCN), 유엔환경계획(UNEP), 국제기념물유적협의회(ICOMOS) 및 터너재단 등은 DMZ를 국제평화공원으로 조성하거나 세계유산으로 등재하는 방안을 제안했다.

중앙정부와 경기도, 강원도는 지난 2001년부터 남북 간 첨예한 대립의 공간인 DMZ를 생물권보전지역으로 지정받아 평화와 생명의 공간으로 탄생시키기 위해 노력해왔다. 그러나 북한의 협조가 이루어지지 않아 2010년부터는 한국 단독으로 보전지역 지정을 추진해왔다. 2012년 7월 11일 파리에서 개최된 제24차 유네스코 인간과 생물권(Man and the Biosphere) 국제조정이사회에서는 대한민국 DMZ를 생물권보전지역으로 선정하는 안건이 유보되었다. 그 이유는 철원지역이 완충·전이지역을 충분히 갖추지 못했기 때문으로 파악되고 있다(생물권보전지역은 핵심·완충·전이지역으로 구성된다). 북한의 반대도 지정이 원활하게 이루어지지 않은 또 다른 이유로 논의되고 있다. 따라서 앞으로 DMZ 보전·이용과 관련한 계획을 추진할 때는 북한의 동참을 유도하는 방안을 적극 모색할 필요가 있다.

통일이 되거나 통일에 준하는 남북관계 개선이 이루어졌을 때 DMZ를 어떻게 관리해나갈지에 대한 구체적인 방안을 아직 없다. 정부 내 여러 부처에서 DMZ 및 접경지역의 발전을 위한 계획을 수립했지만 대부분이 DMZ 생태자원의 우수성과 평화의 상징성, 양호한 접근성 등 생태적·평화적·경제적 잠재력을 활용해 DMZ 일원을 세계적인 생태·평화의 상징공간으로 육성한다는 계획이다. 북한의 핵실험 등으로 이명박 정부 시절 내내 남북관계가 악화상태에 있었기 때문에 중앙정부의 DMZ 일원 육성계획은 통일·안보·역사·문화·생태자원을 활용한 동서축 중심의 연계관광코스 개발에 집중되었다.

그러나 DMZ의 미래를 준비하기 위해서는 이 지역을 남북분단의 공간으로 한정할 것이 아니라 통일 이후 한반도에서의 DMZ 역할과 기능을 재조명할 필요가 있다. 이를 위해서는 단절의 공간이라는 기존 틀에서 계획하던 DMZ를 통일 이후까지 고려한 소통의 공간으로 재탄생시킬 수 있는 패러다임의 전환이 요구된다. 특히 통일 이후까지 고려한 DMZ 계획은 DMZ를 접경지역과 연계발전시키고 남북 간 소통을 강화하며 더 나아가 세계와의 소통을 확대하는 방향을 추구해야 한다.

한반도를 가로지르는 단절의 공간 DMZ를 둘러싸고 있는 접경지역은 과도한 군사시설보호구역 지정 및 취약한 산업기반으로 대한민국에서 소외되어왔지만 통일 후에는 한반도 핵심지역으로서의 잠재력과 중요성이 크게 부각되는 곳이다. 남북관계가 개선되면 개성을 포함한 DMZ 및 접경지역 일대를 중심으로 개발압력이 증가해 무질서한 토지이용이 나타날 것으로 예상되는바 민통선지역을 포함한 접경지역에 대한 계획적 개발계획이 필요하다. 도시 하천 옆에 설치된 산책길과 자전거길의 경우 주변 아파트에 살고 있는 주민 이용객이 많듯이 DMZ 평화누리길, 생태관광벨트를 활성화하기 위해서는 접경지역 배후도시를 성장시키는 것이 무엇보다 중요하다. 그러므로 DMZ를 따라 선형발전계획을 수립하는 데서 벗어나 접경지역 내 마을과 연계해 지역단위의 발전방향을 마련하는 것이 바람직하다.

DMZ의 생태적·지질학적·역사적 가치를 고려할 때 이 지역은 생물권보전지역뿐만 아니라 앞으로 지질공원, 세계유산으로도 등재가 가능하다. 그러나 아쉽게도 DMZ 일원이 한반도 역사에서 얼마나 중요하며, 생태적·지질학적으로 어떤 의미가 있는지 알고 있는 국민이 많지 않다. 따라서 DMZ 일원의 중요성에 대해 인식하고 장기적인 계획 아래 전 세계의 관심을 유도할 수 있는 방안을 마련해야 한다. 안보, 생태, 평화가 공존하는 세계 속의 DMZ를 만든다는 비전 아래 DMZ 자원의 보전과 활용, 관광수요 창출을 통한 지역경제 활성화, 글로벌 경쟁력 향상으로 DMZ의 위상을 정립할 필요가 있다.

정부는 DMZ 생물권보전지역 지정을 통해 접경지역 주민들의 생활 및 지역경제에 도움이 될 수 있는 방법을 찾고자 노력했다. 하지만 각종 규제로 고통받는 접경지역 주민들은 DMZ가 생물권보전지역으로 등재되면 또 다른 규제가 이루어질까 봐 걱정했다. 생물권보전지역이라는 명칭 때문에 이 계획의 중심이 환경보전에 실려 있는 것처럼 보이지만 실제로는 절대적으로 보전해야 할 지역을 제외하고는 지역발전을 위해 완충지역과 전이지역을 어떻게 활용할 것인가에 중점을 두고 있다. 따라서 지역주민들의 적극적인 참여 아래 사업이 추진될 수 있도록 주민들의 인식을 증진시키고 중앙정부와 긴밀히 협의해 주민들의 요구사항을 개선시켜나가야 한다.

신안 다도해의 경우도 처음에는 주민들의 반대로 일부 지역이 생물권보전지역에서 제외되었지만 현재는 제외지역의 주민들이 생물권보전지역으로의 포함을 요구하고 있다. 광릉숲 생물권보전지역의 경우는 경기도가 해당 시·군 및 지역주민들과 충분히 협의함으로써 2010년 마침내 생물권보전지역으로 지정될 수 있었다. 따라서 정부는 생물권보전지역의 관리주체가 지역주민이라는 사실을 명확히 인식하고 DMZ 일원의 지속가능발전을 위해 지역주민의 동참을 유도할 필요가 있다. 이를 위해서는 지역주민이 참여하는 생태 프로그램 개발 등 지역소득 창출을 위해 적극적으로 노력해야 하며 지역주민이 주체가 되어 DMZ를 관리하고 이용하는 체계를 마련해야 할 것이다. 접경지역 주민의 적극적인 호응 아래 DMZ가 생물권보전지역으로 선정되고 지질공원, 세계유산으로도 등재되어 전 세계의 많은 이들이 한반도 DMZ의 과거와 현재, 그리고 미래를 보고 느끼고 체험하기 위해 방문하는 날을 기대한다.

2013년 2월
집필진을 대표하여 조응래

⌐차례

[PART 2] DMZ의 미래

PART 01 DMZ의 과거와 현재

chapter 01
DMZ의 역사와 의미

1. 한국전쟁 중단으로 탄생한 DMZ

한반도의 비무장지대(Demilitarized Zone: DMZ)는 1950년 6월 25일 발발한 한국전쟁이 1953년 7월 27일 정전협정(Armistice Agreement)에 의해 휴전됨으로써 생겨났다. 즉, 한국전쟁이 종전(終戰) 아닌 정전(停戰)으로 마무리되면서 육상의 군사분계선(Military Demarcation Line: MDL)을 중심으로 남북으로 각각 2km씩 양국의 군대를 후퇴시키기로 약속해 만들어진 것이다.[1] DMZ는 국가가 자국의 영토임에도 국제법상 병력 및 군사시설을 주둔시키지 않을 의무가 있는 특정 지역이나 구역이다.[2] 하지만 모두가 알고 있는 것처럼 현재 한반도 DMZ와 그 일대는 세계에서 가장 중무장된 지역이다.

---

1) 군사분계선 하나를 확정하고 쌍방이 이 선으로부터 각각 2km씩 후퇴함으로써 적대 군대 간에 비무장지대 하나를 설정한다(정전협정 제1조 1항).
2) 손기웅, 『DMZ 총람: 개요, 정치·군사적 현황』(통일연구원, 2011), 3쪽.

정전협정에서는 DMZ를 임진강하구에서부터 강원도 고성군 명호리에 이르는 248km 육상부로 규정하고 있다. 육상 DMZ 이외에 임진강하구로부터 강화도 말도(末島, 끝섬)에 이르는 지역은 한강하구의 중립지역(Neutral Zone, Han River Estuary)으로서 남북 공용의 특수지역3)으로 설정되었다. 한강이 서해로 유입하는 한강하구수역은 정전협정 제1조 5항에 의해 남북 쌍방의 민간선박 모두에게 법적으로 그 이용이 개방되어 있다. 이는 육상의 DMZ가 남북의 민간 이용을 금지하고 있는 것과는 대조적인 사실이지만 이를 알고 있는 사람은 많지 않다.

정전협정 체결 시 유엔군과 공산군은 쌍방의 견해 차이로 MDL과 같은 해상경계선을 설정하는 데 실패했다. 이에 따라 1953년 8월 30일 유엔군 사령관 마크 클라크(Mark W. Clark)는 한반도 해역에서 남북 간의 우발적인 무력충돌 가능성을 배제하기 위해 동해 및 서해에 남한의 해군 및 공군 초계활동을 한정 짓기 위한 선으로 북방한계선(Northern Limit Line: NLL)4)을 설정했다.

한편 남한에는 DMZ의 바깥 인접지역에 민간인 출입을 제한하기 위한 민간인통제선(이하 민통선)이 설정되어 있으며, 민통선에 인접한 15개 시·군이 개발에서 소외·낙후되는 문제를 개선하기 위해 「접경지역지원특별법」에 따라 이 지역을 접경지역으로 지정했다. 통상적으로 DMZ와 민통선 이북지역,

---

3) 한강하구수역으로서 그 한쪽 강안이 다른 일방의 통제하에 있는 곳은 쌍방의 민간선박 항해에 이를 개방한다. 한강하구의 항행규칙은 군사정전위원회가 이를 규정한다. 쌍방 민간선박이 항해함에 있어 자기 측의 군사 통제하에 있는 육지에 배를 대는 것은 제한을 받지 않는다(정전협정 제1조 5항).

4) NLL은 당시의 영해기준인 3해리를 고려하고 서해 5도(백령도, 대청도, 소청도, 연평도, 우도)와 북한지역과의 개략적인 중간선을 기준으로 설정했다. 동해상에는 MDL 연장선을 기준으로 북방경계선(Northern Boundary Line: NBL, 1996년 7월 이후 NLL으로 명칭이 통일되었다)을 설정했다.

<그림 1.1.1> 남북경계지역의 공간 구성

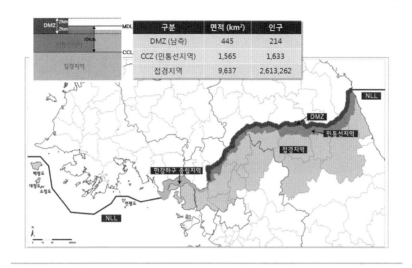

구분	면적 (km²)	인구
DMZ (남측)	445	214
CCZ (민통선지역)	1,565	1,633
접경지역	9,637	2,613,262

접경지역을 포함해 DMZ 일원으로 부른다.

민통선은 1954년 2월 3일에 군사·안보 목적상 미 제8군사령관 직권으로 DMZ와 인접한 지역에 민간인이 귀농해 농사활동을 하는 것을 규제하는 귀농한계선으로서 설정되었다. 이후 한국군이 휴전선 방어의 임무를 담당하면서 1958년 6월에 민통선으로 그 명칭이 바뀌었고 1959년 6월 11일 군 작전 및 보안상 지장이 없는 범위 내에서 출입·입주영농이 허가되었다.[5] 민통선은 그간 몇 차례의 조정을 통해 계속 북상해 축소되었으며 현재는 「군사기지및군사시설보호법」 제5조 2항에 따라 MDL 이남 10km 범위 이내에서 정할 수 있다고 규정되어 있다.

---

5) 유네스코한국위원회, 「민통선지역의 생태계 보전과 지역사회 활성화 동시 달성을 위한 조사연구 보고서」(1997).

접경지역은 「접경지역지원특별법」 규정에 따라 "비무장지대 또는 해상의 북방한계선과 잇닿아 있는 시·군과 「군사기지및군사시설 보호법」 제2조 제7호에 따른 민간인통제선(이하 '민간인통제선'이라 한다) 이남(以南) 지역 중 민통선과의 거리 및 지리적 여건 등을 기준으로 해 대통령령으로 정하는 시·군"으로 인천시, 경기도, 강원도 15개 시·군6)이 해당된다.

2. 아직도 살아 있는 세계 냉전사의 현장

정전협정에 의하면 쌍방은 모두 DMZ 내에서 또는 DMZ로부터 또는 DMZ를 향해 어떠한 적대행위도 할 수 없다. 또한 군인이든 민간인이든 DMZ에는 그 지역 사령관의 허가 없이는 출입할 수 없다. DMZ에 들어가도록 허가받는 군인과 민간인의 수는 각 양방 사령관이 결정하지만 어느 일방이 허가한 인원의 총수는 언제든 1,000명을 초과할 수 없다. 민사행정을 위한 경찰의 인원 수 및 휴대 무기는 군사정전위원회가 규정하며 다른 인원은 군사정전위원회의 허가 없이는 무기를 휴대할 수 없다. 1953년 7월 31일 군사정전위원회 제4차 회의에서 양측은 민사행정경찰을 보총과 권총만으로 무장시키는 데 합의했다. 즉, 방아쇠를 잡아당길 때마다 총탄 1발 이상을 발사할 수 있는 자동식 무기를 금지시키기로 합의한 것이다.7)

하지만 현실에서 DMZ는 이와 사뭇 다른 모습이다. 우선 쌍방의 2km 후

---

6) 인천시 옹진군·강화군의 2개 군, 경기도 김포시·파주시·연천군·고양시·양주시·포천시·동두천시의 7개 시·군, 강원도 철원군·화천군·양구군·인제군·고성군·춘천시의 6개 시·군.
7) 손기웅, 『DMZ 총람: 개요, 정치·군사적 현황』(통일연구원, 2011), 90~91쪽.

〈표 1.1.1〉 연대별 남북경계지역의 정전협정 위반 또는 군사충돌 사건 수

구분	총계	1953~1960	1961~1970	1971~1980	1981~1990	1991~2000	2001~2009
소계	219	13	82	32	21	40	31
육상	115	1	37	11	10	32	24
해상	82	7	40	14	7	8	6
공중	22	5	5	7	4	0	1

자료: 국방정보본부, 『군정위편람』(국방부, 2010), 222쪽.

퇴라는 원칙마저도 철저히 준수되고 있지 않다. DMZ의 남방한계선과 북방
한계선을 따라 수많은 군인과 막강한 화력이 배치되어 있으며 일부는 DMZ
내에 자리 잡고 있다. 휴전선지역에서 발견된 땅굴 4개 역시 DMZ 내부 전
선지역의 주요 접근로상에 있다.

　　현재 북한은 중화기진지 66개, 땅굴 4개, 30km에 달하는 지뢰지대, 감시
초소 및 관측소 283개 , 철책선, 막사 등의 시설을 운영하고 있다. 이에 대응
해 남한도 DMZ 내 주요지점에 GP(Guard Post) 및 OP(Obvervation Post) 96개를
운용하고 있다.[8] 그리고 정전협정 체결 직후부터 현재까지 북한은 DMZ 내
에서 끊임없이 군사적 충돌을 야기해왔다. DMZ가 육상경계라는 점을 고려
하면 북한은 DMZ 내에서만 주요 도발행위 115건을 일으켰으며 2000년 이
후에도 북한 GP에서의 총격 등 도발행위 24건이 발생했다.

　　이처럼 한국전쟁이 일어난 지 60여 년이 지났어도, 세계 냉전체제가 무너
진 지 한참이 되었어도 DMZ는 여전히 끝나지 않은 세계 냉전사의 생생한
현장이며 남북분단의 장벽으로 살아 있다. 2009년 미국의 시사주간지 ≪타
임(Time)≫은 한반도의 DMZ(판문점)를 '아시아에서 가볼 만한 곳 25개소' 중

---

8) 제성호, 『한반도 안보와 국제법』(KIDA PRESS, 2010), 161~162쪽.

하나로 선정하며 "Step into Living Cold War History(살아 있는 냉전사의 현장으로 들어가다)"라고 소개했다. 세계에서 가장 무서운 곳인 판문점에서 회담장 한가운데 놓인 경계선을 넘어 아무도 갈 수 없는 북한 땅을 살짝 디뎌볼 수 있다는 것이다. 그러나 DMZ에 가봐야 할 진짜 이유는 냉전사에서 마지막 남은 충돌의 현장을 목격하고 냉전체제가 하나의 민족인 남북을 어떻게 갈라 놓고 있는지를 이해하는 것이라고 했다.

한국을 찾는 외국인에게 판문점과 DMZ는 다른 어떤 곳에서도 볼 수 없는 독특한 관광지이다. 그러나 우리에게 이곳은 단순한 관광지가 아니라 아직 살아 있는 전쟁터이고 주민들의 안전과 생활을 위협하는 현장이며 평화와 생명의 새로운 가치를 절실히 필요로 하는 아픔의 현장이다.

3. 기념비적 유물 vs. 잠재가치

역사적으로 분명 DMZ는 극도의 긴장감이 도는 살아 있는 냉전의 현장이다. 사람들이 통일을 갈망하는 이유 중 하나는 남과 북을 가르는 DMZ의 긴장상태를 해소하고 자유롭게 이 공간을 건너 소통하기 위해서이다. 외국인의 눈에 '가볼 만한 곳'으로서 DMZ의 매력요소는 한민족에게는 위협이고 불행이다. 우리는 '현재진행형의 살아 있는 냉전사 현장'이 통일과 함께 '과거 냉전사 현장'으로 바뀌기를 바란다. 그런 의미에서 이것은 일종의 모순이다.

DMZ에는 이중성과 양면성이 있다. 이곳은 세계에서 유일하게 남은 냉전의 현장으로 군사적 충돌을 막기 위한 완충지역의 긴장감이 팽팽하다. 다른 한편으로는 인간의 활동이 배제된 세월만큼 자연이 만들어낸 독특한 생태계가 존재하는 각종 야생 동식물의 피난처이기도 하다. 그런 의미에서 DMZ는 없어져야 할 대상이면서 또 지켜내야 할 대상이기도 하다.

한반도의 정세가 변화되어 긴장감이 완화되거나 통일이 이루어지면 DMZ의 위상은 크게 변할 것이다. 더 이상 군사적 대치공간이 아니고 안보를 위한 군사적 규제가 적용되지 않아 주민들은 자유롭게 재산권을 행사할 수 있을 것이다. 또한 살아 있는 냉전사 현장이 아니고 이미 지나간 역사의 유물이 되어 중요한 몇몇 지점만 관광지로 남게 될 수도 있다. 눈에 보이는 물리적 장벽이 없어지는 대신 사회문화적 격차 해소와 사회 통합의 문제가 남을 것이다. 또한 야생 동식물의 피난처로서 DMZ를 어떻게 보전하고 지속가능하게 할 것인가의 문제에 당면할 것이다.

DMZ의 미래를 생각할 때 지금 준비해야 할 것이 무엇인지에 대해 깊이 고민해야 한다. 이제 DMZ에 대한 관심은 남북교류협력과 통일의 과정이라는 역할에만 머물지 않고 그 이후의 미래에까지 닿아 있다. 그리고 그것은 현시점과 연결되어 지금 우리가 지키고 만들어가야 할 가치가 무엇인지에 대해 생각하게 만든다. 어느 순간에라도 갑자기 DMZ에 긴장감이 사라졌을 때 그것을 대체할 가치가 무엇인가? 이 지역은 어떻게 변할까? 군사적 규제가 사라진 이곳이 한반도 경제성장의 중핵지대로 부상할 수 있을까? DMZ의 자원으로서 가치를 미래 전망과 함께 인식하고 미래에 DMZ를 둘러싸고 나타날 사회적 갈등을 이해하고 준비해나가야 할 것이다.

4. 한반도 DMZ와 유사한 세계의 대립지역[9)]

한반도의 DMZ와 유사하게 과거 또는 현재에 분단·대립하는 접경지역이 세계 곳곳에 다양하게 존재한다. DMZ는 직접적인 군사충돌을 방지하기 위해 상호 간에 일정 간격을 유지하도록 협정이나 조약에 의해 설정된 완충지대로서 현재 한반도의 DMZ를 포함해 세계적으로 약 12개소가 있다. 대부분의 DMZ는 중동과 동유럽 등 국경분쟁이나 군사적 긴장관계에 있는 지역에서 무력충돌을 막기 위해 설정되어 있다. 이집트와 이스라엘 간의 시나이반도, 쿠웨이트와 이라크의 국경, 세르비아와 코소보의 국경에서부터 한국과 가장 가까운 지역으로는 캄보디아와 타이의 국경까지 여러 지역이 이러한 목적의 DMZ로서 대표적인 사례라고 할 수 있다.

하지만 DMZ가 반드시 분쟁과 군사적 갈등에 따른 결과로 설정되는 것만은 아니다. 특정 국가의 이익 독점과 그에 따른 훼손을 방지하기 위해 국제사회가 DMZ로 설정한 남극과 영유권 문제를 해결하기 위해 파리협약을 통해 DMZ로 남은 노르웨이의 스발바르 제도처럼 지역적 특성에 따라 DMZ로 정해지기도 한다. 대부분의 DMZ와 접경지역은 양 집단 사이에 자리한 변방이자 세력 간 힘의 완충지대로 남아 적극적으로 활용되지 않지만 일부 지역에서는 접경지역을 적극적으로 이용해 양국의 상호이익 증진과 평화 정착에 큰 기여를 하기도 한다.

한편 한반도 DMZ 정책과 관련해 가장 많은 시사점을 주는 국가는 독일이다. 독일을 포함해 서유럽과 동유럽 사이에 놓여 있던 '철의 장막'이나 구

---

9) 박은진 외, 「분단·대립 접경지역의 해외사례와 한반도 DMZ의 시사점」, ≪이슈&진단≫ 44호(2012), 경기개발연구원의 내용을 재정리했다.

1. 모로코/ 스페인
2. 남한/ 북한
3. 캄보디아/ 타이
4. 쿠웨이트/ 이라크
5. 이집트/ 이스라엘 (시나이 반도)
6. 시리아
7. 키프로스
8. 핀란드/ 러시아/ 스웨덴 (올란드 제도)
9. 노르웨이/ 러시아/ 영국/ 미국 (스발바르제도)
10. 트란스니스트리아/ 몰도바
11. 세르비아/ 코소보
12. 남극

자료: 박은진 외, 「분단·대립 접경지역의 해외사례와 한반도 DMZ의 시사점」, ≪이슈&진단≫ 44호(2012), 경기개발연구원.

(舊)남북예멘의 경우는 실제 협정이나 조약에 의해 설치된 DMZ는 아니지만 군사시설물로 중무장되었고 왕래를 엄격히 통제했다는 점에서 한반도의 DMZ와 유사했다. 그 외에도 한반도 DMZ의 대립상황과 유사한 분쟁지역이 세계적으로 많다. 중국의 경우 인도, 일본, 필리핀, 베트남 등과 국경분쟁을 하고 있으며 중동과 아프리카 국가들 간에는 석유, 식수, 광물 등 자원과 관련한 핵심이해가 개입되어 접경지역의 대립이 크게 발생하고 있다.

이처럼 대표적인 몇 가지 접경지역 사례를 한반도 DMZ와 비교·검토해보는 것은 DMZ의 특성을 더 잘 이해하고 향후 정책비전을 세우는 데 좋은 교훈이 될 것이다.

1) 통일독일의 '그뤼네스 반트'

냉전시대의 상징이기도 한 '베를린 장벽'으로 대표되는 동서독의 국경지역은 DMZ의 역할과 향후 방향에 대한 좋은 본보기가 되는 사례이다. 동서독 국경의 '철의 장막'은 군사적 목적보다는 동독 주민의 탈출을 막기 위해

〈표 1.1.2〉 DMZ와 유사한 세계의 주요 대립지역 사례

구분	사례지역	접경유형	접경길이/폭/면적	정치적·군사적 특성	현재 이용상태
분단국가 (과거)	독일	냉전지역	·길이 1,393km ·폭 0.5~2km	통일 전까지 '철의 장막'으로 삼엄한 무장 및 이동 통제	그뤼네스 반트 생태 네트워크
	예멘	냉전지역	·길이 1,000km 내외	이념 대립으로 분단된 이후 전쟁 발발과 이동 통제	통일 전 유전 발견으로 공동개발 후 현재 석유 생산
분단국가 (현재)	키프로스	비무장 지대	·길이 186km ·폭 7.4km (니코시아 3.3m) ·면적 346km²	그린라인에 의해 분할되고 수도 니코시아도 양분, 삼엄한 무장상태	여전히 DMZ 존재, 하지만 국경검문소를 통해 남북 간 통행자유는 보장된 상태, 실질적 경제협력 단계 진입
적대적 접경국가	에콰도르/ 페루(콘도르 산맥)	분쟁지역	·면적 16,426km² (평화공원)	식민지 독립 후 국경선 논란에 따른 영토분쟁	접경평화공원(양국의 여러 보호지역이 결합)
	핀란드/ 러시아	냉전지역 유럽연합 경계	·길이 1,250km ·폭 (핀란드 0.5~2km) (러시아 20km) ·면적 약 10,000km²	냉전 당시 엄격한 국경 통제, 이후 통제가 완화되어 국경검문소 통행 가능	다수 보호지역 연계(타이가 산림, 이탄지, 호수)
	홍콩/선전	냉전지역	·길이 약 30km ·면적 20km²	영국 조차지로서 홍콩이 구획되고 중국 공산화 이후 왕래 단절	접경지역에 중국은 경제특구, 홍콩은 신개발지구 조성
비적대적 접경국가	폴란드/ 슬로바키아/ 우크라이나 (동카르파티아)	공존지역 유럽연합 경계	·면적 213km²	과거 잦은 전투로 3국 주민 간 관계는 비우호적, 셍겐조약에 의해 우크라이나 국경은 이동 통제	유네스코 접경생물권보전지역(3국 6개 보호지역 결합)

건설되어 30여 년간 삼엄한 무장과 감시가 이루어졌던 곳이다. 하지만 이동이 완벽하게 차단된 한반도의 DMZ와는 달리 동서독의 국경은 철저한 경비에도 고속도로 4개를 포함한 도로 10개와 철로 9개 등이 연결되어 있었고 정치적 여건 변화에 따라 정도의 차이는 있었지만 주민 간의 방문이나 서신교환, 방송 시청도 가능한 교류와 접촉의 장소였다.

동서독 간에 본격적인 협력이 이루어지기 시작한 것은 1972년 「동서독관계기본조약」이 체결되고 1973년 동서독의 중앙정부와 서독의 접경 4개 주

대표로 구성된 '접경위원회'가 설치되면서부터이다. 동독에서 서독으로 흘러드는 하천의 오염 관리를 위해 시작되어 수자원 관리, 에너지, 자연재해 방지 등 다양한 협력이 이루어졌다. 통일 전에는 주로 경제수준이 높은 서독이 비용을 부담하고 기술을 제공하는 방식으로 협력사업이 추진되었다.

1990년 독일이 통일되면서 동서독의 국경은 새로운 변화를 맞이했다. 통일 전에는 동서독 간 단절의 공간이자 교류의 장으로서 기능하던 국경이 통일 후에는 생태·역사교육과 관광의 장으로 탈바꿈했다. 국경지역은 분단된 30년간 인간의 이용이 제한되었기 때문에 우수한 생태계지역으로 유지될 수 있었고, 이러한 장점을 활용하기 위해 정부의 지원을 받은 분트(BUND, 환경과 자연보호를 위한 시민연대)의 주도 아래 '그뤼네스 반트(Grünes Band, Green Belt)' 사업이 시작되었다. 그뤼네스 반트는 엘베 강 생물권보전지역, 하르츠 국립공원, 뢴 생물권보전지역 등 150여 개 보호지역을 연결하는 중요한 국가적 생태 네트워크를 구성하고 있으며 이 지역 내에는 600종 이상의 국가 위기·희귀종이 서식하는 것으로 알려져 있다. 또한 독일의 그뤼네스 반트를 시작으로 유럽 내에서 옛 '철의 장막'을 따라 '유럽 그린벨트'가 설립되면서 그뤼네스 반트 지역은 전 유럽을 생태적으로 연계하는 생명의 녹색 띠로서 분단과 냉전의 역사를 딛고 지속가능한 발전을 위해 협력하는 유럽 통합의 상징으로 자리매김하고 있다.

또한 접경지역 내에 남아 있는 정찰로, 감시탑 등 분단시대의 군사시설물을 교육·관광자원으로 활용해 생태관광과 역사관광, 문화관광이 결합된 다양한 관광상품이 개발되면서 지역경제의 활성화에도 이바지하고 있다. 그뤼네스 반트는 슬로건으로 '자연, 문화, 역사'를 내세우면서 러시아 대통령이었던 미하일 고르바초프(Mikhail Gorbachev)를 홍보대사로 위촉하기도 했으며 역사와 자연을 체험할 수 있도록 하는 다양한 트레킹·자전거 코스 등을 개발해 유럽 생태관광의 중심지로 관심을 받고 있다.

2) 베트남의 DMZ

베트남은 20세기에 여러 차례의 전쟁을 거쳤다. 그중 1945~1954년에 벌어진 1차 인도차이나 전쟁은 100년 동안 베트남을 지배하던 프랑스로부터 독립을 쟁취하기 위한 것이었다. 1954년 제네바 정전협정에 따라 이 전쟁이 끝나면서 베트남은 북위 17도를 경계로 남과 북으로 분단되었고 이때 DMZ가 생겼다. 하지만 프랑스가 물러난 남베트남을 장악한 미국은 1965년 북베트남에 대한 폭격을 시작으로 베트남 전쟁을 시작했고 1973년 조인된 파리협정에 의해 미국이 베트남에서 철수한 후 북베트남이 남베트남을 공격해 1976년 베트남사회주의공화국으로 베트남 전체가 통일되었다.

베트남의 DMZ는 북위 17도 부근의 벤하이 강을 따라 라오스 국경에서부터 남중국 해변에 이르기까지 폭 10km, 길이 100km에 걸쳐 있었다. 베트남의 통일로 DMZ는 사라졌지만 미국의 네이팜탄과 제초제로 황폐화된 밀림의 흔적은 아직 남아 있다. 조금씩 제 모습을 되찾고 있는 베트남의 DMZ는 베트남 전쟁 때 격전의 흔적과 당시의 생활상을 관광자원으로 적극 활용하고 있다. 특히 미국의 폭격을 피하기 위해 주민과 군인들이 파기 시작해 주민 수백 명이 몇 년 동안 거주했던 2.8km의 빈목 터널은 이 지역의 대표적인 관광지로 많은 관광객이 찾고 있다.

3) 에콰도르, 페루의 콘도르 산맥

에콰도르와 페루는 19세기 스페인에서 독립을 쟁취하면서부터 서부 아마존 지역의 국경선을 둘러싸고 여러 차례 충돌했다. 독립 당시의 불분명한 국경선 때문에 아마존 강으로 이어지는 핵심통로를 확보하기 위한 두 국가의 분쟁은 1828년에 시작되어 1995년 평화협정 체결을 통해 마무리될 때까지 대립과 전쟁을 반복하며 지속되었다. 에콰도르가 불리한 국경선 안(案)을 받아들이는 대신에 아마존 강 및 북쪽 지류의 항해권과 군사기지가 있던 페루 국경 안쪽 1km²에 대한 재산권을 확보하는 것으로 일단락된 두 국가의 국경분쟁에서 해결방안 중 하나로 제시된 것이 콘도르 산맥(Cordillera del Cóndor)의 접경평화공원이다.

콘도르 산맥은 날개 길이가 3m가 넘는 안데스 콘도르를 비롯한 멸종위기종이 서식하는 지역으로 에콰도르와 페루는 국제열대목재기구(ITTO) 등 국제기구의 도움을 받아 1999년 에콰도르에 엘콘도르 국립공원을, 페루에 산티아고-코마이나 보존지역 등을 포함하는 총 16,425.7km²의 접경평화공원을 설립했다. 콘도르 산맥의 접경평화공원은 분쟁 해결과 평화 화해의 직접적 상징이 된 드문 사례로서 공동관리와 자유 통행을 보장하면서 양국의 평화 정착에 기여했으며 공동 자원이용의 실익을 확보할 수 있는 좋은 기회가 되었다.

4) 폴란드, 슬로바키아, 우크라이나의 동카르파티아

동유럽의 카르파티아 산맥은 폴란드, 슬로바키아, 우크라이나의 접경지역에 있으며 수차례의 국경선 변경과 전투 때문에 인접 주민 간에 적대적인 관계가 형성되어 있던 지역이다. 이 중 폴란드와 슬로바키아는 우호적인 관계를 유지했지만 우크라이나와의 국경에는 울타리를 설치하고 국경수비군이 주둔하는 등 긴장관계가 지속되었다. 이 지역은 과거에는 인구밀도가 높았지만 제2차 세계대전 기간에 군사활동으로 버려지면서 뛰어난 자연생태계지역으로 변화했다는 점에서 한반도 DMZ 일원과 성격이 유사하다. 이 지역은 세계자연유산인 카르파티아 원시너도밤나무숲 지역을 포함하며 갈색

곰, 늑대, 스라소니, 야생마 등이 서식하는 산악생태지역으로 보존가치가 매우 높다. 이러한 생태자원을 바탕으로 임업활동이 이루어져 지역소득 증진에 기여하고 있으며 폴란드에서는 생태관광상품이 개발되어 주민소득 증진에 이바지하고 있다.

1992년 폴란드와 슬로바키아 간에 설립된 생물권보전지역을 시작으로 1993년에는 우크라이나에 생물권보전지역이 추가로 지정되었고 1998년에는 3국 생물권보전지역으로 통합되었다. 지구환경기금(GEF) 이외에 국제기구의 재원 60만 달러를 비롯해 여타 기구의 보조금으로 운영되는 동카르파티아 생물다양성보전재단(ECBC)은 동카르파티아 지역의 보전과 지속가능한 발전을 위해 다양한 사업을 지원하는 3국 파트너 간의 협의체로 기능하면서 3국 협력에 중요한 영향을 미치고 있다.

chapter 02
DMZ의 자연환경

1. 전쟁의 폐허에서 생태계의 보고로

1) 생물다양성의 보고가 된 DMZ

DMZ가 만들어진 지 10여 년이 지난 후부터 생태학자들은 DMZ와 그 주변의 생태계에 관심을 나타내기 시작했다. 접근이 제한되어 조사가 충분히 이루어지지는 못했으나 DMZ의 생태계와 연속성이 있는 민통선지역의 조사로 DMZ의 생태계를 짐작할 수 있다. DMZ는 서쪽에서 동쪽까지 횡적으로 한반도의 지형과 경관이 연속되어 펼쳐지면서 다양한 생물들을 품고 있다. 특히 한강과 임진강에 연속되는 서부 DMZ는 수도권의 개발압력으로 서식처를 잃고 밀려난 야생 동식물들의 마지막 안식처가 되었다.

그동안 DMZ 인접지역에서의 조사결과를 종합해보면 식생우수지역, 습지, 희귀식물군 서식지, 자연경관지 등 다양하고 중요한 자연생태지역이 존재하며 고등식물과 척추동물 약 2,930여 종이 서식·분포하고 있다. 이는 한반도에 서식·분포하는 동식물종의 30%에 해당하며 이 중 두루미, 저어새,

〈표 1.2.1〉 DMZ 일원의 생물종 다양성 현황

구분	면적(km²)	종수					
		식물	포유류	조류	양서·파충류	어류	합계
남한(A)	99,720	8,271	123	457	43	905	9,799
DMZ 일원(B)	8,039	2,451	45	260	22	143	2,930
비율(B/A×100)	8.1%	29.6%	36.6%	56.9%	51.2%	15.8%	30.0%

자료: 최성록·박은진, 「DMZ 일원 주요자원의 보전가치 추정 연구」, 강원발전연구원·경기개발연구원(2010).

수달, 산양 등 보호가 절실한 멸종위기종이 82종이나 된다. 또한 DMZ 일원은 동아시아의 철새 이동경로상에 위치해 다양한 철새들의 서식지로도 중요하다. 한강하구의 경우 주요 철새들을 보호하기 위해 국제적으로 주목받고 있는 지역이며 2006년 「습지보호법」에 의해 한강하구습지보호지역으로 지정되기도 했다.[1]

2) 전후생태계에 대한 장기 생태연구 필요

간혹 어떤 이는 생태학적으로 DMZ의 보전가치가 그리 높지 않다고 말한다. 불이 자주 일어나 산림이 파괴되었기 때문에 일반인이 생각하는 것만큼 보전할 만한 좋은 숲이 없다는 것이다. 그러나 이는 잘못된 인식이다. 물론 DMZ의 생태계가 극상의 천연림은 아니지만 광활하게 펼쳐진 초지에 군데군데 숲이 형성되어 한반도에서는 보기 드문 경관이다. 주기적으로 일어나는 산불이 계속 자연적인 천이과정을 방해하면서 천이 초기단계에 머물러 있는 특이한 경관인 것이다. 이 의도하지 않은 특이경관은 그 자체가 많은

---

1) 최성록·박은진, 「DMZ 일원 주요자원의 보전가치 추정 연구」(강원발전연구원·경기개발연구원, 2010).

이야기를 담고 있는 역사이고 오히려 더 많은 생물을 품을 수 있는 장소이다. 서부지역에서는 두루미 같은 멸종위기종이나 다른 많은 새와 동물들이 숲과 개활지가 어우러진 DMZ의 경관 안에서 다양성을 유지하며 살아가고 있다.

실제 DMZ는 전쟁으로 파괴되었고 그 후 60년간 군사적 대결에 의해 지속적으로 산불과 제초제의 피해를 입었으며 외래종의 생태적 교란을 받고 있는 생태계이다. 하지만 자연은 전쟁과 교란 속에서 그 나름대로 적응하고 회복해 독특한 생태계를 만들어냈다. 산림은 군사작전의 영향으로 대부분 키가 작은 숲을 이루고 있지만 낮은 땅을 중심으로 습지가 생겨나고 풍부한 자연이 살아났다. 과거 인간의 활동무대였던 평야지대의 취락, 농경지는 사람의 손길이 닿지 않은 채 생태학적인 천이과정을 거쳐 변화되었다. 많은 멸종위기종을 비롯해 다양한 생물들이 간섭을 이겨내고 살아가고 있다. 이러한 의미에서 DMZ의 생태계는 다른 어떤 곳에서도 찾아볼 수 없는 '전후생태계(Post-war Ecosystem)'라고 할 수 있다. 지뢰와 포탄, 산불 등 전쟁의 영향을 받은 생태계가 어떻게 변화해가는지를 모니터링하고 그 생태계의 과정을 기록해 보여줄 수 있는 생태계 연구지로서 의미가 크다.

2. 한반도의 동서생태축 DMZ[2)]

DMZ는 한반도의 허리 248km가 동서로 끊어지지 않고 연결된 생태계로

---

2) 환경부·문화재청·산림청·경기도·강원도, 「DMZ 생물권보전지역 신청서」(2011)의 내용을 재정리했다.

서 남북생태축인 백두대간과 함께 한반도의 핵심생태축으로서 가치가 있다. 동고서저의 한반도 지형을 단면으로 자른 듯 산악지형부터 구릉, 평야, 연안까지 다양한 생태계의 모습을 보여주는 점도 가치를 더해주고 있다. 또한 DMZ 일원을 흐르는 수많은 하천은 산간의 계곡부터 중하류를 거쳐 연안의 습지까지 각종 생태계를 서로 연결해주는 중요한 역할을 하고 있다.

백두대간의 동쪽인 DMZ 일원의 동해안지역에서는 남강이 동해로 흘러들어간다. 중동부 산악지역은 백두대간부터 한북정맥까지의 북한강유역으로 1,000m 이상의 높은 산과 울창한 숲으로 이루어져 있으며 환경부가 지정한 생태자연도 1등급의 낙엽활엽수림, 침엽수림, 혼효림 산림생태계가 넓게 분포한다. 특히 향로봉 일대는 원시림에 가까운 생태계를 유지하고 있으며 대암산 정상부는 국내 유일의 고층습원(용늪)이 위치해 습지보호지역, 문화재보호구역, 산림유전자원보호구역으로 지정되어 있다.

중서부 내륙지역은 한탄강유역의 화산지대인 철원평야와 연천을 포함한다. 임진강과 한탄강 등이 자유롭게 굽이치는 가운데 두루미와 재두루미가 겨울을 난다. 서부지역은 한강 및 임진강 하구를 포함해 대규모 습지와 갯벌이 발달한 기수역으로 한강하구는 남한의 마지막 남은 자연하구이다. 이지역은 100m 내외의 구릉과 평야, 습지, 하천이 어우러지는 낮은 지대이며 민통선지역과 접경지역에 농경지가 많이 분포한다. 강과 주변 농경지는 저어새, 재두루미, 개리 등 멸종위기 조류의 서식지로 이용되고 있다.

이와 같이 DMZ 일원의 서식처 및 토지 피복은 산악지형인 동부지역에서부터 하구와 갯벌의 평탄지형인 서부지역까지 동고서저 지형을 따라 변화한다. 더 세분화할 수도 있으나 생태계 유형은 크게 산지 낙엽활엽수림, 산지 침엽수림, 습지, 초지, 농경지로 나눌 수 있다. 국지적으로 산림, 하천, 습지, 농경지, 초지가 어우러진 모자이크 경관구조를 이루며 생태계의 다양성을 높이고 있으며 벌목 등 인위적 교란이 반복적으로 나타남으로써 형성된 DMZ 내부의 천이초기 2차림 지역은 한반도의 다른 지역에서는 찾아볼 수 없는 경관이다.

1) 산지 낙엽활엽수림 및 침엽수림 생태계

DMZ 일원에서 산림이 차지하는 비중은 경기도 50%, 강원도 90% 이상이며 특히 강원도는 활엽수림이 광범위하게 분포한다. 신갈나무가 전체 우점 군락을 형성하며 부분적으로는 신갈나무-소나무, 굴참나무-신갈나무, 졸참나무-당단풍, 신갈나무-굴참나무, 굴참나무-소나무, 굴참나무, 신갈나무-잣나무군락 등이 분포한다. DMZ 내부는 군사적 특수성으로 영급(Age-class)이 낮은 반면 민통선지역인 백암산, 대우산, 가칠봉, 향로봉 등에는 영급이 높은 낙엽활엽수림이 넓게 분포하고 있다.

한편 DMZ 일원의 강원권 산림지역에는 소나무가 우점하는 침엽수림이 넓게 분포한다. 소나무는 양수림으로 햇빛이 드는 곳에서 잘 자라며 온도와 수분요인에 적응하는 폭이 넓지만 생육조건이 좋은 장소에서는 다른 수종과의 경쟁에 약하기 때문에 능선 등 건조한 척박지, 습원, 해안지역에 군락을 이루거나 극상림이 자연재해로 파괴된 곳에 형성되는 2차림 형태로 존재

<그림 1.2.2> 중부·동부 DMZ 일원의 산지 낙엽활엽수림 및 침엽수림 경관

한다. 소나무군락의 대부분은 500m 이하의 낮은 산림지역에 고르게 분포하며 부분적으로는 소나무-신갈나무, 소나무-굴참나무, 소나무-졸참나무, 잣나무군락도 함께 나타난다. 그 밖에 민통선지역에는 잣나무조림군락이 우점하는 지역도 있다.

주로 강원도에 넓게 분포하는 산림지역에는 멸종위기종이자 천연기념물인 사향노루, 산양, 삵, 담비, 하늘다람쥐 등의 포유류와 참매, 새매, 황조롱이, 수리부엉이, 검독수리, 왕새매, 붉은배새매, 까막딱따구리 등의 조류, 왜솜다리, 솔나리, 개느삼, 금강초롱, 도깨비부채, 말나리, 금마타리 등의 식물이 서식·분포하고 있다. 더불어 DMZ 일원의 식물상은 북방계 식물과 남방계식물이 함께 분포하는 곳으로 그 특이성이 강조된다.

2) 천이초기 2차림 생태계

DMZ 내부는 시계를 확보하기 위해 산불과 벌목이 반복적으로 이루어져 천이가 진행되지 못하고 사초과의 초본류와 관목류로 구성되는 천이초기 2차림 지역이 형성되어 독특한 경관과 토지피복 유형을 구성하고 있다. 특히 서부 DMZ의 평탄지에는 버드나무·오리나무군락 일부가 포함된 드넓은 초

〈그림 1.2.3〉 DMZ에서의 산불과 벌목으로 형성된 천이초기 2차림 경관

지와 관목지대가 분포한다. 벌목 때문에 교목, 관목, 키 큰 초본식물 등은 거의 없고 사초과의 초본식물군락, 왜솜다리군락, 애기똥풀군락, 기름새군락 등이 대거 서식하며 더 이상의 천이가 진행되지 못한 채 이러한 천이초기 2차림 상태가 지속된다. 이 천이초기 2차림 지역은 묵논습지와 하천, 산지와 연결되어 있어 생태적 연결성이 매우 높고 은판나비, 꼬마잠자리 등 희귀종이 발견된다.

60여 년 동안 DMZ 내부의 산불과 벌목으로 유지되어온 천이초기 2차림 지역은 DMZ 일원에서 매우 독특한 경관과 생태계 특성을 보여주고 있다. 향후 더 많은 모니터링을 통해 경관다양성과 생물다양성의 기여를 규명하고 DMZ 생태계 관리방안을 모색할 필요가 있다.

3) 습지생태계

DMZ와 인접한 지역의 전 구간에는 기수형 습지, 하천형 습지, 소택형 습

지가 곳곳에 발달해 있다. 기수형 습지는 한강하구의 성동습지, 산남습지, 시암리습지, 곡릉천하구습지, 한강과 합류되는 임진강의 하구의 문산습지, 초평도습지, 임진각습지 등이 해당된다. 이곳에는 모새달, 갈대, 새섬매자기, 세모고랭이 등의 식물군락이 우점하고 물억새, 달뿌리풀 등의 군락이 함께 나타나기도 한다. 특히 초평도습지는 임진강의 유일한 섬으로 여름에 주기적 범람이 일어나고 신나무, 귀룽나무, 갯버들, 사시나무, 물억새 등이 우점하는 곳이다. 무엇보다 한강과 임진강 하구는 한반도 최대의 철새 월동지이자 동아시아 철새 이동경로의 중간 기착지로 개리, 저어새, 두루미, 재두루미, 흰꼬리수리 등 많은 멸종위기종이 서식하며 높은 생물다양성을 보유해 중요한 곳이다. 그 밖에 감호 등 석호가 발달한 동해안지역도 다양한 생물상을 보여주고 있다.

임진강과 북한강의 수계를 따라 DMZ 내부를 흐르는 하천과 연결된 소택형·하천형 내륙습지는 강의 주기적인 범람으로 형성되어 많은 멸종위기종이 서식한다. DMZ 내부의 하천 주변으로는 원래 농경지로 이용되었던 평탄충적지가 경작활동이 중단되면서 습지로 천이된 곳이 곳곳에 분포한다. 이러한 저지대에는 갈대·물억새군락이 우점하거나 신나무, 버드나무, 오리나무 등이 군락을 이루어 다른 곳에서 보기 힘든 특징이 나타난다. 완충지역인 민통선지역에도 하천을 따라 부분적으로 습지가 분포하고 평탄지 곳곳에 신나무·버드나무군락이 귀룽나무, 오리나무 등과 함께 패치(patch)를 이루어 출현하는 것이 특징이다.

파주시와 철원군 일대의 저수지는 생물들에게 다양한 먹이와 서식처·산란처를 제공하며 쇠기러기, 큰기러기, 독수리 등 많은 개체 수의 철새가 집단으로 월동하는 지역이다. 또한 대암산용늪은 한국의 유일한 고층이탄습원으로 1997년에 람사르습지로 지정되었다. 용늪에는 동식물 646종(식물 341

〈그림 1.2.4〉 한강하구습지(왼쪽)와 대암산용늪(오른쪽)

〈그림 1.2.5〉 하천 주변 저지대습지에 형성되는 신나무·버드나무·오리나무군락

종)이 서식해 생물다양성이 매우 높고 특산속인 금강초롱꽃, 모데미풀을 비롯해 끈끈이주걱, 비로용담, 북통발, 산사초, 가는오이풀, 대암사초, 조름나물, 두루미꽃, 금강제비꽃, 만삼, 기생꽃 등 희귀식물이 분포한다. 동물은 멸종위기종이자 천연기념물인 참매, 두견, 수리부엉이, 까막딱따구리, 멸종위기종인 삵, 산양, 천연기념물인 붉은배새매, 황조롱이 등이 분포한다.

　DMZ 일원 곳곳에 분포하는 습지에는 조류 등의 먹이원이 되는 생물종이 풍부해 저어새, 재두루미, 개리 등과 같은 희귀조류의 섭식지로 매우 중요하다. 도롱뇽, 청개구리, 장지뱀, 금개구리, 맹꽁이 등의 양서·파충류와 줄납자루, 중고기, 경모치, 얼룩동사리 등의 한국 고유 어류종이 서식하고 풍부한 영양물질을 기반으로 다양한 수서생물이 존재하며 고라니, 삵 등의 포유류가 발견된다.

4) 농경지 생태계

DMZ 내의 판문점과 대성동마을 일대에 분포하는 농경지와 민통선지역의 계단식 논밭은 전통적인 농업경관을 유지하고 있는 경우가 많다. 정비되지 않은 전통적인 농수로 경관과 농경지 가운데 놓여 있는 둠벙과 같은 작은 연못, 경운하지 않아서 겨울에 물이 고여 있는 논습지 경관 등은 생물다양성

〈그림 1.2.6〉 민통선지역의 전통적인 농경지 경관(왼쪽)과 둠벙(오른쪽)

〈그림 1.2.7〉 민통선지역 농경지의 재두루미와 두루미[파주 통일촌 앞쪽의 논(왼쪽), 연천 태풍전망대 인근의 율무밭(오른쪽)]

을 유지하는 데 매우 중요한 요소로 작용한다.

이곳에는 쇠기러기, 큰기러기, 두루미, 독수리, 뜸부기, 오리류, 백로류, 고라니, 삵, 금개구리 등의 다양한 생물들이 먹이를 취하거나 서식할 수 있는 환경이 제공된다. 연천지역에서는 전국 생산량의 약 80%에 해당하는 율무를 재배·생산하며 임진강 주변에 분포하는 율무밭은 겨울 동안 두루미와 재두루미의 먹이터로 중요한 곳이다.

3. 한반도의 지질학적 역사를 품은 DMZ

DMZ 일원은 도시와 도로 등 인위적인 개발에 의한 단절 없이 연결된 하나의 생태계로 여러 생물의 서식공간으로서 중요할 뿐만 아니라 다양한 시대의 한반도 지질학적 역사를 보여주는 지질요소 원형이 그대로 남아 있는 지역으로서도 가치가 있다. 특히 한반도를 가르는 골짜기인 추가령구조곡과 한탄강과 임진강을 따라 형성된 주상절리, 적벽은 지질학적으로 매우 가치가 높고 경관적으로도 아름다워 지역의 관광자원으로서 가치도 크다.

1) 추가령구조곡

추가령구조곡은 서울과 원산 사이에 형성된 골짜기를 말하며 원산 주변에 있는 추가령을 통과하기 때문에 이런 이름이 붙여졌다. 추가령구조곡은 한반도에서 가장 길고 좁은 골짜기로 그 길이가 무려 180km에 달하며 DMZ를 가운데 놓고 남북에 걸쳐 북동에서 남서로 이어진다. 골짜기가 길게 이어지기 때문에 골짜기의 평평한 지역에 서울과 원산을 잇는 경원선 철도가 놓여서 한국전쟁 이전까지 중요한 교통로로 이용되었다. 과거에는 추가령지구대 또는 추가령열곡이라고도 불렀지만 단층작용에 의해 지구대가 형성되었다기보다는 골짜기 좌우의 편마암층에 끼어 있던 화강암지대가 남대천과 임진강의 차별침식에 의해 무너지면서 형성된 침식계곡이라고 보는 견해가 지배적이다.

한반도는 여러 방향으로 뻗어 있는 단층선에 의해 나누어져 있으며 지형의 대부분은 단층선을 따라서 형성된다. 그중 DMZ에 형성된 추가령구조곡은 지질적·지형적으로 남과 북을 구분하는 중요한 경계선이 되고 있다. 또한 추가령구조곡은 신생대에 분출한 현무암을 중심으로 선캄브리아대의 변성암과 쥐라기에 형성된 화강암, 백악기에 형성된 화산암 등 과거 여러 시대의 지층이 드러나 있어 지질 학습을 위한 교육장소로 안성맞춤이다.

2) 강변의 깎아지른 절벽: 주상절리, 수직 적벽[3]

DMZ 주변의 한탄강과 임진강 일대에는 하천지역의 침식으로 형성된 수직 적벽이 강 곳곳에 나타난다. 포천과 연천 일대의 한탄강과 임진강에는 작은 폭포 및 주상절리, 판상절리, 못 등 다양한 지형이 그대로 남아 있고 특히 대교천 용암협곡은 천연기념물로 지정되어 있다.

27만 년 전에 북한의 평강지역 오리산에서 10회 이상의 화산 폭발이 일어나 분출된 용암은 남쪽으로 흘러내려 한탄강의 물길을 메우고 연천을 거쳐 임진강의 하류인 파주까지 95km를 이동했고 총 641km^{2}의 대지를 덮어 용암평원을 형성했다. 용암으로 형성된 대지가 식으면서 응고와 축소를 반복하며 4각 또는 8각 기둥으로 굳어졌다. 그곳에 비가 내리면서 중앙지역을 침식해 깎아내거나 화강암과 편마암의 경계가 약한 지역을 따라 침식이 활

---

3) 경기도·경기개발연구원, 「살아 있는 생태문화박물관 DMZ」(2008)의 내용을 재정리했다.

발하게 진행되었다. 이 과정에서 길이 막힌 물줄기는 새로운 물길을 찾게 되었고 이것이 지금의 한탄강과 임진강을 만들었다.

용암지역의 가운데가 침식되면서 골짜기 양쪽이 모두 수직 적벽으로 이루어진 협곡이 생성되었고 서로 지질이 다른 암석의 경계면을 따라 침식이 일어나면서 화강암이 있는 지역은 완만한 경사를 이루고 현무암이 있는 지역은 급한 경사를 이루어 비대칭형 계곡이 형성되었다.

chapter 03
DMZ의 인문환경

1. DMZ 일원에 살고 있는 사람들

1) 접경지역에 살고 있는 사람들

2010년 기준 접경지역의 인구는 경기도 209만 명, 강원도 43만 명, 인천시 9만 명으로 3개 시도 전체인구 1,642만 명의 15.9%를 차지한다. 지역 전체의 인구 대비 접경지역 인구비율은 경기도 17.4%, 인천시 3.1%, 강원도 23.0%로 강원도의 접경지역 인구비중이 가장 높다.

2005~2010년 접경지역의 인구증가율을 살펴보면 경기도 2.9%, 인천시 1.3%, 강원도 0.7%이며 시·군별 증가율에서는 경기도 파주시 6.8%, 양주시 4.9%로 증가율이 특히 높은 것을 알 수 있다. 파주와 양주 지역에서 도시개발사업을 활발히 추진해 전체인구는 증가했지만 민통선지역의 인구는 감소하는 추세이다. 특히 14세 이하 유소년인구와 경제활동인구는 감소하는 반면 고령인구는 증가하는 추세를 나타내고 있다.

2010년 기준 DMZ 일원 접경지역의 인구밀도는 경기도 1,000.7인/km²,

<표 1.3.1> 접경지역 인구변화(2005~2010)

지역		2005	2006	2007	2008	2009	2010	연평균 증가율
	전체지역	10,697,215	10,906,033	11,106,211	11,292,264	11,460,610	12,071,884	2.4%
	접경지역	1,818,653	1869,735	1,907,120	1,946,833	1,967,089	2,094,961	2.9%
경기도	고양시	904,077	910,206	924,839	938,831	938,784	962,297	1.3%
	김포시	207,229	207,824	205,997	220,418	225,805	250,669	3.9%
	동두천시	83,623	85,803	88,780	90,835	93,211	98,311	3.3%
	양주시	160,589	169,806	179,914	179,914	182,106	204,438	4.9%
	연천군	47,123	46,075	45,603	45,495	45,241	45,973	-0.5%
	파주시	261,770	292,752	303,831	311,164	323,011	364,223	6.8%
	포천시	155,242	157,269	158,156	160,176	158,931	169,050	1.7%
인천시	전체지역	2,600,495	2,624,391	2,664,576	2,692,696	2,710,579	2,808,288	1.5%
	접경지역	80,998	82,001	83,446	84,763	85,163	86,520	1.3%
	강화군	65,389	65,510	66,466	67,387	67,049	67,668	0.7%
	옹진군	15,609	16,491	16,980	17,376	18,114	18,852	3.8%
강원도	전체지역	1,521,099	1,515,672	1,515,800	1,521,467	1,525,542	1,543,555	0.3%
	접경지역	416,182	415,491	415,940	421,136	423,978	431,781	0.7%
	고성군	32,167	31,641	30,764	30,794	30,802	30,615	-1.0%
	양구군	21,637	21,446	21,594	21,525	21,526	22,180	0.5%
	인제군	32,934	32,619	23,317	31,911	31,705	32,175	-0.5%
	철원군	49,167	45,260	47,719	48,066	48,054	49,463	0.1%
	춘천시	256,455	258,068	260,439	264,557	267,514	272,739	1.2%
	화천군	23,822	23,457	23,107	24,283	24,377	24,609	0.7%

자료: 경기도·인천광역시·강원도, 『통계연보』(2005~2010).

인천시 275.0인/km², 강원도 424.0인/km²로 전국의 인구밀도인 485.6인/km²에 비하면 경기도는 높지만 강원도와 인천시는 낮은 수준이다. 시·군별 인구밀도 현황은 고양시가 3,598.0인/km²로 가장 높고, 동두천시 1,027.7인/km², 김포시 906.0인/km², 양주시 658.9인/km² 순으로 나타났다.

접경지역이라고 하면 보통 곳곳에 위치한 군사시설과 드넓은 초지를 연

<그림 1.3.1> 접경지역 인구밀도(2010년)

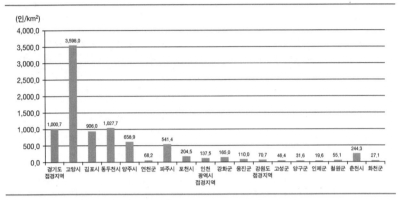

자료: 경기도·인천광역시·강원도, 『통계연보』(2005~2010).

상한다. 그런데 이처럼 인구밀도가 높게 나타나는 이유는 과거와 접경지역의 공간적 범위가 달라졌기 때문이다. 과거에는 접경지역을 민통선 이남으로부터 20km 이내에 소재한 시·군 산하의 읍·면·동 행정구역 중 전국 평균 지표보다 저조한 지역으로 설정했다. 반면 2011년 7월 제정된 「접경지역지원특별법」에서는 DMZ 또는 해상의 NLL과 잇닿아 있는 시·군과 민통선 이남지역 중 민통선과의 거리 및 지리적 여건 등을 기준으로 하여 대통령령으로 정하는 시·군으로 설정되면서 지역이 넓어졌다.

2) 민통선 이북 지역에 살고 있는 사람들

한국전쟁 발발로 DMZ 일원에서 살아가던 사람들은 삶의 터전을 빼앗겼고 이후 몇십 년간 힘겨운 세월을 겪어야 했다. 1954년 한국전쟁이 휴전된 후 미 육군이 귀농선을 만들어 민간인이 넘어갈 수 없도록 했으나 민통선통제권이 한국군에게 넘어온 후 1959~1973년에 자립안정촌 99개, 재건촌 12개, 통일촌 2개가 만들어졌다. 북한의 선전촌에 대응하기 위해 정부가 계획적으로 민통선 북쪽지역에 주민들을 이주시킨 것이다. 주민들은 군부대의 철저한 통제 아래 생활했고 북한의 대남방송에 시달렸다. 또한 버려진 땅을 농지로 개간하다가 지뢰의 피해를 입기도 했다.

아픈 역사를 통해 현재에 이른 DMZ 일원의 마을들은 새로운 희망을 찾아 가기 시작했다. 최근에는 민통선 안 또는 부근에 위치한 통일촌, 해마루촌, 쇠꼴마을, 산머루마을, 한배미마을 등이 맑고 깨끗한 자연환경과 지방특산 물을 이용한 각종 체험행사를 통해 사람들을 불러 모으고 있다.

1953년 휴전협정에 의해 합의되어 공동경비구역(JSA) 내에는 남북에 각 각 하나씩 마을이 있다. 경기도 파주시 군내면 조산리에 있는 대성동마을은 남한에서 유일하게 DMZ 내에 있는 마을이다. 57가구 211명이 거주(2012년 기준)하는 대성동마을의 특이한 점은 이곳이 한국 정부가 아닌 유엔군 사령 부의 통제하에 있다는 점, 이곳 마을주민들이 참정권과 교육받을 권리는 있 지만 국방·납세의 의무는 면제받는다는 점이다.

북한의 기정동마을은 북한의 최남단에 자리 잡은 마을로 남한의 대성동 마을에서 직선거리로 1.8km 북방 DMZ 내에 있다. 1982년에 조성되어 판문 점 평화협동농장, 일명 평화촌이라고 불린다. 대남선전마을로 활용되고 있 으며 마을 입구에는 158m 높이의 인공기 게양대가 있다.

통일촌(장단콩슬로푸드마을)은 1972년 4월 제1사단 전역 하사관 14명이 영 농을 시작함으로써 모태가 형성되었다. 그 후 1972년 5월 박정희 대통령이 '재건촌의 미비점을 보완한 전략적 시범농촌을 건설하라'고 지시를 내려 1973 년 8월 지금의 통일촌이 되었다. 이곳에는 통일촌 마을부녀회가 운영하는 식당이 있어서 도라전망대, 제3땅굴, 판문점 등을 견학하는 사람들이 많이 이용하고 있다.

해마루촌 녹색농촌 체험마을은 판문점, 제3땅굴, 도라산역, JSA를 지척에 두고 있으며 지난 50년간 민간인 출입이 통제되어 산림이 울창하고 수많은 동식물이 서식하는 생태계의 보고로서 태고의 모습을 간직한 DMZ와 이웃해 있는 생태마을이다. 마을복지관을 게스트하우스로 사용하고 있으며 숙박시설, 컴퓨터실, DMZ 생태학교 등을 운영하고 있다.

3) 접경지역의 토지이용

DMZ 일원 접경지역의 토지이용 현황을 살펴보면 2010년 기준 임야가 51.2%로 가장 높은 비율을 차지하고 있으며 다음으로는 농경지 18.1%, 공장용지 17.6%로 나타났다. 경기도와 강원도는 임야와 농경지 비율이 높은 반면에 인천시는 공장용지 비율(51.2%)이 높은 특색이 있다. 대지의 비율은 경기도가 3.5%로 인천시 1.4%, 강원도 0.7%에 비해 상대적으로 높아 개발이 많이 이루어졌음을 알 수 있다.

경기도 전체 군사시설보호구역은 경기도 접경지역 총면적인 2,402km²의

〈표 1.3.2〉 접경지역 토지이용 현황(2010년)

구분	경기도		인천광역시		강원도		계	
	면적(km²)	비율(%)	면적(km²)	비율(%)	면적(km²)	비율(%)	면적(km²)	비율(%)
농경지	740.38	23.0	196.82	16.5	921.40	14.7	1,858.6	18.1
임야	1718.71	53.5	305.07	25.6	4,649.66	74.4	6,673.44	51.2
대지	110.97	3.5	16.41	1.4	44.45	0.7	171.83	1.9
공장용지	50.02	1.6	609.80	51.2	2.92	0.1	662.74	17.6
학교용지	7.99	0.3	1.43	0.1	5.55	0.1	14.97	0.2
도로/철도	89.63	2.8	18.44	1.6	77.24	1.2	185.31	1.9
하천	163.90	5.1	2.54	0.2	126.71	2.0	293.15	2.5
잡종지	114.31	3.6	5.98	0.5	54.82	0.9	175.11	1.7
기타	217.48	6.8	35.74	3	369.56	5.9	622.78	5.2
계	3,213.3	100.0	1,192.23	100.0	6,252.3	100.0	10,657.9	100.0

주: 농경지는 전, 답, 과수원, 목장용지를 포함하며 기타는 광천지, 염전, 주차장, 주유소, 창고, 제방, 구거, 유지, 양어장, 수도용지, 공원용지, 체육용지, 유원지, 종교용지, 사적지, 묘지, 미복구지를 포함한다.
자료: 경기도·인천광역시·강원도, 『통계연보』(2005~2010).

〈표 1.3.3〉 경기도 접경지역의 행정구역 대비 군사시설보호구역 지정 비율

구분	경기도							인천광역시		강원도					
	고양	김포	동두천	양주	연천	파주	포천	강화	옹진	고성	양구	인제	철원	춘천	화천
군사시설 보호구역 지정 비율 (%)	43.3	75.5	24.0	53.2	94.4	91.4	31.0	65.0	27.3	65.6	52.3	23.3	99.9	5.0	64.3

자료: 행정안전부, 「접경지역발전 종합계획」(2011).

75%인 약 1,800km^{2}로 지정되어 토지이용에 대해 지나친 규제가 이루어지고 있다. 연천군은 전체 행정구역 면적의 94.4%, 파주시는 91.4%가 군사시설보호구역으로 규제받고 있다. 남북 간의 정치적·군사적 대립과 함께 군사시설보호구역 등 토지이용에 대한 지나친 규제로 접경지역 주민들의 생활에 상당한 제약이 발생하고 있으므로 이에 대한 개선이 필요하다.

2. DMZ로 가는 길

1) DMZ·접경지역의 도로시설

서울에서 경기·인천에 위치한 DMZ를 방문하기 위해서 이용 가능한 도로는 크게 3가지이다. 첫째는 자유로나 국도 1호선(통일로)을 이용해 파주 임진각에 접근하는 방법이고, 둘째는 국도 3호선(평화로), 국도 43호선이나 47호선을 이용해 연천지역의 DMZ에 접근하는 것이다. 셋째는 국도 48호선을 이용해 김포 애기봉 혹은 강화군에 가서 북녘 땅을 조망할 수 있다. 강원도에 위치한 DMZ를 방문하기 위해서는 국도 7호선이나 31호선을 이용해 고

〈표 1.3.4〉 일반국도 운영현황(2010년 기준)

노선 번호	구간	연장(km)	차로 수	교통량 (대/일)	연결지역
1호	목포-신의주	496.6	4~6	20,949	평택, 오산, 수원, 안양, 서울, 고양, 파주, 문산
3호	남해-초산	556.5	4~6	15,317	장호원, 이천, 광주, 성남, 의정부, 양주, 동두천
5호	거제-중강진	551.0	2~4	10,096	마산, 대구, 안동, 영주, 제천, 춘천
7호	부산-온성	483.6	2~4	20,291	부산, 울산, 강릉, 속초
31호	부산-신고산	618.7	2~4	5,609	부산, 울산, 태백, 영월, 평창, 인제
43호	연기-고성	242.1	2~6	55,917	평택, 발안, 수원, 광주, 서울, 구리, 의정부, 포천
47호	안산-철원	114.4	2~6	52,268	군포, 안양, 서울, 구리, 남양주, 포천
48호	강화-서울	62.6	2~8	41,399	강화, 김포, 서울

자료: 국토해양부, 『도로현황조서』(2010), 국토해양부, 『도로교통량통계연보』(2010).

성지역으로 가거나 국도 5호선이나 43호선 또는 47호선을 이용해 철원지역으로 가면 된다.

국도 1호선은 목포-신의주를 연결하는 도로로 한국의 동맥을 이루었던 도로이다. 국도 3호선은 남해-초산을 연결하는 도로로 국도 1호선과 마찬가지로 주요 간선도로이다. 동두천이나 연천을 가기 위해 반드시 이용해야 하는 평화로는 의정부에서부터 시내구간을 통과해야 하기 때문에 시간이 많이 소요된다. 최근 국도 3호선을 대체하는 우회도로의 의정부구간은 건설이 완료되었고 양주구간은 공사 중으로 이 도로가 완공되면 향후 서울에서 DMZ·접경지역까지 통행시간이 크게 단축될 것으로 예상된다. 과거에는 국도 7호선을 이용해 고성을 방문하는 데 오랜 시간이 걸렸지만 2012년에는 동해고속도로가 양양까지 개통되어 접근시간이 많이 단축되었다.

2) DMZ·접경지역의 철도시설

철도로 DMZ·접경지역에 접근하기 위해서는 경의선, 경원선, 동해남부선

철도를 이용하는 방법이 있다. 경의선은 서울역에서 문산역까지 하루 25회 수도권 통근열차로 운행되며 출퇴근 시에는 20~30분, 평상시에는 60분 간격이다. 경의선은 도라산역까지 연결되어 있지만 임진강역과 도라산역을 가기 위해서는 문산역에서 열차를 갈아타야 한다. 문산역에서 임진강역까지는 10분이 소요되며 임진강을 건너 도라산역으로 가기 위해서는 안보관광 신청을 별도로 해야 한다. 안보관광은 하루 2회 시행되며 제3땅굴 견학, 도라산전망대 관람이 이루어진다. 경의선의 종착역인 도라산역 내에 걸려있는 문구('남쪽의 마지막 역이 아니라 북쪽으로 가는 첫 번째 역입니다')는 시대의 아픔으로 그치지 않고 평화와 통일로 나아가려는 DMZ 일원의 염원과 의지를 상징적으로 보여준다.

경원선은 서울-원산을 연결하는 철도로 남북분단 이전에는 금강산으로 연결되는 통로였다. 경원선은 1914년 8월 개통되어 용산-원산 간 223.7km를 운행했지만 한국전쟁으로 DMZ 주변 31km가 끊어져 운행되지 못하고 있다. 현재는 동두천역에서 신탄리역까지 일반철도로 하루 35회 운영되며 운행간격은 출퇴근 시에는 22~29분, 평상시에는 30~61분 간격이다. 경원선은 한탄강관광지, 선사유적지 등 연천군 내 여러 관광지를 거쳐 지나가기 때문에 많은 관광객이 방문할 수 있도록 적극적인 홍보가 필요하다. 신탄리-백마고지를 연결하는 철도는 2012년 말에 완료되었으며 철원-월정리역까지 연결되는 철도도 빠른 시일 내에 복원할 필요성이 있다. 월정리역 주변에는

〈표 1.3.5〉 철도노선 현황

노선명	기점-종점	노선연장	운영주체
경의선	서울-도라산	56.0	
경원선	용산-신탄리	88.8	한국철도공사
교외선	능곡-의정부	31.8	

자료: 국토해양부, 『국토해양통계연보』(2011).

노동당사 등이 있어 한국의 근대사를 체험할 수 있으므로 접근성이 개선되면 이곳의 방문객이 크게 증가할 것이다.

강원도 동해안철도는 동해남부선이 강릉까지만 연결되어 있고 고성까지는 연결되지 않은 상태이다. 북한 온정리와 남한 저진리를 연결하는 동해북부선은 27.5km만 연결되어 있으며 금강산 관광객 총격사망 사건 이후 악화된 남북관계의 영향으로 현재 운행이 이루어지지 않고 있다.

3. DMZ 일원의 볼거리

1) 평화·안보관광자원[1]

DMZ 일원은 한국전쟁이라는 냉전시대의 역사를 바탕으로 탄생했기 때문에 곳곳에 그와 관련된 흔적이 존재한다. 한국전쟁 당시의 격전지가 그대로 남아 있을 뿐만 아니라 오늘날까지도 계속되는 군사적 대치상황이 바로 눈앞에서 펼쳐진다는 점에서 분단역사의 생생한 현장이라고 할 수 있다. 이전에는 이러한 냉전의 흔적이 반공교육과 안보관광의 소재로 주로 활용되었지만 최근에는 다시는 이러한 민족의 비극이 일어나지 않도록 평화를 다짐하는 평화관광의 자원으로 거듭나고 있다.

DMZ 일원에 산재한 수많은 통일·안보관광지 중에서도 경기도의 가장 대표적인 관광자원은 바로 판문점이다. 판문점은 유엔군과 북한군의 공동경비구역으로 남북의 행정관할권 밖에 있는 특수지역이다. 또한 한국전쟁의

---

1) 경기도 DMZ 웹사이트(dmz.gg.go.kr), 경기도·경기개발연구원, 「살아 있는 생태문화박물관 DMZ」(2008).

〈표 1.3.6〉 DMZ 일원의 평화·안보관광자원

평화·안보관광지	내용
판문점	MDL 위에 놓여 있고 군사정전위원회 본부가 있다. 정전협정 당시 서명이 이루어졌던 건물은 MDL 북쪽에 있으며 남한에서도 볼 수 있다. 지금도 군사회담 장소로 사용되며 냉전사의 마지막 유물로 여겨진다.
전망대	오두산통일전망대(연천), 도라전망대(파주), 상승전망대(연천), 태풍전망대(연천), 열쇠전망대(연천), 평화전망대(철원), 승리전망대(철원), 칠성전망대(화천), 을지전망대(양구), 통일전망대(고성) 등이 있다. 유엔군 사령관이 안보견학을 위해 승인한 지역으로서 철책선에 접해 DMZ를 향해 설치되어 있고 각 전망대에서 경계근무를 서고 있는 군인들이 전망대 주변상황을 설명해주는 안보관광이 이루어지고 있다.
임진각관광지	실향민을 위해, 한국전쟁과 민족분단의 아픔을 되새기기 위해 조성된 곳이다. 임진강지구전적비, 미국군참전비 등 각종 전적비와 망배단이 있다. 평화누리공원이 옆에 있어서 다양한 문화예술행사가 진행된다.
도라산평화공원	도라산역 바로 옆에 조성된 공원으로 DMZ의 역사, 평화, 생태를 주제로 한 전시물과 상징 조형물이 있다.
세계평화의 종 공원	평화의 댐 일대에 조성된 공원으로 화천군이 광복 60주년 기념사업의 일환으로 조성한 공원이다.
양구통일관 및 제4땅굴	민통선지역 최북단인 양구군 해안면에 위치하며 북한에 대한 이해를 넓히고 통일의식 고취 등 통일교육의 장으로 활용하기 위해 1996년에 개관했다. 제4땅굴은 1990년에 발견되었으며 안보기념관과 기념탑을 세우고 갱도 및 갱내시설을 설치해 안보교육의 장으로 활용하고 있다.
DMZ 박물관	동해안 쪽 MDL에 근접해 있으며 고성군 민통선 내에 있다. 한국전쟁 발발 전후의 모습과 휴전선의 역사적인 의미 등을 전시물이나 영상물로 재구성해 전시하고 있다.

자료: 환경부·문화재청·산림청·경기도·강원도, 「DMZ 생물권보전지역 신청서」(2011).

휴전협정이 체결된 장소이며 이후에는 남북적십자 예비회담, 7·4 남북공동성명, 남북총리회담 등 남북교류역사의 한 장을 차지하는 굵직한 회의들이 열린 장소라는 점에서 판문점의 역사가 바로 한반도 분단의 역사이며 DMZ의 역사라고 할 수 있다. 하지만 판문점을 관광하려면 국가정보원에 미리 신청해 허가절차를 거쳐야 한다는 점 때문에 일반인이 방문하기는 쉽지 않은 것이 관광자원으로서의 단점이다.

판문점에 일반인의 접근이 쉽지 않다는 점에서 DMZ 일원의 가장 대중적인 통일·안보관광지는 임진각관광지와 제3땅굴이다. 1972년 만들어진 임진각관광지는 한국전쟁과 그 이후의 민족 대립으로 인한 슬픔이 아로새겨져 있는 곳으로 전적비와 위령탑, 그리고 신의주까지 달리던 기차 등이 전시되어 있다. 최근에는 주변에 관람객 2만 명을 수용할 수 있는 잔디언덕과 수상야외 공연장으로 이루어진 평화누리공원이 조성되면서 다양한 문화활동과 행사가 열리는 공간으로 변신하고 있다.

제3땅굴은 1978년 판문점 남쪽 4km 지점인 MDL 남방 435m 지점에서 발견된 남침용 땅굴로 지하 73m 지점에 약 1.16km에 달하는 규모로 만들어져 1시간에 병력 3만 명과 야포 등 중화기를 통과시킬 수 있다. 제1땅굴이 DMZ 내에 자리 잡아 개방할 수 없는 것에 비해 제3땅굴은 관광객이 직접 관람할 수 있다. 이 외에도 오두산통일전망대와 도라산전망대처럼 북녘 땅을 직접 관찰할 수 있도록 만들어진 전망대가 총 14개이며 전망대 이외의 안보자원은 무장공비 침투로, 자유의 다리 등 DMZ와 인접한 지역에 주로 분포되어 있다.

2) 역사·문화관광자원

DMZ 일원은 구석기시대부터 삼국시대, 고려시대, 조선시대에 이르기까지 한반도 역사의 중심에서 시대적 영향을 받았기 때문에 각 시대상과 문화를 잘 간직하고 있다. 한반도의 역사는 민통선지역인 임진강과 한탄강 유역에서 출발했으며 수만 년 전의 구석기 유적이 이곳 일대에서 집중적으로 발견되고 있다는 점이 이를 증명한다. 특히 연천군 전곡리 일대의 선사유적지는 동아시아에서 최초로 주먹도끼가 발굴된 곳으로서 이 발굴로 동아시아 구석기 유적의 역사가 뒤바뀌었다.

고대국가 시기에 이 지역은 백제와 고구려가 치열하게 공방전을 펼쳤던 요충지였으며 신라가 한강유역을 점령하면서 마지막으로 차지했던 땅으로

〈그림 1.3.2〉 DMZ 일원의 관광자원 현황

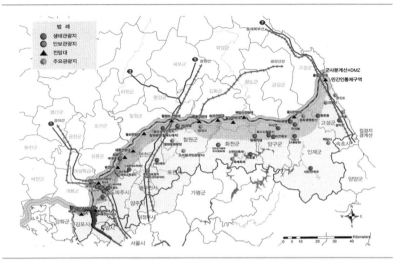

자료: 조응래 외, 「DMZ·접경지역의 비전과 발전전략」, ≪이슈&진단≫ 60호(2012), 경기개발연구원.

삼국의 문화가 모두 녹아 있다. 최근에는 연천군 강내리 일원에서 남한지역 최대 규모의 고구려 유적지가 발견되기도 했다. 고려시대와 조선시대에는 수도와 인접해 각 시대를 특징짓는 불교문화와 유교문화의 문물을 직접적으로 받아들였던 땅이며 현재에도 황희 정승과 율곡 이이, 신사임당 묘를 비롯해 자운서원, 반구정 등의 문화 흔적이 곳곳에 남아 있다. DMZ 일원의 역사는 전역에 산재한 문화재에서도 잘 드러난다. 경기도에 소재한 국가 및 도 지정 문화재 776개 중 국가지정문화재 45점을 포함한 문화재 총 160개가 DMZ 일원에 자리 잡고 있다.[2]

또한 DMZ 일원의 젖줄인 임진강과 한탄강은 예로부터 한민족의 중요한

---

2) 경기도·경기개발연구원, 「살아 있는 생태문화박물관 DMZ」(2008).

<표 1.3.7> DMZ 일원의 역사·문화유적

역사·문화유적지	내용
연천 전곡리 선사유적과 선사박물관	한국의 대표적인 구석기 유적으로 경기도 연천군 전곡리 한탄강변의 구릉지대에 있다.
연천 경순왕릉	경순왕은 신라의 제56대 마지막 왕이며, 그의 왕릉은 사적 제244호로 지정되어 있다. 경기도 연천군 장남면 고랑포리에 있다.
연천 숭의전지	조선시대에 고려 태조를 비롯한 7왕의 위패를 모시고 제사를 지내던 숭의전이 있던 자리이다. 경기도 연천군 미산면에 있다.
연천 호로고루	연천군 원당리에 있는 삼국시대의 성지로 삼국통일을 전후해 이 지역에서 치열한 전투가 있었다는 기록이 남아 있으며 선사시대 유물이 많이 발견된다.
연천 당포성	연천군 동아리 일원에 있는 삼국시대의 성으로 사적 제468호이다.
연천 은대리성	사적 제469호인 연천 은대리성은 삼국시대의 성곽으로 백제, 고구려의 토기 등이 발견되었다.
태봉국 왕궁터	태봉국은 901년 궁예에 의해 건국된 후삼국 중 하나로 후고구려라 칭했으며 905년 도읍을 철원으로 옮겼다. 강원도 철원군 풍천읍에 있다.
해안 선사유적	점토대토기편, 유구석부, 빗살무늬토기 등 구석기시대~철기시대의 유물이 다량 출토되어 역사시대의 문화연구에 중요한 자료를 제공해주는 유적이다. 강원도 양구군 해안면 만대리에 있다.
백담사	대한불교 조계종 제3교구 본사인 신흥사의 말사이며 기초 선원으로 지정되어 승려들의 참선수행이 이루어지는 곳이다. 강원도 인제군 북면 용대리에 있다.
건봉사	설악산 신흥사, 백담사 등 9개 말사를 거느렸던 전국 4대 사찰 중 한 곳으로 신라 법흥왕 때 지어졌다. 강원도 고성군 거진읍에 있다.

자료: 환경부·문화재청·산림청·경기도·강원도, 「DMZ 생물권보전지역 신청서」(2011).

물길로 이용되어왔다. 특히 고려시대와 조선시대에는 수도인 개성과 한양을 중심으로 교역활동의 기지로 기능했음을 현재 남아 있는 여러 나루터를 통해 확인할 수 있다. 경기도에 있는 나루터와 포구는 총 71개로 그중 32개가 임진강유역에 집중되어 있다. 대표적인 나루터로는 개성과 한양을 오가는 길목이었던 임진나루와 황해도와 연천지역으로 가는 황포돛배가 드나들던 수화물 집산지 문산포 등이 있다. 현재는 조선시대 당시의 모습대로 재현한 황포돛배가 임진강 두지리에서 자장리까지 운행되어 이 나루터 투어 상품을 통해 임진8경을 맛볼 수 있다.

4. DMZ 일원에서 즐길 거리

DMZ 일원의 다양한 관광자원을 활용한 여러 가지 프로그램이 속속 도입되고 있다. 특히 최근 들어 생태·평화지역으로서 DMZ의 상징성을 적극적으로 이용한 각종 문화 프로그램이 신설되어 다양한 볼거리와 즐길 거리를 제공하고 있다. DMZ 지역에서 개최되는 대표적인 지역축제로는 '파주 장단콩축제'와 '연천 전곡리 구석기축제'가 있다. 파주 장단콩축제는 매년 임진각광장에서 열리며 전시행사인 '알콩마당'과 다양한 체험을 할 수 있는 '놀콩마당'을 비롯해 시식판매장과 다채로운 문화예술 프로그램 등을 진행한다. 연천 전곡리 구석기축제는 구석기 선사유적지에서 선사시대, 농경생활 문화를 체험할 수 있어 가족이 참여할 수 있는 에듀테인먼트(Edutainment) 축제로 주목받고 있다.

최근 DMZ 일원은 단순히 지역의 관광자원을 소개하는 차원에서 벗어나 다양한 문화예술 프로그램을 도입하고 시민들이 참여하는 이벤트를 개최하는 등 어두운 역사에서 벗어나 소통과 참여, 그리고 새로운 비전과 문화를 만들어가는 장으로 전환하기 위해 활발히 활동하고 있다. 2007년부터 매년 개최 중인 '경기 평화통일 마라톤대회'는 평화통일의 의지를 전 세계에 널리 알리기 위해 임진각에서 출발해 민통선구간을 달리는 코스로 운영되고 있다. 또 'DMZ 국제다큐멘터리영화제'는 영화제를 통해 분단·대치·긴장지대로 인식되는 DMZ를 평화·생명·소통공간의 이미지로 개선시켜 세계적인 관광명소를 꿈꾸고 있다. 2012년 파주출판도시 일원에서 열린 제4회 영화제에는 37개국에서 출품된 영화 115편이 상영되었고 관객 3만 4,000여 명이 참여했다. 또한 연천에서는 음악을 통해 분단된 한반도의 통일과 소망, 더 나아가 전 인류의 평화를 염원하는 클래식 음악축제 'DMZ 연천국제음악제'가

〈표 1.3.8〉 DMZ 일원의 축제 및 문화행사

축제 및 문화행사	내용
파주 개성인삼축제	파주 일대에서 생산되는 6년근 인삼을 홍보·판매하는 축제로 주로 10월에 임진각광장에서 열린다.
파주 장단콩축제	개성인삼축제와 더불어 파주의 대표적인 지역특산물 홍보·판매축제로 매년 11월 파주시에서 열린다.
전곡리 구석기축제	구석기문화와 선사문화를 교육, 놀이, 체험을 통해 배우고 즐기는 축제로 5월 연천군 전곡리 선사유적지 일원에서 열린다.
심학산 돌곶이꽃축제	심학산 주변의 관상용 양귀비와 다양한 야생화를 관람할 수 있으며 가족 걷기와 꽃마차 타기 등의 프로그램으로 진행된다. 5~6월 파주시 교하읍에서 열린다.
화천 산천어축제	해마다 열리는 겨울축제로 산천어 얼음낚시, 얼음축구, 빙상경기대회 등 다양한 레포츠 프로그램이 마련되어 있다. 해마다 1월에 화천군 화천읍 일대에서 열린다.
인제 빙어축제	겨울철이 되면 990ha의 빙판이 형성되며 산란을 위해 몰려든 빙어 떼를 이용해 빙어낚기대회, 빙어시식회를 개최한다. 그 밖에도 빙상볼링, 얼음축구대회, 스노우산악자전거대회 등 수몰지역 및 주변 산촌 거주자들의 애환이 담긴 민속놀이, 세시풍속을 재현하는 행사가 펼쳐진다.
인제 군인추억페스티벌	매년 10월 초 서화면 일원 군부대에서 열리며 민·군·관 병영가요제, 청소년 사생실기대회, 백일장, 옛 전우 만남, 군장병 특별면회의 날, GOP 대탐방, 병영체험 등의 프로그램을 운영한다.
양구 배꼽축제	국토 정중앙 양구체험 원정대와 배꼽원정대(두타연트레킹) 등 자연 중심 양구를 몸으로 느낄 수 있는 투어 프로그램과 인공습지 및 파로호 자연호수에서의 붕어낚시, 밸리댄스 경연대회 등을 운영한다.
고성 명태와 겨울바다 축제	국내 최고의 명태어장이 있는 고성에서 해마다 2월에 열리는 특산물축제로 수성제례행사, 어선퍼레이드, 항구가요제, 명태낚시체험, 명태덕장전시 등의 행사가 열린다.

자료: 환경부·문화재청·산림청·경기도·강원도, 「DMZ 생물권보전지역 신청서」(2011).

열리며 파주에서는 전 세계적으로 각광받고 있는 세계 최초의 드로잉 국제
전시회 'DMZ 국제드로잉비엔날레'가 개최된다. 이 외에도 어린이날에는 어
린이를 위한 각종 공연 및 체험행사를 포함한 '임진각 어린이축제'가 임진각
일원에서 열리고 7080 세대를 위한 포크음악축제인 '파주 포크페스티벌'도
개최되는 등 다양한 세대를 아우르는 새로운 문화 중심지로서 DMZ 일원에
대한 기대가 높아지고 있다.

PART 02 DMZ의 미래

chapter 01

DMZ·접경지역의 비전

1. 기존의 DMZ·접경지역 발전계획

1) 중앙정부의 DMZ·접경지역 발전계획

DMZ 일원의 잠재력에 대한 인식과 관심이 높아짐에 따라 중앙정부 차원에서 다양한 DMZ 관련 계획이 수립되어 추진 중이다. 행정안전부의 「접경지역발전 종합계획」, 문화체육관광부의 「평화생명지대 광역 관광개발계획」, 환경부의 「비무장지대 일원 생태계 보전대책」 등 부처 단위별 발전계획 이외에도 한국국토계획의 가장 기본인 「제4차 국토종합계획」에서도 DMZ와 접경지역의 발전방향이 제시되었다.

(1) 제4차 국토종합계획 수정계획(대한민국정부, 2011)

「제4차 국토종합계획 수정계획」은 '대한민국의 새로운 도약을 위한 글로벌 녹색국토 실현'을 비전으로 제시했다. DMZ·접경지역의 발전전략은 남북교류협력 확대에 대비한 기반을 구축하고 유라시아·태평양시대를 선도

<그림 2.1.1> 남북교류·접경벨트의 종합적인 발전계획

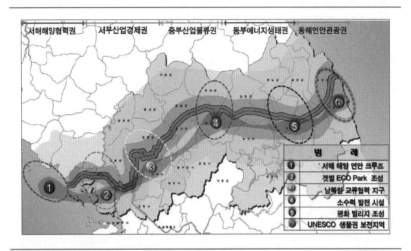

자료: 대한민국정부, 「제4차 국토종합계획 수정계획(2011~2020)」(2011).

하는 글로벌 국토역량을 강화해 초국경적 국토경영 기반을 구축한다는 것이다. 남북교류협력을 위한 기반 구축 및 관련 사업은 남북관계의 진전과 국내외 정치적·경제적 여건 등을 감안해 단계적으로 추진하되 우선은 접경벨트를 중심으로 남북교류협력 가시화에 대비한 기반 구축에 주력한다는 것이다. 이 외에 남북접경지역 공동관리, 평화지대 구축, 북한자원 공동개발 및 인프라 지원 등은 향후 남북의 긴장완화와 협력 분위기 조성에 따라 추진한다는 계획이다.

「제4차 국토종합계획」에서는 접경지역의 체계적인 관리 및 남북의 평화적 교류협력을 위해서 우선 남북교류·접경벨트의 종합적인 발전계획을 수립·추진하겠다고 밝히고 있다. 남북관계의 진전 추이에 따라 접경벨트에 남북교류협력지구를 조성해 향후 남북교류협력의 전진기지로 활용하고 접경지역의 지역경제 활성화도 도모하겠다는 것이다. 또한 DMZ 인근의 안보·

생태환경 체험관광을 위해 접경지역 내 핵심 거점지역을 중심으로 평화누리길을 조성하고 인접 시·군 간 연계를 위한 동서녹색평화도로를 조성해 접경지역 간 교류 활성화를 도모한다는 계획이다.

남북관계 진전에 대비한 협력과제도 추진 중으로 접경지역의 남북협력 사업 추진 및 생태환경 보전, 남북교류 및 협력 증진을 위한 접경지역 평화지대 구축, 남북 수자원 모니터링 체계를 구축한다는 계획이다. 또한 북한의 전력·교통·물류시설 등 산업인프라의 개발 지원, 북한의 경제성 있는 지하광물의 남북공동개발을 통한 저렴한 산업자원 확보, 북한의 낙후된 상하수도시설 및 노후주택 정비를 위한 건설물자·기술 지원을 추진할 계획이다.

(2) 「접경지역발전 종합계획」(행정안전부, 2011.7)

행정안전부가 추진하고 있는 「접경지역발전 종합계획」은 2009년 12월 수립된 「남북교류·접경권 초광역개발 기본구상」을 바탕으로 수립되었다. 이 구상은 '남북교류·접경권을 한반도 중심의 생태·평화벨트(Eco-Peace Belt)로 육성'한다는 비전하에 DMZ의 평화 상징성, 생태자원의 우수성, 경제적 잠재력을 활용해 DMZ 일원을 세계적인 생태·평화의 상징공간으로 육성한다는 계획이다. 이를 위해 청정생태자원의 보존 및 활용, 남북교류 및 국제평화의 거점 구축, 통일시대 새로운 성장동력 육성을 목표로 설정하고 DMZ 생태·관광벨트 육성 등 5대 추진전략을 수립했다.

2011년 7월 27일 수립된 「접경지역발전 종합계획」은 2002년 제정된 「접경지역발전법」이 2011년 7월 25일 「접경지역지원특별법」(법률 제1089호)으로 변경되면서 접경지역의 조화로운 이용과 개발, 보존을 통해 접경지역을 발전시키기 위한 범정부적 지원내용을 담은 법정계획이다. 「접경지역발전 종합계획」에서는 접경지역 청정생태자원의 보존 및 활용으로 생태적·평화

〈표 2.1.1〉「접경지역발전 종합계획」 추진전략

추진과제	추진전략
생태관광벨트 육성	·생태계 보전 및 관리 프로그램 운영 ·세계적인 생태평화공원 조성 ·평화누리길 조성 ·DMZ 글로벌 관광명소화 추진
저탄소녹색성장지역 조성	·지역경쟁력 제고를 위한 신성장산업 육성 ·신재생에너지 발전파크 조성 ·지역 특성을 활용한 명품 안보·생태마을 조성
동서·남북 간 교통인프라 구축	·동서녹색평화도로 연결 ·서해평화도로 조성 ·남북교통망 복원 ·내륙 천연가스 운송망 구축
세계평화협력의 상징적 공간 조성	·국제전문가 양성을 위한 평화대학분교 유치 ·국제평화회의장 건립 ·남북청소년교류센터 건립 ·지뢰피해자재활타운 조성
접경특화발전지구 조성	·필요성 ·기본방향 ·기대효과 ·지정요건 및 지정계획 ·접경특화발전지구

자료: 행정안전부, 「접경지역발전 종합계획」(2011).

적 이용가치를 극대화하고 DMZ 일원의 특수성을 활용해서 국제적 관심을 유도해 남북교류 및 국제평화의 거점을 구축할 뿐만 아니라 저탄소첨단녹색산업을 육성해 통일시대의 신(新)성장동력으로 육성하겠다는 목표를 제시했다. 전략별 추진과제로는 생태관광벨트 육성, 저탄소녹색성장지역 조성, 동서·남북 간 교통인프라 구축, 세계평화협력의 상징적 공간 조성, 접경특화발전지구 조성 등의 5개 전략, 165개 사업에 2030년까지 민간자본을 포함한 18.8조 원을 투자한다는 계획이다.

(3)「평화·생명지대 광역 관광개발계획」(문화체육관광부, 2009.10)

문화체육관광부는 2009년 12월 발표한「DMZ 생태평화공원 조성 기본계획」을 통해 유네스코생물권보전지역 개념에 입각한 생태계 보호와 지역개발의 조화를 추구하고 있다. 이 계획은 DMZ 일원을 생태관광이나 지역개발 프로그램을 실행할 수 있는 공간단위인 DMZ 생태평화지구와 이들을 횡적으로 연결하고 포괄하는 DMZ 생태평화지역 둘로 구분해 각각의 특성에 맞는 발전방향을 도입했다. 또한 2009년 10월 발표된「평화·생명지대(PLZ) 광역 관광개발계획」에서는 '관광의 녹색성장을 선도하는 신(新)광역관광축 구축'을 비전으로 접경 시·군 10개에 분포되어 있는 생태자원, 전적자원, 역사·문화자원을 각각 특화시켜 관광상품화하는 전략 및 사업과 공간적으로 흩어져 있는 대상사업 간 연계성을 강화하는 전략 및 사업으로 나누어 세부적인 사업을 추진하고 있다.

2) 지방정부의 DMZ·접경지역 발전계획

경기도에서는 부처별로 추진되고 있는 DMZ 관련 사업을 종합·조정해 체계적이고 합리적인 추진전략으로 마련하고자「DMZ 일원 종합발전계획」을 수립했다. 또한「경기도 종합계획」을 수립해 DMZ·접경지역의 발전을 추진하고자 노력 중이다.

(1) 「DMZ 일원 종합발전계획」(경기도, 2011.9)

「DMZ 일원 종합발전계획」은 '안보·생태·평화가 공존하는 세계 속의 DMZ를 만든다'는 비전 아래 체계적이고 전문화된 DMZ 자원 보전과 활용, 관광수요 창출을 통한 지역경제 활성화, 글로벌 경쟁력 향상을 통한 DMZ 위상 정립이라는 목표를 설정했다. 평화통일·연구교육·관광허브 조성, 민통선 이북지역 관광 활성화 핵심거점 조성, 평화누리길 활성화, 국제적 위상 제고 및 정책 개발, 글로벌 마케팅 등의 5개 전략, 37개 세부사업을 추진하는 계획으로 총 사업비는 3,352억 원 규모이다.

〈그림 2.1.2〉 경기도의 「DMZ 일원 종합발전계획」 추진전략

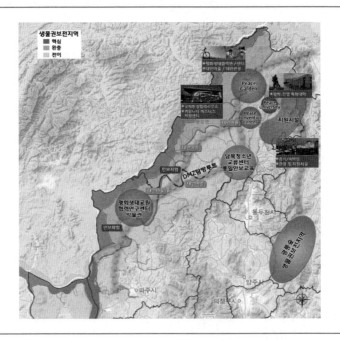

자료: 경기도, 「DMZ 일원 종합발전계획」(2011), 경기도, 「경기도 종합계획(2012~2020)」(2012).

(2) 「경기도 종합계획(2012~2020)」 (경기도, 2012.3)

「경기도 종합계획(2012~2020)」에서는 남북교류협력과 경제 통합을 주도할 남북경제교류 협력거점을 접경지역의 주요지역에 조성하는 방안을 제시했다. 평화와 민족화해 공동사업을 위해 DMZ 민족생태공원을 조성하고 생물권지역을 지정하며 한강과 임진강하구 지역을 제2의 서해안벨트로 개발하는 방안도 제시했다. 또한 파주 LCD 산업과 개성공단 연관 산업을 중심으로 남북경제협력단지를 조성하고 접경도시 개념의 남북교류협력도시를 건설하는 방안을 제시했다.

〈표 2.1.2〉 「경기도 종합계획(2012~2020)」 추진전략

추진전략	추진내용
평화와 민족화해 공동사업 추진	·DMZ 민족생태공원 조성과 생물권지역 지정 ·임진강유역 수해방지 시스템 구축
남북 교통인프라 연결	·서울~문산 간 고속도로와 평양~개성 간 고속도로 연결 ·GTX 개성공단 연장(장기)
남북경제협력을 위한 특구 조성	·파주·문산 남북통일경제특구 건설 ·김포·강화·연천 남북교류협력단지 건설
한강과 임진강하구 지역을 제2의 서해안벨트로 개발	·한강~임진강~예성강 3하구 벨트화 비전(가칭) 추진

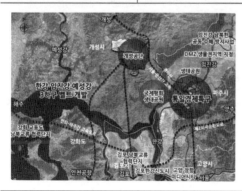

자료: 경기도, 「경기도 종합계획(2012~2020)」 (2012).

2. DMZ·접경지역의 신발전구상[1)]

1) DMZ·접경지역 발전 패러다임의 전환

정부 내 여러 기관이 DMZ와 관련된 각종 사업을 추진하고 있으며 유네스코생물권보전지역 지정 등의 국제적 관심도 증대되고 있다. 그동안 DMZ와 관련해 중앙정부는 DMZ·접경지역을 연계발전시키는 개념이 아니라 독립된 공간으로 놓고 사업을 추진해 남북 간 연결보다 동서 간 연결에 중점을 두었다. 또한 중앙정부에서 수립한 계획은 광역적이고 인프라 중심이어서 주민들이 불편을 느끼는 생활여건을 직접적으로 개선시키는 데 한계가 있다. 이에 따라 DMZ 신발전구상은 독립된 공간 틀 아래 이루어졌던 기존의 계획과는 달리 단절의 공간인 DMZ를 통일 이후까지 고려한 소통의 공간으로 재탄생시키는 발전 패러다임으로 방향 전환을 제시했다.

첫째, DMZ와 접경지역의 연결을 원활히 해서 연계발전시켜야 한다. DMZ와 관련한 많은 계획이 접경지역과 분리된 채 진행되고 있지만 접경지역의 발전 없이는 DMZ의 활성화를 기대하기 어렵다. 따라서 DMZ의 배후도시인 접경지역에 산재한 통일·안보·역사·문화·생태자원을 활용해 연계관광코스를 개발하며 개성공단과 연계된 통일경제특구 조성을 위해 자유무역지역, 경제자유구역으로 점진적 발전을 유도해야 한다.

둘째, DMZ와 한국의 소통을 원활히 해야 한다. 연간 DMZ를 방문하는 관광객이 50만 명, 임진각관광객이 500만 명이라고 하지만 하루 혹은 반나절 관광으로 구석기시대에서 삼국시대, 고려시대, 조선시대, 근대에 이르는 한

---

1) 조응래 외, 「DMZ·접경지역의 비전과 발전전략」, ≪이슈&진단≫ 60호(2012), 경기개발연구원.

〈표 2.1.3〉 단절의 공간인 DMZ를 소통의 공간으로 조성

DMZ와 접경지역의 연결	DMZ 배후도시인 접경지역에 산재해 있는 통일·안보·역사·문화·생태자원을 활용해 연계관광코스를 개발하고 지역주민과의 연계를 강화한다.
DMZ와 한국과의 소통	DMZ가 추구하는 가치인 평화와 생태뿐만 아니라 한국의 역사와 안보현실을 1박 2일 또는 2박 3일 숙박하면서 직접 체험하는 관광객이 연간 100만 명이 될 수 있도록 프로그램을 적극 개발한다.
DMZ와 북한과의 소통	중국 관광객이 한국관광 중에 판문점을 거쳐 북한 개성지역을 관광하고 돌아오는 코스를 개발하고 개성공단 주변, 북한 쪽 DMZ 일원에서 재배하는 농산물을 수도권에 공급하는 방안을 검토한다.
생물권보전지역 지정을 계기로 DMZ와 세계와의 소통	DMZ 일원의 지질학적 중요성을 세계에 알릴 수 있도록 지질공원(Geo Park) 지정 및 복합문화유산 등재를 추진한다.

〈그림 2.1.3〉 단절의 공간인 DMZ를 소통의 공간으로 조성

접경지역과의 소통

대한민국과의 소통

북한과의 소통

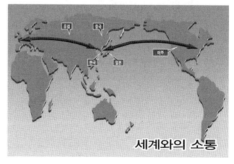

세계와의 소통

반도의 역사를 알기란 불가능하다. DMZ가 추구하는 가치인 평화와 생태뿐만 아니라 한국의 역사와 안보현실을 1박 2일 또는 2박 3일 숙박하면서 직접 체험하는 관광객이 연간 100만 명에 이를 수 있도록 프로그램을 적극 개발할 필요가 있다.

셋째, DMZ와 북한과의 소통을 원활히 할 수 있는 방안이 모색되어야 한다. DMZ에 관심이 있는 중국 관광객이 많아서 북한도 DMZ 관광을 상품으로 제공하고 있다. 중국 관광객이 한국관광 중에 판문점을 거쳐 북한의 개성·평양지역을 관광하고 돌아오는 코스 개발에 대해서 북한도 관심을 보일 것이다. 또한 개성공단 주변, 북한 쪽 DMZ 일원에서 재배하는 농산물을 한국에 공급하는 방안도 검토할 필요가 있다. 그리고 개성공단을 대외무역의 전초기지로 만들기 위해 생산되는 물품에 대한 관세 적용을 배제해 FTA 체결효과를 극대화한다.

넷째, 생물권보전지역 지정을 계기로 DMZ와 세계와의 소통도 강화해야 한다. DMZ 일원의 지질학적 중요성을 세계에 알릴 수 있도록 지질공원(Geo Park) 지정 및 복합문화유산 등재를 추진해야 한다.

2) 통일을 대비한 세종-서울-평양 메가리전 구상

최근 도시지역과 배후지역을 포함한 대도시권 연합체인 메가리전(Mega Region)이 출현하고 있다. 남북관계가 활성화될 경우 수도권이 DMZ·접경지역뿐만 아니라 개성까지 포함한 대도시권으로 확장될 것이 예상된다. 또한 통일 이후에는 서울, 평양 2개의 중심이 존재해 이 둘 사이에 놓인 지역 전체가 강한 개발압력을 받을 것이므로 수도권과 평양이 연결되는 메가리전으로 확장될 것이 예상된다. 더 넓게는 세종시를 포함한 세종-서울-평양[가칭 세(世)-경(京)-평(平)] 지역이 국가행정의 중심축 기능을 맡을 것이므로 이

〈그림 2.1.4〉 통일 이후 한반도의 국토공간 구조

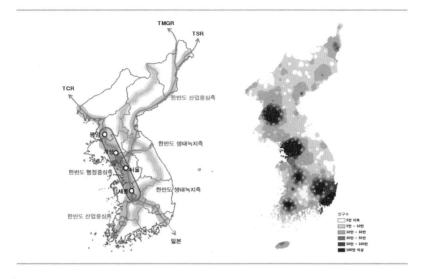

지역을 국제적 메가리전으로 육성·관리함으로써 글로벌 경쟁력을 갖추도록 발전전략을 마련할 필요가 있다.

  부산-신의주, 광주-나진·선봉으로 연결되는 X자형 산업중심축에 자리 잡은 대도시를 주변 지역과 연계개발하는 방안도 모색해야 한다. 이를 위해 한국은 북한의 산업지역을 중심으로 경제발전 노하우를 전수해 북한이 스스로 빠른 기간에 경제발전을 이루도록 유도해야 한다. 유엔개발계획(UNDP) 같은 국제기구와의 협력을 통해 북한의 산업발전을 지원함으로써 남북 간 경제격차를 완화시키는 것이 통일비용을 최소화하는 방법이다. 또한 백두대간과 DMZ는 한반도의 주요 생태녹지축을 형성하게 될 것이므로 이 지역을 체계적으로 관리해야 할 것이다.

3) 수도권-개성 대도시권 구상

역사적으로 '경기'라는 용어는 도읍 주변의 경현(적현)과 기현을 합한 데서 유래되었다. 즉, 도읍과 합해 수도권으로 통칭될 수 있는 지역을 의미했다. 현재 한반도의 중심에 위치한 경기도는 광복 이전에는 개성까지를 포함했고 한국전쟁 이후에는 38선에 의해 분리되어 행정구역 조정이 이루어졌다. 서울-개성 간 직선거리는 58km로 서울-평택보다 가까워서 향후 남북

〈그림 2.1.5〉 경기도 지역의 변천과 새천년 경기도의 부활

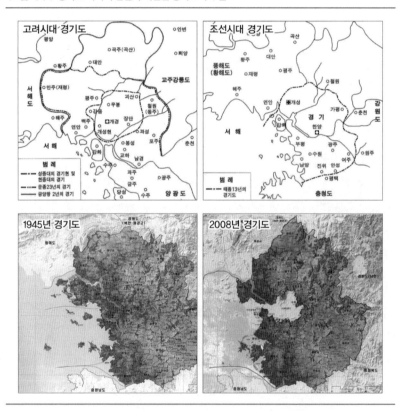

자료: 경기도사편찬위원회, 「경기도 역사와 문화」(1997), 경기도, 「경기도 행정구역 변천지도」(2009).

<그림 2.1.6> 개성을 포함한 수도권 관리 구상

관계가 개선되면 이 지역의 개발압력이 심해질 것이므로 체계적인 보전·개발이 모색되어야 한다.

통일 이후를 대비하기 위해, 그리고 수도권의 글로벌 경쟁력 강화 및 새천년 경기도의 부활을 위해서는 개성지역까지 확장된 수도권을 대상으로 대도시권 관리계획을 수립해 성장을 유도할 필요가 있다. 현재 개성은 배후지역 인구가 작기 때문에 노동력을 확보하기 어려운 상황이므로 수도권 공간구조 속에서 산업인력 수급계획을 수립하면 개성특구의 새로운 발전방향을 모색할 수 있다.

3. DMZ는 평화그린벨트로 지정, 접경지역은 성장관리 유도

DMZ·접경지역은 소외지역이 아니라 통일 한반도의 중심지역으로 향후 개발압력이 심해질 것으로 예상되기 때문에 DMZ(남북 2km 구간)를 평화그린벨트로 지정해 보전관리계획을 수립하고 민통선지역을 포함한 접경지역은

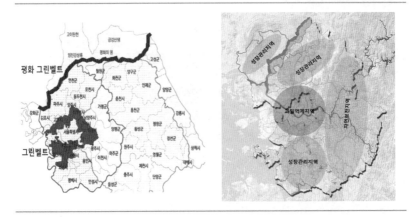

〈그림 2.1.7〉 DMZ 평화그린벨트 구상　　　〈그림 2.1.8〉 접경지역과 민통선지역의 성장관리 구상

체계적으로 이용하기 위해 성장관리계획을 수립해야 한다.

　남북 백두대간축과 동서 DMZ축이라는 2개의 커다란 핵심녹지축을 바탕으로 한반도 녹지·레저·관광·생태 네트워크 활동의 중심기능을 수행하도록 계획할 필요가 있다. 또한 민통선지역을 포함한 접경지역은 성장을 유도하기 위해 성장관리지역에 대한 계획적인 개발계획을 마련하는 것이 바람직하다. 이때 DMZ 생물권보전지역의 완충·전이지역과 동일한 개념으로 계획을 수립하면 접경지역 주민들에게 미치는 피해도 없을 것으로 예상된다.

4. DMZ·접경지역의 체계적인 관리방안

1) 중앙정부와 지방정부의 협력하에 통합적 거버넌스 구축

　경기도는 2011년에 'DMZ 정책과'를 신설해 DMZ와 관련된 종합행정을 실시하고 있다. DMZ를 효율적으로 관리하기 위해서는 경기도의 'DMZ 정책과' 기능을 갖춘 중앙정부 차원의 DMZ 통합관리기구(가칭 DMZ 관리청)를 설치해야 한다. 이러한 조직을 통해 DMZ 관련 부서에서 추진하는 사업을 통합·조정하면 DMZ를 한국의 대표 브랜드로 발전시키는 사업을 체계적으로 추진할 수 있을 것이다. 2013년 DMZ 설치 60년을 맞이해 DMZ·접경지역에 대한 전 국민의 이해를 확산시키고 생태계 보전을 위해 국민 참여를 적극 유도하는 방안도 모색할 필요가 있다. 일례로 DMZ 트러스트운동을 통해 DMZ 생태계 보전을 위한 국민 참여를 유도하고 DMZ의 환경파괴 및 개발 압력에 대응하는 것도 방안 중 하나이다.

경기도, 강원도, 인천시 등 지방정부 간 협력 및 DMZ 일원의 관리와 활용을 위해 북한과의 협의체 구성도 필요하다. 현재는 지방정부의 대북협력사업이 개별적으로 이루어지고 있으나 앞으로는 정기적으로 만나서 의제 설정에서부터 협력방식, 향후 계획에 이르기까지 협의·논의하는 구조가 필요하다. 그동안 임진강·한탄강유역에서의 홍수 및 재해 방지를 위해 2000년 이후 남북이 거의 20차례에 이르는 협의를 실시했으나 별다른 성과가 없었다. 이러한 한계를 극복하기 위해서는 단계적 접근을 통해 실질적 협의기구로 발전시키는 노력이 필요하다.

이를 위해 첫째로 신뢰구축단계에서는 임진강유역에서 말라리아 공동방역, 농업협력사업, 인도적 지원사업 등을 추진함으로써 상호신뢰를 구축해야 한다. 둘째로 성과확산단계에서는 농업과 축산업에서 협력하며 개성을 연계하고 말라리아 방역사업을 가축질병 공동연구 및 방재사업으로 확대할 필요가 있다. 또한 농산물 계약재배, 경제협력 등으로 사업영역을 확대해야 한다. 셋째로 제도화단계에서는 다양하게 진행되는 사업을 포괄적으로 관리하기 위한 남북협의체를 구성하고 이 협의체가 구체화되는 시기에 경기도 등 지방정부와 중앙정부 관련 부처가 공동으로 참여해 동서독의 접경지역관리위원회 수준으로 협의체를 운영하는 것이 바람직하다.

2) 통일 이후를 대비한 DMZ·접경지역의 이용 및 보전계획 수립

DMZ·접경지역 내 마을이 연계된 지역단위의 발전방향을 마련하고 DMZ 평화누리길, 생태관광벨트 등의 선형적인 계획이 성공을 거두려면 접경지역 배후도시의 성장과 연계된 계획을 수립하는 것이 중요하다. 또한 통일 대비 접경지역의 위상에 맞는 산업, 관광, 문화, 역사, 숙박이 융합된 복합도시로의 발전방향을 마련해야 한다. DMZ·접경지역의 이용과 보전을 위한 계획은 임진각관광지를 거점으로 한 경의축과 한탄강관광지를 거점으로 한 경원축 2개 축을 중심으로 발전전략을 마련할 수 있다.

〈그림 2.1.9〉 개성을 포함한 대도시권 관리계획

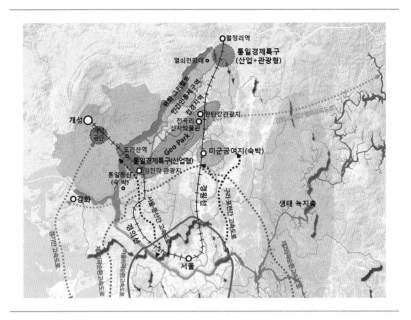

경의축의 경우는 파주 임진각을 중심으로 통일동산의 숙박기능, 김포의 산업·관광기능, 초평도 일원의 문화·생태기능, 개성공단 및 도라산역 주변의 산업기능, 개성시의 관광기능을 일체화하는 방안을 모색해야 한다. 경원축의 경우는 연천 한탄강관광지를 중심으로 동두천의 숙박기능, 한탄강 선사문화박물관 주변의 지질관광기능, 철원·평강으로 연결되는 역사관광기능을 일체화하는 방안이 필요하다.

이를 위해서는 DMZ·접경지역의 관리 및 이용계획 현황을 파악하고 데이터베이스 조사를 실시해야 한다. 통일경제특구 등을 추진할 때도 북한의 산업구조 및 특구개발계획을 고려해 입지 및 업종을 선정·제시할 필요가 있다. 개성공단이 나진·선봉, 황금평, 평양·남포 등과는 차별화되면서도 통일경제특구와 연계되는 방향을 모색하는 것이 중요하다. DMZ를 평화그린벨트로 관리하는 계획 등을 구체화하기 위해서는 DMZ·접경지역의 이용과 보전을 위한 법률을 제정하는 것이 필수적이다.

chapter 02

통일경제특구에서 접경지역 활로 찾기

1. 개성공단의 현재와 미래

1) 개성공단은 현재에도 진행 중이다

2002년 4월 3일부터 사흘간 진행된 김대중 대통령의 북한 방문을 계기로 개성공단 개발에 관한 협의가 본격적으로 시작되었다. 이후 북한은 2002년

〈그림 2.2.1〉 당초 개성공단 개발계획   〈그림 2.2.2〉 제1구역 토지이용계획

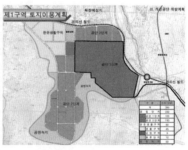

자료: 개성공업지구지원재단 웹사이트(www.kidmac.com), '개성공업지구 총개발계획'(2012).

11월 13일 개성공업지구를 지정하고 11월 20일에는 「개성공업지구법」을 제정했으며 2003년 초 개성공단 개발계획을 발표했다.

당초 계획된 개성공단의 개발면적은 총 2,000만 평(66.1km²)이다. 개발구역은 제1구역 350만 평(11.6km²), 제2구역 500만 평(16.5km²), 개성시를 포함한 인근 지역 1,150평(38.0km²)으로 계획되었고 토지이용은 공업단지 800만 평(26.4km²), 배후도시 1,200만 평(39.7km²)으로 이루어졌다.

개성공단 개발은 3단계로 이루어지도록 계획되었으나 현재까지는 제1단계 사업인 100만 평 공단 개발만 완료되어 운영 중이다. 제2·3단계 사업과 개성 시가지 사업 등은 언제 이루어질지 모르는 상황이다.

(1) 개성공단에 종사하는 북한 근로자는 약 4만 8,000명이다

2004년 10월 5일 개성공단사업을 정부 차원에서 종합적으로 지원하기 위해 통일부 개성공단사업지원단이 출범했고 10월 20일에는 개성공업지구관리위원회가 창립되었다. 2007년 5월 25일 정부는 「개성공업지구지원에관한법률」을 제정해 체계적인 지원 시스템을 구축했으며 12월 31일에는 개성공업지구지원재단이 출범했다.

개성공단에서 가동 중인 기업은 2005년 18개였으나 2011년에는 123개가 되었다. 개성공단의 생산액은 남북관계가 경색국면임에도 매년 증가하는 추세이다. 그 결과 2011년 기준 총 생산액은 4억 달러에 이르고 있다.

〈표 2.2.1〉 가동기업 현황

(단위: 개, 만 달러)

연도	2005	2006	2007	2008	2009	2010	2011
기업 수	18	30	65	93	117	121	123
생산액	1,490	7,373	18,478	25,142	25,647	32,332	40,185

자료: 개성공업지구지원재단 웹사이트, '입주기업 현황'(2012).

〈표 2.2.2〉 가동기업의 업종별 분류

(단위: 개)

연도	섬유	화학	기계 금속	전기 전자	식품	종이 목재	비금속 광물	기타	합계
2005	3	2	11	2	-	-	-	-	18
2006	6	2	17	5	-	-	-	-	30
2007	41	2	17	5	-	-	-	-	65
2008	55	4	22	8	2	1	-	1	93
2009	68	9	23	12	2	1	1	1	117
2010	71	9	22	13	2	3	1	-	121
2011	72	9	23	13	2	3	1	-	123

주 1: 기계금속이 23개에서 22개로 줄어든 것은 (주)조민포장이 2010년부터 종이목재로 분류되었기 때문이다.
　　2: 기타항목이 있다가 없어진 것은 2010년부터 산단공이 가동기업에서 제외되었기 때문이다.
자료: 개성공업지구지원재단 웹사이트, '입주기업 현황'(2012).

한편 개성공단에 가동 중인 기업을 업종별로 살펴보면 2011년 기준 섬유가 72개로 가장 많은 비중을 차지하고 있다. 개성공단사업의 진전에 따라 북한 근로자 수도 지속적으로 증가하고 있는 추세이다. 2011년 기준 개성공단에서 근무 중인 북한 근로자는 4만 9,866명으로 파악된다. 한편 2011년 기준 남한 근로자 수는 776명이다.

(2) 개성공단의 경제효과는 실질적으로 크게 나타날 것이다

개성공단의 경제효과는 현재도 큰 편이고 향후에는 그 잠재력이 더 크게 나타날 것이다. 개성공단의 성과를 보면 첫째, 개성공단사업은 그동안의 남북경협을 한 단계 격상시켰다. 개성공단사업은 처음으로 시작되는 진정한 의미의 남북상생경협모델로서 남북 참여자 모두에게 실질적인 경제이익을 가져오는 호혜적인 경제 프로젝트이다. 개성공단에서는 남한 기업의 자본과 기술이 북한의 토지와 인력에 결합되어 재화와 부가가치를 생산함으로써 시너지효과를 창출하고 있다.

남북상생경협모델

○ 간접거래	○ 직거래 방식
○ 교역사업 방식	○ 투자협력사업 중심
○ 개별진출 방식 ⇨	○ 공동진출에 의한 규모의 경제효과 및 업종 다양화
○ 해상운송 단일체계	○ 육상·해상운송 병행 물류체계
○ 비정상적 경협관행	○ 제도화에 의한 정상적 경협관행화

둘째, 개성공단은 현재 남북합작공단 시범사업(pilot project)으로서의 성격이지만 성공적으로 확대되는 경우 남북경제공동체 기반을 구축해나가는 토대가 될 수 있을 것이다. 즉, 개성공단의 제2·3단계 사업이 추진되어 남북 양측의 부품 조달 및 수출 주력기지로서의 산업 클러스터로 육성될 경우 국제경쟁력을 갖춘 남북경제공동체의 실험장으로서 역할을 수행할 것이다.

셋째, 개성공단사업은 향후 통일비용을 크게 감축시키는 데 일조할 것이다. 통일비용 중 북한의 경제재건을 위한 SOC 건설 투자비용이 상당 부분을 차지할 것으로 예상된다. 따라서 개성공단사업의 추진과정에서 구축된 다양한 SOC 시설은 향후 통일비용을 감소시키는 효과가 있을 것이다. 특히 개성공단 확대과정에서 필연적으로 전개될 북한 경제의 산업구조 조정과 그에 따른 남북의 경제격차의 해소 역시 통일비용의 최소화로 연계되리라 전망된다.

넷째, 개성공단은 경쟁력 악화로 경영난에 처한 남한의 중소기업에게 새로운 기회로 작용하고 있으며 자연스럽게 남한의 산업구조 조정기능도 수행하고 있다. 또한 개성공단은 중국 특구를 대체한다는 장점도 있다. 중국은 세계의 공장으로 부상하면서 외국인 투자에 부여했던 각종 특혜조치를 축소·철폐하기 시작했으며 이에 따라 중국에 진출했던 남한 기업은 어려움을 겪고 있다. 그러므로 저렴한 양질의 노동력, 지리적 인접성, 조세제도 등의

<표 2.2.3> 개성공단이 남북경협에서 차지하는 비중

(단위: 만 달러)

구분	2005	2006	2007	2008	2009
총 교역(A)	105,575	134,974	179,790	182,037	167,908
개성공단(C)	17,674	29,880	44,068	80,845	94,055
총 교역 대비 개성공단(C/A)	16.7%	22.1%	24.5%	44.4%	56.0%

자료: 경기개발연구원, 『한중관계 2.0: 국가를 넘어 지방정부로』(한울아카데미, 2012).

유리한 여건을 갖춘 개성공단은 남한 기업에게 중국 특구를 대체할 수 있는 매력적인 경제특구로 인식되고 있다.

이는 전체 남북교역액에서 개성공단이 차지하는 비중이 지속적으로 증가하고 있는 데서도 확인된다. 전체 교역거래에서 개성공단의 비중은 2005년 16.7%에서 2009년에는 56.0%로 크게 증가했다.

2) 개성공단은 한계에 직면해 있다[1]

개성공단은 한국 경제에 성과를 미치고 있지만 그럼에도 여러 가지 한계를 보이고 있다. 그중 가장 심각한 문제는 인력 조달 및 노무 관리의 한계, 3통(통행·통신·통관)의 한계, 판로와 관련한 원산지 규정의 한계로 요약할 수 있다.

첫째, 북한은 인력 수급 면에서 개성공단 내 남한 입주기업의 요청사항을 수용하지 못하고 있다. 현재 개성공단에는 북한 근로자 약 5만 명이 근무 중이며 부족한 인력이 약 2만 5,000명에 달하는 것으로 파악된다. 게다가 기업

---

1) 조봉현, 「남북관계에 있어서 개성공단의 발전방안」, ≪KDI 북한경제리뷰≫ 10월호(2011), 한국개발연구원의 내용을 재정리했다.

들이 북한 인력을 요청하면 빨라야 1개월, 보통은 3개월 정도가 소요되고 숙련된 기능인력을 구하기도 쉽지 않다. 즉, 개성시와 인근 지역에서 양질의 인력을 공급받을 수 있는 것은 이제 한계점에 도달한 것으로 파악된다.

개성공단 인력난의 근본적인 원인은 개성시 가용인력이 고갈되었다는 것이다. 개성시 인구가 20만 명을 밑돌고 20~50세 생산가능인구는 15만 명에 지나지 않기 때문에 대대적인 인력 충원은 불가능한 형편이다. 농촌인력 약 4만 명과 개성시에서 북한 기업에 근무하는 근로자 5만 명을 제외하면 실제 개성공단에 공급 가능한 최대 인력은 5만 명도 되지 않을 것으로 추정된다.

둘째, 3통(통행·통신·통관)+1통(소통)의 한계이다. 개성공단의 인적·물적 흐름이 원활하지 못하고 인터넷, 휴대전화 등의 통신이 되지 않아 기업을 경영하는 데 제약이 많다. 개성공단사업 초기부터 통행·통신·통관 등 3통 문제에 지속적으로 개선을 요구하고 있지만 아직도 큰 진전은 없다. 여기에 입주기업과 북한의 개성공단 관련 기관 간의 소통 부재까지 겹쳐 기업의 어려움이 가중되고 있다. 즉, 기업 경영에는 자유로운 출입과 신속성, 정보의 제한 없는 공유, 관련 기관의 적극적 협조 등이 보장되어야 하는데 3통+1통이 원활하지 못해 사업에 차질이 발생하고 있다.

우선 출입절차의 경직성과 불편성 때문에 입주기업의 인적·물적 흐름이 원활하지 못하다. 개성공단 첫 방문자는 출입증제도 수속을 밟느라 열흘 이상이 지나야 최초 출입이 가능하며 지정된 시간대에만 출입할 수 있는 '지정시간통행제'의 적용을 받는 등 그 절차가 복잡하다. 또한 출입하려면 매번 출입 시마다 시간, 날짜, 명단 등을 확정해 사흘 전까지 통보해야 하며 승인 여부도 출입 하루나 이틀 전에야 알 수 있다. 승인이 나더라도 출입시간을 놓치면 다시 출입계획을 제출해 재승인을 받아야 한다.

통관의 경우 수출입 통관절차를 거쳐야 하는 개성공단은 북한지역이라는 이유로 그 절차가 더 까다로운 편이다. 또한 북한 통행검사소 및 세관은 연간 80일 정도 휴무함에 따라 원활한 출입 및 통관이 거의 불가능하다. 그뿐만 아니라 매번 방북증명서를 발급받고 차량증명서 확인을 거쳐야 하는 등 출입절차가 까다로워 개성공단 입주기업의 활동을 힘들게 하고 경쟁력을 약화시키는 요인이 되고 있다.

셋째, 원산지 규정의 한계이다. 한미 FTA와 한·EU FTA 협정상 개성공단 생산품은 한국 원산지 특례가 인정되지 않는다. 단, 단순 포장이나 조립 등 실질적인 변형이 없는 제품은 한국산으로 인정된다. 그러나 미국이 북한을 적성국으로 분류해 북한산 제품에 400%라는 높은 관세를 부과하고 있어 사실상 북한과의 교역은 불가능한 상태이다. 개성공단 제품의 수출비중이 낮은 이유는 미국, 일본 등이 북한산 제품에 다른 세계무역기구(WTO) 회원국에 부여하는 최혜국(MFN) 관세보다 훨씬 높은 관세를 부과해 이들 시장에 대한 접근이 사실상 봉쇄되었기 때문이다. 그러나 향후 한미 FTA와 한·EU FTA 협정상 개성공단이 '역외가공지역'으로 인정되면 개성공단 제품은 무관세로 미국이나 유럽 시장에 진출하게 되므로 중국을 비롯한 일반 경쟁국

〈표 2.2.4〉 관세 차원에서 본 개성공단 제품의 대(對)서방 수출여건

구분	대북수입규제	관세 적용	GSP 혜택	단기수출 여건
미국	경제제재 완화 추세 → 수출입 허용(승인·허가는 필요)	초(超)고관세 (column 2 세율)	부여하지 않음	사실상 불가능, 가격경쟁 절대 불리
일본	특별한 규제 없음	국정세율(기본세율) 적용, 협정특혜세율보다 높음	부여하지 않음	수출 가능하지만 가격경쟁 불리
유럽연합(EU)	특별한 규제 없음	협정세율 적용, 다른 개도국은 GSP 수혜	부여하지 않음	수출 가능하지만 가격경쟁 불리, 경쟁국은 GSP 수혜

자료: 경기개발연구원, 「경기도의 통일경제특구 유치방안 연구」(2012).

제품에 비해 가격경쟁에서 유리할 것이다.

2. 통일경제특구의 논의방향

통일경제특구 논의는 개성공단 출현과 함께 시작되었다. 통일경제특구에 대한 논의의 핵심은 개성공단과 연계된 산업단지를 남한 인접지역에 건설하고 이를 바탕으로 단계적인 남북경제협력지대를 창출해나가는 것이다. 즉, 단기적으로는 경기 서북부 및 인천 일부 지역에 개성공단과 연계된 통일경제특구 건설을, 장기적으로는 개성공단과 통일경제특구 간의 궁극적 통합을 지향하고 있다. 통일경제특구는 거점지역 중심의 교류협력론이 그 이론적 근거로 설명된다. 즉, 개성공단과 남한 인접지역을 거점지역으로 설정하고 각 거점지역마다 배후도시와 산업지대를 건설해 거점지역과 배후지역 간 교류협력을 통해 자체적인 기반을 다지고 이후 양쪽 간의 본격적인 교류협력으로 확대한다는 개념이다.

1) 「통일경제특구법」 추진내용

2008년과 2009년에 국회 외교통상통일위원회에 '통일경제특구' 관련 의안(議案) 5건이 계류되었고 이에 대한 종합적 검토 및 조정이 이루어져 2011년 말 정부안으로 「통일경제특구법(안)」이 국회에 상정되었으나 회기 내 처리되지 못해 자동폐기되었다.

(1) 의원 발의된 「통일경제특구법」의 주요내용

2008년과 2009년에 계류 중이었던 '통일경제특구' 관련 의안 5건의 제정

〈표 2.2.5〉 통일경제특구 관련 주요의안

구분	「통일경제특별구역의지정및운영에관한법률안」	「남북경제특별구역의지정및운영에관한법률안」	「평화산업단지의지정및운영에관한법률안」	「통일경제특별구역의지정및운영에관한법률안」	정부조정안
발의자	임태희 의원 등 92명	이경재 의원 등 48명	이용삼 의원 등 28명	황진하 의원 등 10명	정부안
발의일	2008.11.3	2008.11.21	2008.12.5	2008.12.26	2010.12.7
구성	9장 40조	9장 38조	8장 38조	9장 40조	9장 31조
목적	남북의 경제적 상호보완성 증대 및 한반도 경제공동체 실현	상생공영의 남북관계 실현과 한반도 경제공동체 구현	한반도 경제공동체 실현	남북의 경제적 상호보완성 증대 및 한반도 경제공동체 실현	남북의 경제적 상호보완성 증대 및 한반도경제공동체 실현
우선 지역	남북 '인접지역(접경지역)'(파주시 관할지역에 먼저 설치)	접경지역 강화도의 일정 지역	철원군 평화지역	남북 '인접지역(접경지역)'	우선 지역삭제

자료: 김동성 외, 「DMZ 경제특구 구상」, 《이슈&진단》 23호(2011), 경기개발연구원.

목적은 모두 '남북의 경제적 상호보완성 극대화, 한반도 경제공동체 구축, 개성공단에 대한 대응특구 역할 수행'으로 거의 유사하다. 이 5개 의안의 핵심내용은 북한의 개성공단과 연계해 남한 접경지역에 통일경제특구를 설치하고자 하는 것으로서 최근 증대되고 있는 '통일경제특구'에 대한 관심을 잘 반영하고 있다.

임태희 의원 등 92명이 2008년 11월 3일에 발의한 「통일경제특별구역의 지정및운영에관한법률안」에서는 통일경제특구를 남북 '인접지역(접경지역)'에 설치하되 파주시 관할지역에 먼저 설치하자고 제안했고, 이경재 의원 등 48명이 같은 해 11월 21일에 발의한 「남북경제특별구역의지정및운영에관한법률안」에서는 통일경제특구를 인천시 강화도 접경지역에 설치하자고 제안했다. 이용삼 의원 등 28명이 같은 해 12월 5일에 발의한 「평화산업단지의지정및운영에관한법률안」에서는 통일경제특구를 강원도 철원군 평화지역에 설치하자고 제안했고, 황진하 의원 등 10명이 같은 해 12월 26일에 발의한 「통일경제특별구역의지정및운영에관한법률안」에서는 통일경제특구(관광특구 포함)를 남북 '인접지역(접경지역)'에 설치하자고 제안했다. 또한 송훈석 의원 등 30명이 2009년 1월 22일에 발의한 「통일관광특별구역의지정및운영등에관한법률안」에서는 통일관광특구를 설악권에 설치하자고 제안했다.

(2) 정부(통일부)에서 발의된 「통일경제특구법」 주요내용

이 5개 의안을 조정해 정부에서 작성한 「통일경제특구법(안)」의 입법 목적은 통일경제특구 설치를 통해 궁극적으로 한반도 경제공동체를 실현하는 것이다. 즉, 동 법안 제1조(목적)는 "북한의 개성공업지구에 상응하는 통일경제특별구역을 남한의 인접지역에 설치해 남북 간의 경제적 상호보완성을 증대하는 한편 남한과 북한 사이의 관계 발전에 따른 통일경제특별구역의 추가적인 설치 근거를 마련함으로써 한반도 경제공동체의 실현을 목적으로 한다"고 규정하고 있다.

「통일경제특구법(안)」은 대통령 소속으로 통일경제특별구역위원회를 설치하고 개성공단에 상응하는 통일경제특구를 남북접경지역에 먼저 설치하는 것이 주요내용이다. 통일경제특별구역위원회는 총 구성원 15명으로 위원장은 국무총리, 부위원장은 기획재정부장관과 통일부장관이 담당하도록 되어 있다. 또한 「통일경제특구법(안)」에서 발생하는 제반 사무를 처리하기 위해 통일경제특별구역위원회 소속으로 통일경제특별구역관리청을 설치하는 방안이 들어 있다. 한편 접경지역을 관할하는 시장, 군수 및 시·도지사는 「통일경제특별구역 개발계획」을 작성하고 통일경제특구의 지정을 요청하도록 되어있다.

「통일경제특구법(안)」은 또한 통일경제특구의 개발사업 시행자 및 특구 입주기업에게는 각종 세제·자금의 지원 및 다른 법률의 적용을 배제할 수 있는 특례를 규정하고 있다. 아울러 통일경제특구 내의 개발계획은 「군사기지및군사시설보호법」, 「수도권정비계획법」, 「환경정책기본법」, 「산업입지및개발에관한법률」 등 관련 법률의 심의, 협의 및 승인을 받은 것으로 간주하고 있다. 또한 「통일경제특구법(안)」은 「남북교류협력에관한법률」에 대한 특례 및 「남북협력기금법」에 의한 지원을 명기하고 있다. 즉, 통일경제특구의 남북 간 물자교역·협력사업 등을 촉진하기 위해 승인절차를 간소화하고 통일경제특구 내 내국인 기업이 북한과 경제교류를 추진할 경우 남북협력기금을 지원·융자하는 내용을 담고 있다. 아울러 통일경제특구 내에서 북한 주민의 체류, 통행, 근로 등에 대한 조항도 들어 있다. 즉, 북한 주민이 통일경제특구 내에 출입·체류하거나 입주기업에서 근로를 제공할 경우 필요한 편의를 제공하며 이들의 거주 또는 교육, 훈련을 위한 시설 설치를 허용하고 있다.

2011년 국회에 제출된 '통일경제특구'의 기본구상으로는 크게 5가지를 들 수 있다. 즉, 경제를 통한 한반도 평화 공고화 및 통일기반 조성, 남북접경지역개발의 시너지효과 제고 및 접경지역 지역주민의 복지·번영, 단계적 개발에 따른 '한반도 경제공동체' 구현, 남북상생모델 구축 및 북한의 개혁·개방 촉진, 개성공단 건설사업의 문제점 보완, 좀 더 안정적인 남북경협모델 구축 등이다.

이를 위해 통일경제특구는 크게 3단계를 상정하고 있다. 제1단계에서는 접근성과 기존 인프라 활용 및 비용대비효과(수익성·경제성) 측면에서 유리한 DMZ 인근의 접경지역(도시)에 통일경제특구를 설치한다. 제2단계에서는 통일경제특구가 중기적으로 남북교류의 전진기지 역할을 수행하도록 하고 점차 기타 접경지역으로의 확대와 발전을 유도한다. 제3단계에서는 남북의 공권력 행사로부터 자유로운 중립지역이자 그 자체로 자기완결적인 '무관세 독립자유 경제지대'를 지향한다. 이 경우 세금 및 자금 지원과 기반시설 우선 지원 및 법률(「수도권정비계획법」, 「국유재산법」, 「지방재정법」) 적용 배제 등의 우대조건이 제공된다.

2) 접경지역 지자체별 통일경제특구 조성계획

개성공단이 본격화되면서 통일경제특구 조성이 접경지역 내로 거론되었고 접경지역을 두고 있는 인천시와 경기도는 물론 강원도에서도 각각 입지적 우위성을 주장하며 지자체별로 통일경제특구 조성계획을 세우고 발표하기에 이르렀다. 통일경제특구와 관련해 수립된 접경지역 지자체의 기존 계획은 다음과 같다.

(1) 인천시: 강화경제자유구역 조성[2]

인천시는 동북아시아의 허브 공항인 인천국제공항과 수도 서울에 인접한 인천항, 그리고 내륙과의 육상교통망 등을 두루 갖추고 있어서 동북아시아 물류중심도시를 지향하고 있다. 하지만 지리적 확장성이나 산업구조의 낙후성 등은 인천 경제의 한계로 지적된다. 따라서 인천시는 지역산업의 구조 조정 및 경제성장의 견인 필요성에 기반해 개성과 연계한 남북경협전략을 제시한 바 있다. 2005년에 발표된 동 구상은 '동북아도시 간 협력을 통한 환(環)인천경제권 형성방안'이라는 부제에서도 알 수 있듯이 당시 인천시의 환황해권 발전구상의 일환으로 추진되었다.

동 구상은 인천·개성지역의 강점과 약점을 서로 보완해 남북경제공동체

---

2) 인천광역시, 「인천-개성 연계발전 추진전략」(2005) 참조.

형성의 모델을 구축하고자 한 것이다. 또한 이를 발전시켜 서해안지역을 중심으로 한 남북경협축의 형성을 목표로 하고 있다. 그리고 경제협력관계뿐만 아니라 물류, 관광, 사회·문화협력에 이르기까지 복합적 연계를 계획하고 있는 것이 특징이다.

이를 위해 인천시는 개성공단부지 내에 인천지역기업 전용공단을 설치하고 인천-개성 연계관광상품 개발, SOC 연계(인천-개성 도로망, 개풍지역 항만설치 등), 전력 연계, 유무선 통신망 연계 등을 통해 최종적으로는 인천-개풍 공동개발구를 조성하겠다는 세부 추진방안을 제시하고 있다. 인천시는 이러한 계획을 통해 기존의 전통 제조업을 개성·개풍지구로 이전해 산업구조를 개편하고 낙후된 강화군지역의 개발을 꾀하는 등 지역경제성장의 신동력을 마련하고자 했다.

인천시의 인천-개성 연계발전구상은 강화경제자유구역 등을 통해 군정계획에 반영되었다. 강화경제자유구역은 개성과 해주 등의 북한지역을 강화도를 통해 남한과 연계하는 구상이다. 즉, 강화경제자유구역 및 서해연안 남북경제특구 조성을 통해 강화도를 남북 간 상생발전과 평화통일벨트의 중심도시로 발전시키고자 하는 것이다.

(2) 강원도: '설악-금강 연계관광특구', '철원 평화시' 건설3)

개성공단사업이 지속적으로 확장되고 남북교류가 양적으로 확대되면서 통일경제특구에 대한 관심은 강원도의 접경지역계획에도 반영되었다. 접경지역에서의 남북교류와 관련해 강원도가 일차적으로 관심을 나타낸 것은 금강산관광이었다. 금강산관광이 본격화되면서 그동안 학생들의 수학여행

---

3) 강원도, 「철원 평화시 건설 기본구상 연구」(2006) 참조.

지로 수익을 올리던 설악산지구의 관광이 상대적으로 쇠퇴하자 강원도는 설악-금강을 연계한 관광특구를 구상했다.

그와 동시에 강원도는 남북교류 활성화에 주목해 경의선축과 동해선축이 아닌 한반도 중앙축에 자리 잡은 철원군지역에 평화시 건설계획을 수립했다. 강원도가 계획한 철원 평화시는 통일 전에는 남북교류협력기능을 수행하고 통일 후에는 한반도의 환경·행정기능 중심지로 발전해가는 구상이었다.

궁극적으로 철원 평화시 개발을 위한 기본 콘셉트는 남북교류협력의 중심, 자연생태 보존 및 활용, 역사·문화·관광의 어울림, 신성장산업 및 교육(Training), 세계평화의 상징 등으로 설정되었다. 구체적인 추진계획은 첫째, 세계평화를 상징하는 생태환경 수도, 한반도 환경행정 중심지로의 육성, 둘째, 역사·문화·관광이 어우러진 철원군 생태 네트워크 조성, 셋째, 신성장산업 및 교육 중심의 환경친화적 평화시 등의 분야로 나뉘어 수립되었다. 동구상은 인천시의 구상과 달리 개성공단과의 직접적 연계에 초점을 맞추지는 않았지만 남북교류의 중심적 역할을 수행한다는 점은 분명히 하고 있다.

(3) 김포시: 남북교류협력단지 조성

김포시는 「2020년 김포시 도시기본계획」에 통진읍 고정리 일원에 3.449km²의 남북 물류거점 및 산업단지 개발 중심의 '남북경협단지 조성' 계획을 구상했으며 남북경협단지를 복합적 기능으로 배치하고 주변 공업지역 및 배후도시와 연계되는 남북교류협력단지로서의 기능과 역할을 확대하는 개발방안을 제시했다. ·

김포시의 구상은 김포-개성 간 육상교통망을 연계해 접경지역으로서 대북 관련 행정사항을 지원하고 남북물류유통량을 효율적으로 처리하기 위한

〈표 2.2.6〉 남북교류협력단지의 개발방향 및 기능체계

구분	기능	입지시설	사업단지
중심기능 (교류협력단지)	물류유통	남북생산활동 지원 및 국가물류체계 구축	내륙물류기지(ICD)
	경제지원/대북행정	대북 생산자 서비스 시설 및 대북 관련 행정연락업무 시설, 이산가족 면회 관련 시설	남북교류협력업무단지
	관광숙박교류	남북 학술 및 교류 인력, 접경지역 관광 관련 숙박시설	관광숙박위락단지
	학술/기술교류	물적·인적교류 관련 세미나, 비즈니스 지원교육 연수시설	기술교류단지
	한강하구 공동개발	해양평화공원, 조강나루터 복원, 공동어로 및 골재 채취	남북교류협력업무단지
연계협력 기능	도라산출입국사무소(CIQ)	CIQ 기능 및 이산가족 면회, 관광객 출입국 시설	CIQ 기능
	생산연계	개성공단 연계 남북경협산업단지	양촌산업단지
주변 시설 연계	배후도시	남북교류협력단지 배후 신도시	한강 신도시
	자연생태환경	한강변 생태보호지역 전원환경	습지보호구역
	관광	애기봉 및 한강하구	애기봉 주변 지역

자료: 김포시, 「김포-개성 간 육상교통망 확충방안」(2008).

물류기지·교육 및 기술지원 시설 등을 건설하는 것이다. 동 구상은 남북교류
협력단지 건설에 관심을 우선하는 것으로 첫째, 남북교류협력단지로의 기
능 확대, 둘째, 개성공단사업과 연계해 북한의 기술자가 출퇴근하는 기술집
약적인 경협산업단지 조성, 셋째, 김포-개성 간 육상교통망 연계 등으로 세
분화되어 제시되었다.

즉, 남북접경지역의 공간적 통합을 위한 교류협력단지를 계획적으로 조
성하고 남북 연결 육상교통망 확충계획과 연계해 남북교류협력 공간 개발
을 추진한다는 것이다. 특히 북한 근로자가 남한으로 출퇴근하는 방식의 산
업단지를 운영을 제안하고 있다.

(4) 파주시: 파주 LCD와 연계된 통일경제특구 조성

파주시는 대규모의 LCD 산업단지가 입지하고 있으며 개성공단과 지리적으로 가장 인접한 지역이기도 하다. 따라서 파주시는 IT 중심의 연관 지식기반산업과 개성공단 연관 산업, 물류산업으로 특화해 파주 LCD 단지를 중심으로 디스플레이 산업 클러스터와 개성공단과의 연계체제를 구축하기 위해 파주 월롱면 일대(1,400만㎡ 규모)에 통일경제특구를 조성한다는 계획이다.

2006년 2월 임태희 의원은 여야 의원 100명의 동의를 얻어 경기도 파주를 북한의 개성공단과 연결하고 궁극적으로 인천과 해주를 포함한 광역의 통일경제특구를 추진하자는 법안을 제출했다. 동 법안은 당시 한나라당의 당론으로 발표되었다. 이에 따라 경기도와 파주시는 관련 계획을 구체화하기 시작했다. 이 계획은 개성공단이 독자적으로 기능하기 위한 시설과 배후단지가 없기 때문에 남북경제연계를 통해 남북경제사회협력지대를 조성한다는 것이다. 2012년 현재 파주 통일경제특구 구상은 법정계획인 「경기 2020 기본계획」에 반영되어 추진되고 있다.

동 계획은 남북관계 개선단계에 발맞춘 남북교류협력과 공동번영을 위한 경제사회협력지대의 거점을 조성하는 것으로 현재 운영 중인 개성공단의 불안정성을 개선하고 공단의 기능을 강화하기 위한 통일경제특구를 접경지역에 조성하는 것이다. 이를 위해 제1단계로는 파주에 개성공단협력단지를 건설하고 제2단계에는 남북경제특구를 남북교류협력도시로 확대시키켜 개성-파주 국제평화도시로 육성하는 것을 목표로 하고 있다.

(5) 기존 구상의 평가

접경지역 지자체에서 수립한 기존 계획들의 공통점은 개성공단과의 연계를 강화해 접경지역에 남북경제협력특구를 설립한다는 것이다. 기존 계

획들을 평가하는 데는 첫째, 이 계획들이 개성공단과의 연계성을 고려하고 있다는 점에서 개성과의 지리적 인접성, 교통망 연계 등을 우선 고려할 필요가 있다는 것이다. 여기에는 추가적인 SOC 건설 필요성 등에 대한 검토가 포함되어야 할 것이다. 또한 지역과의 산업적 연계성도 고려해야 한다.

둘째, 개성 및 통일경제특구에서 생산된 제품의 수요처와의 연계성을 살펴야 한다. 통일경제특구에서 생산되는 제품의 일차 수요지는 2,500만 명이 거주하는 서울 중심의 수도권이 될 것이다. 다음으로는 수출을 위한 해상 및 항공교통망과의 연계성을 고려해야 한다.

셋째, 남북관계의 특성상 통일경제특구는 개별 지자체의 독자적인 노력으로는 추진이 불가능하다. 즉, 남한 중앙정부의 관심과 북한 당국의 수용력 등을 고려하는 것이 필수적이다.

이와 같은 3가지 변수를 중심으로 기존 계획들을 평가해보면 우선 개성공단의 대응공단으로서 지리적 연계성은 파주지역이 가장 높다고 할 수 있다. 개성공단이 추진되면서 개성-파주 사이에는 이미 도로와 철도가 복원되어 있다. 도로는 사용 중이며 철도는 문산-봉동 간 시범운행이 실시된 바 있다. 인천·김포지역의 경우 개성과의 육상교통망 연계를 위해서는 별도의 교량을 설치해야 한다는 점에서 현 단계의 지리적 연계성은 가장 낮은 편이라고 할 수 있다. 철원지역 역시 개성과의 지리적 연계성은 그리 높은 편이 아니다.

그리고 개성공단이 최종적으로 완성된 상태가 아니기 때문에 남북 간 산업적 연계성을 여기서 확실하게 판단할 수는 없다. 다만 현재 개성공단에서 생산되는 제품의 대다수가 단순조립형 산업인 점을 고려할 때 파주의 LCD 단지와의 연계성을 고려할 수 있다. 특히 통일경제특구에서 생산되는 제품의 일차적인 판로라고 할 수 있는 수도권과의 연계성에서도 파주지역이 가장 유리하다고 볼 수 있다. 다만 해외수출을 고려한다면 항구와 공항이 있는 인천지역이 가장 유리할 것이다.

통일경제특구와 관련한 최대 관건이 바로 북한 당국의 안보불안 해소라고 할 때 기존의 '공동경비구역' 개념 확대방안을 고려할 수 있다. 즉, DMZ를 중간으로 남한지역과 북한지역을 확대해 통일경제특구를 조성하는 것이다. 다만 이를 위해서는 특구 주변의 군사시설 이전에 따른 추가비용 부담을 고려해야 하는 등 군과의 협의가 반드시 필요하다. 이러한 구상은 남북협력이 안보적·군사적 차원에서의 협력 논의를 통해 신뢰 조성을 거쳐 결국은 군사적 긴장완화로 발전하는 모델을 제시할 수 있다는 점에서 전향적인 검토가 필요하다.

3. 외국의 접경지역 경제특구 성공사례[4]

1) 중국 선전특구와 홍콩의 성공사례

중국 선전 시는 광둥 성 중남부 연해에 자리 잡고 있으며 남쪽으로는 홍콩과 접해 있다. 시의 총면적은 1,948.69km²이며, 이 중 경제특구의 면적은 391.71km²이다. 선전 시는 당초 작은 어촌지역이었으나 1980년 8월 경제특구로 지정된 이래 서커우(蛇口) 공업구를 중심으로 홍콩과 마카오 등지의 완구, 신발 제조, 식품 가공, 전자전기 업종의 중소기업이 많이 이전함으로써 1980년 28.9%에 달하던 1차산업 중심의 구조에서 2003년에는 1·2·3차산업 비중이 각각 0.6%, 58.9%, 40.5%로 2·3차산업 중심으로 변모했다. 선전 시

---

4) 경기개발연구원, 『한중관계 2.0: 국가를 넘어 지방정부로』(한울아카데미, 2012) 참조.

는 지난 20여 년간 급속한 경제발전을 이루어 2003년 GDP가 2,861억 위안에 달했으며 수출입 총액도 1,174억 달러로 중국 전체 시 중 11년째 수출·수입 1위를 차지했다. 현재 선전 시는 경공업 위주의 산업에서 부가가치가 높은 전자통신·정보화산업으로 투자 및 정책의 우선순위를 옮겨 하이테크산업 중심지로 거듭나려는 계획을 추진 중이다. 그 결과 선전 시는 홍콩과 지리적으로 인접한 지정학적 강점을 최대한 활용해 제조업 부문의 투자 유치에 성공했으며 홍콩의 산업구조 변화를 적절히 활용함으로써 개발에도 시너지효과를 극대화할 수 있게 되었다.

반면 홍콩으로서는 노동집약적 산업을 대륙으로 이전해 산업구조를 조정하고 생산자 서비스를 중심으로 국제경쟁력을 유지할 수 있다는 것이 선전 시 투자의 이점이었다. 홍콩의 제조업이 선전을 통해 중국 본토로 이전함과 동시에 홍콩은 본토와 세계시장을 중계하게 되었다.

이와 같이 중국 경제특구 초기의 선전-홍콩 경제관계 발전이 개성공단과 수도권지역의 경제협력에 시사하는 바는 크다. 즉, 수도권의 노동집약적 산업을 개성공단으로 이전해 수출거점으로 성장시키고 더 나아가 하이테크산업의 생산거점으로 성장시킴으로써 개성공단을 통해 유럽과 미국, 중국을 연계하는 전략이 필요하다. 또한 접경지역 내 개성공단과 연계된 거점을 설정해 이 지역을 하이테크산업의 지원거점 및 생산자 서비스를 중심으로 한 산업구조 조정의 거점으로 삼음으로써 국제적 하이테크 및 비즈니스 거점으로 육성시키는 전략이 필요하다.

이를 위해서는 선전-홍콩 협력사례처럼 다음과 같은 전제조건을 갖추어야 할 것이다. 첫째, 선전경제특구의 투자환경에서 보는 바와 같이 편리한 수송수단을 갖추어야 한다. 선전 시는 육로, 해로, 항공의 3차원 수송체계를 보유하고 있다. 선전국제공항은 국내선 140여 개와 국제선 10여 개를 보유

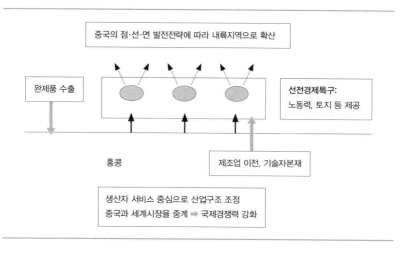

중국의 점·선·면 발전전략에 따라 내륙지역으로 확산

완제품 수출

선전경제특구:
노동력, 토지 등 제공

홍콩

제조업 이전, 기술자본재

생산자 서비스 중심으로 산업구조 조정
중국과 세계시장을 중계 ➡ 국제경쟁력 강화

한 중국 본토에서 네 번째로 큰 공항이다. 그리고 홍콩과는 고속도로, 철도로 연결되어 원활한 왕래가 가능하다. 또한 선전은 광저우-선전, 선전-산터우 간 고속도로의 시점에 있고 베이징-광저우, 베이징-주룽 간 철도간선이 교차하는 등 교통의 요지로 자리매김하고 있다. 둘째, 지원편의시설을 완벽히 갖추어야 한다. 선전 시는 기업과 시민의 요구에 부응하는 전기·용수·배수설비 시스템, 유선·이동통신, 광대역 인터넷망을 구축하고 있고 대학과 국제학교를 포함해 1,260개가 넘는 학교를 보유하고 있으며 시 전역에 광범위한 의료조직과 병원 840여 개 등의 충분한 편의시설을 갖추고 있다. 셋째, 선전 시는 특구 내 투자기업에 대해서는 보세정책을 실시하고 수출입거래에 사용된 외환은 조사 및 승인을 면제하는 등 특구 내에서의 제조 및 가공, 무역업에 대한 우대정책을 유지하고 있다. 넷째, 선전경제특구 내에서는 타 지역의 노동력 이동이 자유롭지 않고 특구 내에서 인건비가 지속적인 상승세를 보임으로써 한계 기업들이 선전 시 외곽으로 이전하는 추세이다. 하지만 선전 시는 이들에게도 특구 내와 동일한 세제혜택을 부여함으로써 중국 내 진출기업에 대한 투자여건을 보장하고 있다.

1979년 선전이 경제특구로 지정된 이후 경제특구의 운영주체인 선전 시는 외국 투자자본을 유치하는 데 효율적인 경제 시스템을 수립하기 위해 여러 분야에 걸쳐 적극적인 개혁을 추진했다. 즉, 선전경제특구가 국제시장 경쟁에 참여하기 위해서는 대응능력이 빠르고 상대적으로 독립된 행정체제가 필요했으므로 이를 위해 중앙정부가 특구 운영에 개입을 최소화하고 선전 시에 독자적인 정책수립권과 집행권을 부여함으로써 특구 운영의 효율성을 높이고자 했다.

2) 중국-타이완 접경지역의 특구 개발전략[5]

중국과 타이완의 교류협력에서 중요한 특징 중 하나는 바로 양안(兩岸) 접경지역의 특구 개발을 통해 점진적으로 교류협력을 확대하고 있다는 점이다. 가장 대표적인 곳이 바로 중국의 푸젠 성(福建省)과 타이완의 진먼(金門島)·마쭈(馬祖島)이다.

타이완 정부는 2000년 4월 5일 「리도건설조례(離島建設條例)」를 제정하면서 그동안 군사제한지역으로서 개발은 물론 대만인의 출입조차 어려웠던 중국과의 접경지역에 대한 개발기반을 마련했다. 동 법의 제정으로 상대적으로 낙후된 진먼·마쭈 섬의 개발이 가능해졌고 그와 동시에 재정기반이 마련되었으며 불법이었던 지역주민 간 왕래와 상거래가 합법적으로 이루어지게 되었다. 금지되어 있던 중국인의 진먼·마쭈지역 방문과 상업행위가 허가됨으로써 오랜 세월 간 지연과 혈연으로 맺어져 있던 양 지역의 상호교류가

---

5) 최용환, 「개성공단과 경기북부지역 연계발전 방안 연구」(경기개발연구원, 2007) 참조.

〈표 2.2.7〉「푸젠성 해협서안경제구 건설촉진에 관한 의견」주요내용

행정 간소화	·타이완의 상업투자 심사비준 신속화 ·타이완의 투자항목 심사절차 간략화
농업부문 지원	·대(對)타이완 수출용 농산품 가공기지 설립 ·타이완 농업기술 및 신품종 보급센터, 농민창업원 등 설립
세관 특혜	푸젠 성 연해 및 도서(島嶼) 지역에 양안협력을 위한 해관특수감독구역을 설치하고 특혜정책을 실시
금융 개방	·양안금융감독합작조직 설립, 타이완 금융기관 진출 지원 ·양안합자의 해협투자기금 조성 ·화폐 태환 및 결제 관련 지원책 마련
물류 확대	·샤먼, 푸저우 등에 타이완투자구 확대 ·취안저우 내 타이완상업투자구 건립 추진
문화교류	·양안 간 공통기반을 지닌 마쭈문화(중국의 남방 연해 및 남양 일대에서 신봉하는 여신숭상문화)의 세계비물질문화유산 등록 추진 ·해협양안문화산업구 및 타이완문화교류합작기지 건립 추진

자료: 최용환, 「개성공단과 경기북부지역 연계발전방안 연구」(경기개발연구원, 2007).

활성화되었다. 「리도건설조례」는 진먼·마쭈지역의 수입품에 대한 관세 면제 및 해당 지역의 적절한 개발을 위해 해마다 군사시설 존재 여부를 검토하고 불필요한 군사시설을 이전하도록 규정하고 있다. 지역개발에 필요한 예산을 중앙정부예산에 편성하도록 하고 부족할 경우에는 '리도개발건설기금'으로 대체할 수 있게 했으며 양 지역 주민은 타 법에 구애받지 않고 양 지역을 자유롭게 왕래하고 상업행위를 할 수 있도록 했다.[6]

또한 최근 양안관계의 급진전과 더불어 주목할 것은 2009년 5월 6일 중국 국무원이 「푸젠성 해협서안경제구 건설촉진에 관한 의견」을 발표함으로써 푸젠성 해협서안경제구를 중국의 국가급 프로젝트로 격상시킨 것이다.

이에 푸젠 성은 해협서안경제구 발전전략에 따라 사회간접자본시설 확충 등 인프라 구축과 산업구조 조정에 박차를 가하고 있는바, 최근 양안 간

---

6) 이해정, 「접경지역 종합개발을 통한 남북상생구조 구축방안」, ≪통일경제≫ 100호(2010), 20~21쪽, 현대경제연구원.

〈표 2.2.8〉 해협서안경제구와 개성공단 비교

구분	해협서안경제구		개성공단	
위치/ 면적	타이완 해협의 서안(푸젠 성을 중심으로 저 장, 광둥, 장시의 일부 지역을 포함하는 20개 도시로 구성)/26만km²		개성시 봉동리 일원/3.3km²	
인구	약 9,000만 명		4만 3,496명(2009년 공단 내 체류인원)	
추진 주체	중국 중앙정부, 푸젠 성 정부		통일부, 북한 당국(중앙특구개발지도총국), 한국토지공사, 현대아산	
투자 규모	·843억 달러(2010년 교통인프라 관련) ·492억 달러(2010년 산업부문)		2억 3,000만 달러(2003~2007년 기반시설 1억 3,000만 달러 포함)	
산업 형태	가공, 무역, 금융, 전자정보, 석유화학, 의류, 요식		가공, 무역	
출범 사유	중국	타이완	남한	북한
	·타이완과 해협을 사 이에 두고 있는 특수 한 지리적 위치를 활 용해 타이완과의 경제 협력 강화 ·중국 경제발전의 신성 장축 육성 ·타이완에 대한 정치적· 경제적 영향력 확대	·경기회복과 정치적 안 정을 위한 돌파구 ·타이완의 산업이전기 지로 개발 ·중국의 저가노동력으 로 가격경쟁력 향상 ·인프라, 석유화학, 철 강 산업 등의 외국자 본 투자 유치	·남북경협의 거점 ·남북화해와 협력이라 는 정치적 상징성 ·인력난·자금난을 겪고 있는 남한의 중소기업 과 제조업에 활로 제공 ·남북접경지역개발	·경제적 이익 획득 ·인건비 및 철도운임료 등 외화수입 통로 ·남북화해와 협력이라 는 대외정치적 상징성 ·산업인프라 확충 및 기 술획득 효과

자료: 경기개발연구원, 「경기도의 통일경제특구 유치방안 연구」(2012).

경제협력기본협정(ECFA) 체결로 해협서안경제구의 구심점인 푸젠 성이 최대 수혜지역이 될 것으로 전망된다.

타이완의 노동집약형 산업이 푸젠 성으로 이전할 경우 고용기회가 증가해 푸젠 성의 발전을 촉진할 것으로 기대된다. 한편 타이완은 이미 원가 상승과 노동력 부족으로 국가경쟁력이 하락해 심각한 경제문제에 직면했고 타이완의 노동집약형 기업들은 저렴한 노동력, 지리적 우위, 동일한 언어 등의 요인 때문에 해협서안지구에 투자하고 있다. 이러한 차원에서 볼 때 중국의 '해협서안경제구' 건설 및 이를 통한 양안 간 교류협력 강화사례가 현재 남북경제협력 차원에서 운영 중인 개성공단에 시사하는 바가 크다고 할 수 있다.

4. 통일경제특구의 추진방향

'통일경제특구'는 개성공단과 상호보완적인 대응특구로서 남한 접경지역에 설치해 북한 개성공단과 상호긴밀한 연계체제를 구축함으로써 개성공단의 약점 내지 미비점을 일정 정도 해소하는 데 조성 목적이 있다. 예를 들면 홍콩과 중국의 선전특구처럼 2개의 경제특구, 즉 자본주의체제와 사회주의체제하의 경제특구를 접목시켜 함께 발전시키는 방안인 것이다.

1) 동북아시아 분업체계를 구축하는 데 선도적인 역할

개성공단에는 현재 북한의 우수하고 저렴한 노동력을 활용해 경쟁력을 회복할 수 있는 섬유·의복·모피·신발 등의 노동집약적 업종, 그리고 전략물자[7] 통제체제의 구속력이 상대적으로 약한 자재와 설비를 사용하는 업종, 미국·일본·유럽으로의 판로 확보 어려움이 적은 업종 등이 입주해 있다. 그러나 중장기적으로 볼 때 개성공단이 당초 계획대로 개발된다면 첨단업종, 대기업 등도 입주할 것으로 전망된다.

남북관계가 크게 개선되고 한미 FTA와 한·EU FTA 협정상 개성공단이 역외가공지역으로 지정되는 단계에 이르면 개성공단을 세계적인 수출기지로 육성하는 방안이 강구될 것이다. 이러한 단계에서 개성공단은 동북아시아 진출을 희망하는 미국, 일본, 유럽 등의 다국적 기업 유치가 가능해져 동북아시아 분업체계 구축의 계기를 만들 것이다. 예를 들면 다국적 기업과 국내

---

7) 전략물자란 대량파괴무기 또는 재래식 무기, 그리고 그 운반수단과 그에 대한 제조·개발에 이용 가능한 물품, 소프트웨어 및 기술을 의미하고 「대외무역법」에 따라 지식경제부 장관이 지정고시한 「전략물자기술 수출입통합고시」 수출통제품목에 규정된 물품, 소프트웨어 및 기술이다.

기업이 개성공단에서는 생산기능을 담당하고 한국의 접경지역에서는 상품
기획, 신제품 개발, 신기술 테스트, 동아시아 지역본부, 인력 양성공급 등의
기능을 담당할 수 있다. 이러한 상황에 대비하기 위해서는 개성공단의 기능
과 차별화되도록 접경지역 내 통일경제특구를 체계적으로 조성할 필요가
있다.

2) 북한 산업구조와의 연계성 강화

통일경제특구는 북한 산업구조와의 연관성을 고려해 구상되어야 한다.
북한은 인구집적도시를 중심으로 산업이 발달되어왔다. 평양에 325만 명이
집적되어 있고 그다음에 함흥 67만 명, 청진 67만 명, 남포 37만 명, 신의주
36만 명, 원산 36만 명, 개성 31만 명 순으로 인구가 집중되어 있다.

이들 인구집적지역을 중심으로 평양에는 전력·철강·섬유의복·기계·전기

〈그림 2.2.4〉 북한의 산업구조

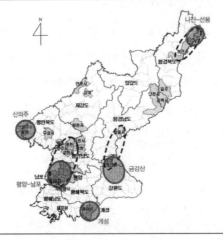

자료: 박삼옥 외, 『북한 산업개발 및 남북협력방안』(서울대학교출판부, 2007).

전자업종 등이 집적되어 있고 남포에는 조선·제철·제강·전기전자산업이 발달했으며 청진은 함흥과 더불어 북한 동부의 최대 공업지역으로 철강산업이 발달했다. 또한 함흥지역은 북한 최대의 유기·무기화학공업 중심지로 발전했고 신의주지역은 화학섬유를 중심으로 제지·방직분야가 발달했으며 개성지역은 음식료, 섬유의복 등 주로 노동집약적 경공업과 기계, 전기전자 등 첨단산업이 발전했다.

따라서 통일경제특구는 평양과 남포의 주력산업인 섬유의복·기계·전기전자업종 등과 연계해 추진하면 북한의 산업구조와 보완적 역할을 수행하면서 시너지효과를 창출할 수 있을 것이다.

3) 개성공단의 자기충족적 경제특구로서의 기능

개성공단은 '자기충족적' 경제특구로서의 면모가 부족하기 때문에 남한의 자본·기술·인력 접근의 용이성을 더욱 확장해야 하고 그와 동시에 남한에는 이렇게 확장된 개성공단과 상호보완관계를 형성할 수 있는 통일경제특구가 필요하다.

(1) 개성공단 내 부품소재 수요 충족에 대비

개성공단은 공단으로서의 자기완결성이 부족한 상태이다. 공단 내부에서 소재, 부품 등의 조달비율이 낮은 편이고 전략물자 반출문제, 원산지 규정(판로문제), 각종 사업여건의 불확실성 등으로 공단 내 입주업종에 제한이 있다.

실제로 개성공단 내 입주기업들은 각종 원자재, 설비 등을 남한 내 본사 및 기타 관련 회사들로부터 공급받고 있으며 공단 내부에서 이들 부품과 소재를 조달하는 사례는 극히 미미하다. 따라서 파주 등 경기도 접경지역에서 이를 공급받을 수 있다면 개성공단 내 입주기업에게도 유리할 것이다. 다만

〈그림 2.2.5〉 개성공단과 접경지역의 협력 개념도

| 개성
공단 | 기능: 값싼 토지, 저렴하고 숙련된 노동력, 노동집약적 완제품
역할: 중국과 동남아시아 진출기업의 유턴 기지, IT의 수직적 분업기지,
　　　노동집약적 산업, 첨단산업의 세계적 수출기지화 |

| 통일
경제
특구 | 기능: 자본, 기술, 경영, 원자재, 첨단부품
역할: 한국과 세계시장 중계, 첨단산업(R&D, IT 소재 제조장)
　　　사업지원 서비스(3통 지원, 물류, 기술인력 훈련, 연수시설 등) |

현재로서는 개성공단만을 겨냥해 파주에 부품·소재기업이 경기도 접경지역에 입주할 만큼 개성공단의 시장수요 및 유인력이 작은 것이 문제점이다. 따라서 개성공단의 시장수요 및 유인력을 확장하기 위해서는 기존에 계획하고 있던 개성공단 개발 촉진이 전제되어야 한다.

그러한 측면에서 파주 LCD 산업단지의 배후단지를 주목할 만하다. 집적회로(IC), 냉간압연강재, 산업용 유리제품, 기타 전자부품, 인쇄회로기판, 기타 광학기기 등의 일부를 개성공단용으로 활용하는 방안을 적극 고려해야 한다. 물론 이러한 산업적 연계는 북핵문제와 전략물자 반출문제 등이 완전히 해결되어야만 본격적으로 추진할 수 있다. 그러나 이러한 여건이 조성되기 이전에도 일부 부품과 소재에 대해서는 연계가 가능할 것이다.

(2) 연구시설과 사업서비스업 수요에 대비

개성공단에 대응한 통일경제특구는 개성공단의 확장개발계획에 맞추어 전략적으로 조성되어야 한다. 현재 개성공단은 노동집약적 공단이므로

개성공단과 상호보완적인 통일경제특구 내 입주시설

○ 정보통신(IT) 중간재를 제조하는 공장
○ 기술컨설팅, 금융, 법률 등 사업서비스업
○ 학술 및 기술 교류를 위한 국제세미나장, 무역·전산·회계·경영 등의 교육시설
○ 남북교류협력 및 남북경영기술교류단지
○ 공동연구개발(R&D)을 추진할 수 있는 산업체 공동연구단지

통일경제특구 역시 초기에는 노동집약적 산업과 연계된 산업이 구축되어
야 한다. 특히 전기전자 등 정보통신(IT) 중간재를 제조하는 공장을 통일경
제특구에 건설할 경우 제조원가 및 물류비의 절감을 도모할 수 있다. 예를
들어 제1단계에는 노동집약적 제품을 중간재로 활용하는 공단이 조성되
어야 한다. 부천공업의 경우 개성공단에서 전기배선부품을 단순조립해 부
천시의 본사로 중간부품의 완제품을 옮겨와 최종 완제품을 만드는 사업을
수행하고 있다. 이 경우 개성공단과 인접한 파주에 본사가 입주할 수 있는 대
응공단(matching industrial complex)을 조성할 경우 지리적 인접성으로 해당
기업과 지역이 동시에 상생 가능한 사업을 추진할 수 있다.

또한 정보통신분야의 경우 전략물자 반출금지 규정에 따라 개성공단에
첨단산업 입주가 불가능하다. 이러한 기업의 경우 중간재를 개성공단에서
생산하고 통일경제특구에서 첨단산업을 완제하는 사업형태를 고려할 수 있
다. 따라서 제2단계에서는 기술적으로 분업해야 효율적인 산업과 전략물자
반출금지 규정의 적용을 받지 않는 중간단계의 하이테크 정보통신업종 단
지를 통일경제특구 내에 추진할 수 있다.

남북교류협력이 증가하면서 인원 이동이 급증함에 따라 대북 행정 및 경
제지원 기능이 점증할 것이다. 그리고 관련 기업들을 위한 기술컨설팅, 금
융, 법률 및 기타 용역업이 필요해질 것이다. 이와 함께 학술 및 기술 교류

기능도 증가할 가능성이 크기 때문에 국제세미나장과 함께 무역·전산·회계·경영 관련 연수원과 교육시설이 필요할 것이다. 또한 이 같은 시설을 모두 아우르는 남북교류협력 및 남북경영기술교류단지의 건설도 필요하다.

다음은 개성공단 참여 업체들이 공동연구개발(R&D)을 추진할 수 있는 산업체 공동연구단지 조성이 필요하다. 따라서 개성공단 배후지역인 통일경제특구에 산업체 공동연구단지를 조성하는 것도 검토되어야 한다. 산업체 공동연구시설은 향후 개성공단이 단순조립생산단지에서 첨단업종을 유치하는 첨단테크노단지로 발전하는 데 필수적인 시설이 될 것이다.

4) 접경지역의 발전과 남북교류협력의 거점

소외되고 낙후된 DMZ·접경지역의 발전계기를 마련하기 위해서도 통일경제특구의 조성이 필요하다. 강화, 김포, 파주, 연천, 철원, 그리고 고성에 이르기까지 접경지역은 여러 정치적·군사적 제약을 받으며 상대적으로 낙후한 지역으로 머물러왔다. 국토의 균형적인 발전과 효율성 제고라는 측면에서도 통일경제특구의 설치효과는 매우 클 것이다.

남북교류협력의 중추지역을 조성하는 차원에서도 통일경제특구는 필요하다. 현재 남한에는 인천, 부산, 광양만, 황해, 새만금, 대구·경북 등의 경제자유구역(FEZ)이 있고 각각의 경제자유구역은 동북아시아의 비즈니스 중심지, 해양물류 거점도시, 대(對)중국 수출입 전진기지, 국제관광·레저 거점도시, 지식창조형 경제도시 등의 비전을 내세우고 있다. 이런 비전들과 비교했을 때 남북교류협력의 중추기지라는 비전 또한 매우 중요한데 이를 지향하는 특구는 없다. 통일경제특구가 이러한 공백을 메우는 역할을 적절히 수행할 것이며 남북교류협력의 중추지역으로서는 경기북부가 최적지로 평가되고 있다. 결국 남북의 협력적이고 자유로운 경제활동이 가능하고 북한 당국이 동의할 수 있으며 인프라가 이미 확보되어 경제적 효과를 극대화할 수 있는 장소로서의 통일경제특구가 필요하다.

5) 경기북부지역의 저조한 산업단지분양률 제고

현재 경기북부지역에서 산업단지분양률이 저조한 편이다. 이런 상태가 지속된다면 개성공단과 대응할 수 있는 통일경제특구가 접경지역에 조성된다고 하더라도 투자하거나 입주할 기업이 없을 것이다. 통일경제특구로의 입주수요에 대한 바로미터는 경기북부지역의 산업단지분양률과 밀접한 관계가 있다.

(1) 경기북부지역의 산업단지분양률 현황

2011년 8월 기준 경기북부지역의 평균 산업단지분양률은 60.7%이고 특히 연천 백학단지 분양률은 39.0%, 양주 홍죽단지 분양률은 13.7%에 그쳤다. 분양률이 낮은 이유는 유럽 중심의 글로벌 경제위기에 따른 경기침체

〈표 2.2.9〉 경기북부지역의 산업단지분양률(2011년 8월 31일 기준)

단지명	면적 (천m²)	조성기간	사업 시행자	추진상황	평당 분양가 (만 원)	분양상황 (%)
파주 선유	1,313	2004~2010	·파주시 ·경기도시공사	조성 완료	125	84.7
파주 축현	300	2007~2011	파주운정산업단지조합	조성 중(60%)	187	74.0
양주 홍죽	587	2006~2012	·양주시 ·경기도시공사 ·한국산업단지공단	·실시계획 승인 (2010년 4월) ·분양공고 (2010년 10월)	164	13.7
동두천 2	187	2005~2009	·동두천시 ·경기도시공사	조성 완료	95	83.3
연천 백학	439	2005~2011	·연천군 ·경기도시공사	조성 완료	62	39.0
5개 단지	2,826	-	-	-	-	60.7

주: 분양가의 경우 최고(남양주 진관) 253만 원, 최저(연천 백학) 62만 원, 평균 분양가 127만 원.
자료: 경기북부청 내부자료(2011).

이외에 LG 디스플레이의 3년 넘게 지속된 적자, 그리고 이에 따른 북부지역 내 관련 업체들의 판로 감소, 경기북부지역 내 산업단지의 과잉 공급, 인프라(문화·교육·R&D 등) 부족 등을 들 수 있다.

(2) 경기북부지역의 산업단지분양률 제고방향

경기북부지역의 산업단지분양률이 증가하기 위해서는 유럽 중심의 글로벌 경제위기가 해소되고 LG 디스플레이의 OLED 및 차세대 디스플레이어의 성공적 개발, 그리고 이들 제품에 대한 세계시장의 수요 증가가 전제되어야 한다. 또한 지금까지의 북부지역 산업공간이 생산 또는 생산지원 기능에 주력했다면 미래의 산업공간은 생산기능 외에 상업 및 지원 서비스, 주거, 문화, 교육, R&D가 유기적으로 결합되어 공존하는 '복합도시'의 형태를 띠어야 할 것이다. 따라서 근로자들이 일하고 싶은 4터(일터·배움터·놀터·쉼터)가 어우러진 공간으로 재창조되도록 사업범위를 복합화·다양화할 필요가 있다.

이를 위해 산업단지가 밀집되어 있는 지역을 일정 규모의 권역으로 나누어 읍·면·동사무소에 마이크로 복합단지를 조성할 필요가 있다. 마이크로 복합단지는 인근 산업단지 근무자들에게 문화·복지시설로서의 역할을 수행함으로써 인력난 해소와 외지인의 취업을 촉진시킨다. 그리고 일반산업단지에 문화혜택을 받을 수 있는 소규모 근로환경 개선센터를 조성하고 산업단지 내 문화·예술·편의시설을 소규모로 설치한다. 광역 및 기초 지자체가 협력해 마이크로 복합단지 또는 산업단지 내에서 문화·예술공연이 정기적으로 열리도록 지원함으로써 근무여건을 제고한다.

5. 통일경제특구의 미래: 2(산업형 특구) + 1(관광형 특구) 구상

1) 2+1 통일경제특구의 기본구상

통일경제특구가 남북교류협력을 촉진시키고 세계와 소통하는 글로벌 거점으로 자리매김할 수 있도록 만들려면 지역적 특성에 맞게 접경지역 서부와 중부에는 산업형 특구를, 동부에는 관광형 특구를 조성할 필요가 있다. 향후 남북관계가 개선되고 개성공단의 제2·3단계 사업이 추진되며 금강산 관광사업이 활성화될 경우를 대비한다는 차원에서 통일경제특구 선계획을 수립해야 한다.

통일경제특구에 대한 관심은 경기도는 물론이고 인천시와 강원도 등 접경지역 모든 자치단체에서 매우 높게 나타나고 있다. 접경지역 자치단체들의 통일경제특구에 대한 관심은 그동안 낙후되어왔던 접경지역의 발전계기를 마련하고 남북통일의 중요한 계기가 되며 동북아시아는 물론 더 나아가 세계와 소통하는 경제특구가 되기를 바라는 것으로 요약할 수 있다. 남북관계가 전향적으로 개선되고 접경지역에서의 남북교류가 전면적으로 확대된

〈그림 2.2.6〉 접경지역과 북한 거점지역 간의 통일경제특구 연계 개념도

북한 지역	세계와 소통: 중국, 러시아 거점지역: 개성공단, 원산, 금강산

개방형 거점지역 중심의 경제협력

접경 지역	거점지역: 파주(산업형), 연천−철원(산업/관광혼합형), 고성−설악(관광−생태형) 세계와 소통: 미국, EU, 일본 등

다면 통일경제특구 구상은 특정 지역에 제한되지 않고 여러 지역에서 동시에 이루어질 수도 있다. 하지만 이를 위한 시범적인 성격의 특구가 우선 건설되고 이에 대한 성과를 확대하는 단계적 접근이 시행되어야 한다.

개성공단과 가장 인접한 지역에 상호보완성을 극대화한 공단을 먼저 건설하고 이러한 성과를 바탕으로 협력지역을 확대해 한반도 서부 접경지역 전체를 남북경제협력특구로 발전시켜나갈 필요가 있다. 이러한 논의가 구체화되는 과정에서 경기북부지역과 인천, 그리고 철원에 이르는 지역 전체의 개발 콘셉트와 발전구상이 조정·조율되어야 한다. 예컨대 남북협력이 전면화된다면 인천지역은 해주에서 인천과 경기만을 거쳐 서해안 전체를 아우르는 환황해권 경제연계에 주목할 수밖에 없다. 따라서 환황해경제권을 염두에 두고 개성과의 연계를 고민하는 것이 현실적일 수 있다.

경기도의 경우 개성지역을 매개로 경기북부 접경지역 전체를 연결하는 남북경제협력구상이 발전되어야 할 것이다. 경기북부지역의 남북협력은 남북교통망 연계에 민감할 수밖에 없으며 이미 존재하는 개성공단의 성과 확대 및 남북경협의 시너지 확대와 연계될 수밖에 없다는 점에서 더욱 그렇다.

강원도의 경우 금강-설악 연계구상을 기초로 환동해권에서의 남한-북한-중국-러시아-일본 협력구상을 구체화하는 것이 일차적이고 시급한 과제가 될 것이다. 또한 남북철도망이 대륙과 연계되는 구상이 실현된다면 경원선축에 위치한 연천-철원지역의 발전구상 또한 구체화될 것이다.

2) 파주를 중심으로 한 산업형 통일경제특구 조성
(1) 경제특구 유형: 경제자유구역과 자유무역지역

국내의 경제특구 유형은 크게 경제자유구역과 자유무역지역으로 구분된다. 이 중 경제자유구역(free economic zone)은 외국 투자기업의 경영환경과 외

〈표 2.2.10〉 경제자유구역과 자유무역지역의 특징

구분	정의 및 목적	특징 및 특화부문
경제자유지역	외국 투자기업의 경영환경과 외국인 생활여건 개선을 위해 지정	주거, 의료, 교육, 방송, 금융 등 복합 주거지역으로서의 도시(생활)공간, 광의의 경제특구로 개발
자유무역지역	「관세법」과 「대외무역법」 등에 대한 특례와 지원으로 자유로운 제조·물류·유통 및 무역활동을 보장하기 위한 지역(산업단지, 항만, 공항)	제조, 생산, 수출, 물류 등 무역 및 물류 진흥 및 기업활동에 특화

주 1: 경제자유구역은 「경제자유구역의지정및운영에관한특별법」에 근거한다.
　　2: 자유무역지역은 「자유무역지역의지정및운영에관한법률」에 근거한다.

자유무역지역의 유형 및 지정요건

자유무역지역은 「관세법」과 「대외무역법」 등 관계 법률에 대한 특례와 지원을 통해 자유로운 제조, 물류, 유통 및 무역활동 등을 보장하기 위한 지역으로서 중앙행정기관의 장이나 특별시장, 광역시장, 도지사 또는 특별자치도지사는 관계 중앙행정기관의 장 및 관계 시·도지사와의 협의를 거쳐 지식경제부장관에게 자유무역지역의 지정을 요청할 수 있다. 「자유무역지역의지정및운영에관한법률시행령」에 따른 자유무역지역의 지정요건은 다음과 같다.

유형	지정요건
산업단지	공항 또는 항만에 인접해 화물을 국외로 반출·반입하기 쉬운 지역이어야 한다.
공항	연간 30만 톤 이상의 화물을 처리할 수 있고 정기적인 국제항로가 개설되어 있으며 물류터미널 등 항공화물의 보관, 전시, 분류 등에 사용할 수 있는 지역 및 그 배후지의 면적이 30만m² 이상이고 배후지는 해당 공항과 접해 있거나 전용도로 등으로 연결되어 있어 공항과의 물품 이동이 자유로운 지역으로서 화물의 보관, 포장, 혼합, 수선, 가공 등 공항의 물류기능을 보완할 수 있는 지역이어야 한다.
항만	연간 1,000만 톤 이상의 화물을 처리할 수 있고 정기적인 국제 컨테이너 선박항로가 개설되어 있으며 3만 톤급 이상의 컨테이너 선박용 전용부두가 있어야 한다. 또한 육상구역 및 그 배후지의 면적이 50만m² 이상이고 배후지는 해당 항만과 접해 있거나 전용도로 등으로 연결되어 있어 항만과의 물품 이동이 자유로운 지역으로서 화물의 보관, 포장, 혼합, 수선, 가공 등 항만의 물류기능을 보완할 수 있는 지역이어야 한다.
물류단지 및 물류터미널	연간 1,000만 톤 이상의 화물을 처리할 수 있는 시설이나 설비를 갖추고 반입물량의 100분의 50 이상이 외국으로부터 반입되며 외국으로부터 반입된 물량의 100분의 20 이상이 국외로 반출되거나 반출될 것으로 예상되는 지역이다. 또한 물류단지 또는 물류터미널의 면적이 50만m² 이상이어야 한다.

국인의 생활여건을 개선하기 위해 조성된 지역으로 「경제자유구역의지정및운영에관한특별법」에 명시되어 있다. 경제자유구역은 주거, 의료, 교육, 방송, 금융 등 복합주거지역으로서의 도시(생활)공간이 강조된 경제특구 유형이다. 현재 인천, 부산·진해, 광양, 황해, 새만금, 대구·경북의 경제자유구역 6개가 지정되어 운영 중이다.

자유무역지역은 개방형 경제특구로 운영되는 경제자유구역과 달리 일정 부분이 내부경제와 격리되어 운영되는 폐쇄형 경제특구이다. 자유무역지역은 생산형 자유무역지역과 항만형·공항형 자유무역지역으로 구분된다. 생산형 자유무역지역에는 마산, 익산, 군산, 대불, 동해, 율촌, 김제, 울산 등이 해당되고 항만형·공항형 자유무역지역에는 기존의 부산항, 광양항, 인천항, 인천국제공항, 포항항, 평택·당진항이 해당된다. 자유무역지역이 생산, 물류 등 기업생산활동에 특화된 반면, 경제자유구역은 외국인의 정주 개념에서 생활편의시설 및 공간 제공 등에 특화되어 있다.

(2) 통일경제특구를 제1단계 자유무역지역에서 제2단계 경제자유구역 형태로 단계별 추진

자유무역지역은 자유로운 제조·물류·유통 및 무역활동 등이 보장되는 지역으로서 외국인 투자 유치, 무역 진흥, 국제물류의 원활화 및 지역개발 등을 촉진해 국민경제의 발전에 이바지하는 데 목적을 두고 있다(「자유무역지역의지정및운영에관한법률」 제1조).

대북 관련 비즈니스 및 개성공단 입주기업의 경우 남북관계 상황에 절대적으로 의존해야 하는 위험 부담을 줄이고 정상적인 생산활동을 할 수 있도록 남한 접경지역에 대북 관련 자유무역지역을 지정·운영하는 방안을 추진할 수 있다. 대북특화된 자유무역지역은 주로 현재 개성공단에서 추진하고

<표 2.2.11> 대북특화경제특구 단계별 추진방안

구분		도입기능/시설
제1단계	남북경제협력단지 (자유무역지역)	파주 LCD 전후방 연관 산업, 개성공단 연관 부품소재산업, 산업 물류유통시설, 통일경제특구 지원시설(상업, 배후주거) 등
제2단계	남북교류거점도시 (경제자유구역)	남북교류협력 지원 정부기관(경제특구관리청 등), 학술 및 교육 지원시설(국제세미나장, 무역·전산·회계·경영 관련 연수원, 문화·숙박·위락시설 등), 저밀주거 및 상업업무 시설 등

있는 봉제, 신발·가방 등은 물론 디스플레이 관련 기업을 입주시킴으로써 개성공단의 단계별 개발 및 경기북부 디스플레이 클러스터 추진전략과 연계한다. 남북관계 진행에 상대적으로 영향을 적게 받으면서 기업의 생산활동을 촉진시키고 개성공단 및 대북진출기업의 안정성을 확보해 남북교류 확대가 가능하다. 즉, 파주 LCD 산업지대와 개성공단을 연계하는 남북교류 중심축 조성을 추진한다. 문산지역을 남북교류의 거점으로 삼고 월롱 파주 LCD 단지 및 주변 지역은 신산업 및 연관 지원기능을 강화해 이를 개성공단과 연계되는 자유무역지역으로 조성해 남북교류 중심축을 형성한다.

우선 제1단계에서는 개성공단 관련 업종과 파주 LCD 단지 중심의 경제협력으로 남한의 기술과 북한의 인력을 활용해 상호 비교우위 분야의 유기적 결합이 가능하도록 폐쇄적인 '자유무역지역' 중심의 교류를 활성화하고 IT 중심의 연관 지식기반산업과 개성공단 연관 산업, 물류산업으로 특화시킨다. 제2단계에서는 폐쇄형 경제특구에서 개방형 경제특구인 경제자유구역으로 추진해 남북교류거점의 자치도시(접경도시 개념)로 발전시킨다.

(3) 통일경제특구 조성방안

통일경제특구는 중국, 러시아, 일본 등이 위치한 동북아시아의 중심에 자리 잡고 있기 때문에 지리적·경제적 차원에서 동북아시아의 경제중심지 역

〈표 2.2.12〉 통일경제특구 조성(안)

기능	시설
출입·통관·검역	·입출국심사시설 ·이산가족 면회소
행정·정보	·대북교류협력 관련 행정지원 ·관련 정부기관 연락소
분업에 의한 생산연계	·개성공단 연계 남북경협산업단지 ·IT 소재 및 중간재 제조장
물류유통	·물류센터 ·철도연계 환적시설 ·트럭 터미널
관광·숙박교류	·개성·DMZ 관광객용 숙박시설 ·학술·기술교류 인력용 숙박시설
학술·기술교류	·국제세미나장 ·무역·전산·회계·경영·공업 연수원

〈그림 2.2.7〉 산업형 통일경제특구 입지

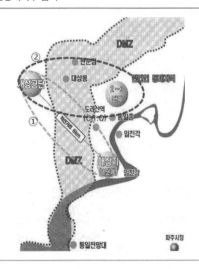

할을 수행할 것이다. 통일경제특구는 남북만을 겨냥해서 건설할 경우 특구
로서의 장점이 대폭 축소된다. 남북만을 겨냥한 특구는 현재 개발되고 있는

개성공단으로도 충분하기 때문이다. 또한 북한의 산업구조를 반영하고 평양·남포지역의 산업과도 연계성을 띠고 추진되어야 한다.

따라서 동북아시아 진출을 희망하는 미국, 유럽, 일본 등의 다국적 기업을 유치하고 동북아시아 분업체계를 구축하기 위해 남한의 접경지역 내 통일경제특구에서는 상품 기획, 신제품 개발, 신기술 테스트, 동아시아 지역본부, 인력 양성공급 등의 기능을 담당해야 한다. 그리고 초기에 기술적 분업을 위해 효율적인 산업과 전략물자 반출금지 규정의 적용을 받지 않는 중간단계의 하이테크 정보통신업종 단지를 조성해야 한다. 또한 남북교류협력이 증가하면서 인원 이동이 급증함에 따라 대북 행정 및 경제지원 기능이 점증할 것이기 때문에 관련 기업들을 위한 기술컨설팅, 금융, 법률 및 기타 용역업, 정부의 대북기관 연락소 등 원스톱(one-stop) 서비스를 구축해야 한다. 개성공단은 대기업이 아닌 중소기업 중심의 공단 건설을 계획하고 있기 때문에 통일경제특구는 종합적인 R&D 기능을 갖추어야 하고 외국 바이어나 국내 관련 방문객이 개성공단을 방문할 경우에 머물 비즈니스용 숙박시설도 갖추어야 한다.

통일경제특구의 입지와 관련해 현재 파주시에서 제1단계 대상지로 고려하고 있는 지역(①지역)과 제2·3단계 대상지로 고려하고 있는 지역(②지역)이 모두 고려될 수 있다.

3) 철원-연천에 산업+관광복합형, 설악권 중심의 관광형 특구 조성

강원도는 철원-연천지역에 산업+관광복합형 특구를 조성해 남북교류 활성화를 촉진하고 경의선축과 동해선축이 아닌 한반도 중앙축을 중심으로 통일 후에 한반도의 환경·관광기능을 발전시키는 것이 필요하다. 궁극적으로 철원-연천지역의 산업+관광복합형 특구는 강원도에서 주장하는 철원 평화시와 같은 개념이며 개발을 위한 기본 콘셉트는 남북교류협력의 중심, 자연생태 보존 및 활용, 역사·문화·관광의 어울림, 신성장산업 및 교육, 세계평화의 상징 등으로 설정될 수 있다. 구체적인 추진계획은 정부에서 구상한 바와 같이 첫째, 세계평화를 상징하는 생태환경 수도, 한반도의 환경행정 중심지 육성, 둘째, 역사·문화·관광이 어우러진 생태 네트워크 조성, 셋째, 신성장산업 및 교육 중심의 환경친화적 배후도시 조성 등의 3가지 분야로 나뉘어 수립되어야 한다.

또한 금강산관광사업의 성공적 추진과 함께 금강산관광지구에 상응하는 관광형 특구를 설악권 중심지역인 고성에 설치해 남북 간 관광협력을 강화하고 남북관계의 진전에 따라 단일의 설악-금강 통일관광특구를 만들며 더 나아가서는 국제관광 및 투자자유지역으로 개발함으로써 남북경제공동체 및 국제적 관광지로 거점화하는 전략이 필요할 것이다.

chapter 03

DMZ 일원을 청정지역으로 관리하기

1. 주민이 떠나는 낙후지역

1) 분단으로 낙후된 접경지역의 교통접근성

DMZ 일원 접경지역의 특징은 안보상황에 희생된 지역이자 전략적으로 중요한 요충지라는 것이다. 이 지역은 분단 한국의 최북단에 자리 잡아 현재는 교통접근성이 좋지 않지만 남북이 통일되면 한반도 중심의 교통 요충지가 될 수 있다. 분단시대인 현재뿐만 아니라 삼국시대, 통일신라시대, 고려시대, 조선시대에도 한강 일원을 중심으로 군사시설을 배치하고 보호구역으로 지정해 군사훈련을 전개하는 등 안보와 관련된 활동이 매우 빈번했다. 이러한 국가안보 때문에 취약해진 교통접근성은 과거나 현재나 접경지역의 발전을 가로막는 장애물이다.

(1) 교통접근성이 나빠도 남북관계가 좋으면 부동산 가격은 오른다

대중교통으로 접경지역에 도달하는 데 걸리는 시간을 살펴보면 서울역

〈그림 2.3.1〉 버스 접근성 불량   〈그림 2.3.2〉고속철도 접근성 불량

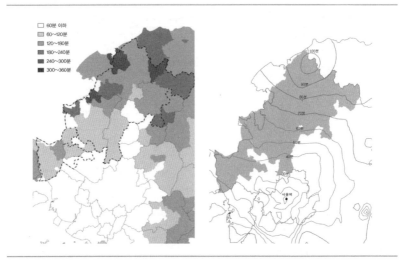

〈그림 2.3.3〉 접경지역 지가(2009년)   〈그림 2.3.4〉 지가 상승(검은색)

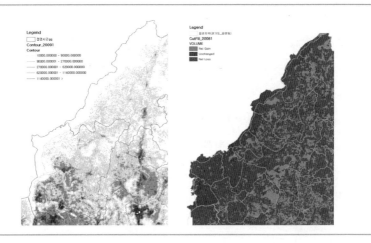

을 중심에 놓을 경우 외곽지대 쪽의 접경지역으로 갈수록 접근성이 그만큼
저하되는 것을 알 수 있다. 접경지역의 접근성은 지가에도 많은 영향을 미

친다. DMZ를 둘러싸고 있는 접경지역의 지가는 인구가 밀집한 기성 시가지보다는 당연히 낮지만 남북관계가 변화할 때마다 변동하는 특성이 있다. 즉, 접경지역의 지가는 남북관계가 청신호를 보이는 시기에 어김없이 상승했다.

2007년 8월 5일 제2차 남북정상회담 개최가 확정되자 접경지역의 부동산 시장에 대한 기대감으로 지가가 상승한 적이 있다. 정상회담 개최에 대한 기대로 지가 등 부동산 가격이 파주시에서 먼저 상승하고 그다음으로 연천군, 철원, 강화도 등에서 상승한 것으로 파악되었다.[1] 그뿐만 아니라 남북철도가 복원되어 열차가 왕래하고 남북관광이 한때 가능했던 시기에도 접경지역의 부동산 가격은 상승했다. 접경지역에서 남북관계 개선이 이루어질 때마다 개발압력이 증가해 부동산 가격을 상승시키는 주요인으로 작용했다. 남북철도 연결사업이 확정되었을 때 파주시의 지가상승률(1999년 3/4분기)은 전국보다 높게 유지되었으며 인접한 연천군의 지가상승률(1999년 4/4분기) 또한 2.31%로 전국 지가상승률 0.90%보다 2.6배나 상승했다. 그 후 철원군의 지가상승률(2000년 2/4분기)은 1.61%로 전국 지가상승률 0.37%에 비해 4.4배나 증가했다.[2]

(2) 개발압력으로 변화되는 토지이용

위성영상으로 본 접경지역의 토지피복 분포(〈그림 2.3.5〉 참조)에 의하면 2000~2009년 접경지역에서 토지 변화가 눈에 띄는 지역은 파주시와 김포시이다. 이는 이들 지역에 공장, 주거 등 시가지가 입지해서 토지이용이 변한 것으로 보인다.

---

1) 서미숙, "접경지역 부동산 다시 뜰까", 연합뉴스, 2007.8.8.
2) 어현호, "남북철도 따라 땅값 들썩들썩", ≪한겨레신문≫, 2000.8.27.

<그림 2.3.5> 증가하는 시가화구역

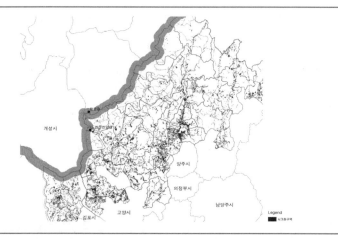

자료: 환경부(2010) 자료 참고해서 재구성.

접경지역의 읍·면·동을 대상으로 토지이용 실태를 살펴본 결과 지목상의 대표적인 이용은 임야(59.04%), 답(11.62%), 전(9.86%), 하천(6.33%) 순으로 나타났다.[3] 접경지역에서 지리적으로 임야가 많은 비중을 차지하는 것은 군사시설 보호와 무관하지 않다고 볼 수 있다. 그다음에는 논밭이 차지하는 비율이 높으므로 농작물 경작용도로 접경지역의 토지가 이용되고 있다는

---

3) 토지이용의 지목 분류는 다음과 같다(「측량수로조사및지적에관한법률시행령」).
  • 전: 물을 이용하지 않는 곡물, 원예작물(과수류 제외), 약초, 뽕나무, 닥나무, 묘목, 관상 수 등의 식물을 주로 재배하는 토지와 식용을 위해 죽순을 재배하는 토지.
  • 답: 물을 직접 이용해 벼, 연, 미나리, 왕골 등의 식물을 주로 재배하는 토지.
  • 임야: 수림지, 죽림지, 암석지, 자갈땅, 모래땅, 습지, 황무지 등의 토지.
  • 대: 영구적 건축물 중 주거, 사무실, 점포와 박물관, 극장, 미술관 등 문화시설과 이에 접속된 정원 및 부속 시설물의 부지 및 택지 조성공사가 준공된 토지.
  • 공장용지: 제조업 등의 공장시설물 부지, 공장부지조성공사가 준공된 토지 등.
  • 창고용지: 물건 등을 보관·저장하는 시설물의 부지와 부속 시설물의 부지.

〈그림 2.3.6〉 접경지역의 토지이용

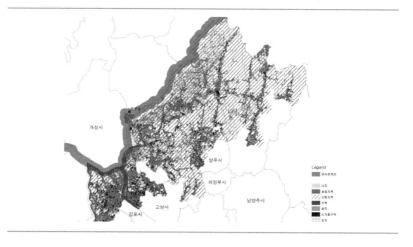

〈그림 2.3.7〉 접경지역의 지목별 토지이용 면적비율

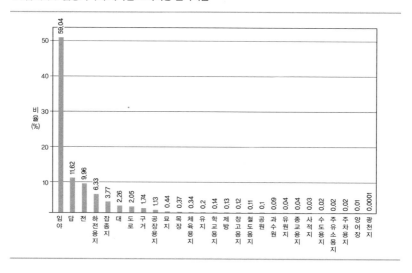

것을 알 수 있다. 토지이용에서 임야와 논밭이 차지하는 비중이 많다는 것
은 상대적으로 도시적인 토지이용보다는 농촌적인 토지이용이 주류를 이루

고 있어 접경지역에서 토지에 대한 활용이 저조하고 토지이용에 대한 체계적 관리가 부족하다는 것을 의미하기도 한다. 또한 서울시와 근접한 고양시, 김포시 등의 일부 접경지역에서도 도시적 토지이용으로 대지나 공장, 창고 등이 나타나고 있으므로 난개발 등을 체계적으로 관리할 수 있는 성장관리대책이 필요하다.

2) 낮은 생활만족도로 인한 인구 유출

(1) 접경지역 생활에 대한 주민들의 불만족 요인

접경지역 주민들에게 생활환경 만족도 설문조사를 실시한 결과 현 거주지에 대한 만족도가 '보통'이라는 응답이 38.5%, '높음'이라는 응답이 14.2%로 나타난 반면 '낮음'과 '매우 낮음'이라는 응답의 합이 47.0%로 집계되어 접경지역 주민들의 생활환경 만족도가 낮은 것을 알 수 있다(〈표 2.3.1〉 참조).

접경지역 생활에서의 불만족 요인을 살펴보면 문화복지시설에 불만족한다고 응답한 주민이 65.7%를 차지하고 그다음으로 산업시설 61.9%, 편의시설 52.9%, 교통시설 44.3% 순으로 나타나(〈그림 2.3.8〉 참조) 문화복지시설에

〈표 2.3.1〉 접경지역 주민들의 생활환경 만족도 설문조사 결과

(단위: %, n=210)

만족도 \ 시설	편의시설	교통시설	문화복지시설	주택 등 거주시설	교육시설	산업시설	전반적 만족도
매우 낮음	18.1	15.7	30.9	10.4	12.3	33.8	12.3
낮음	34.7	28.5	34.7	20.9	31.4	28.1	34.7
보통	29.5	27.6	20.9	38.1	34.7	25.7	38.5
높음	15.7	24.7	12.3	27.6	19.5	10.0	14.2
매우 높음	1.9	3.3	0.9	2.8	1.9	2.3	0.9
계	100.0	100.0	100.0	100.0	100.0	100.0	100.0

주: 경기개발연구원이 경기도 접경지역 주민 210명을 대상으로 2012년 7월 11~15일에 실시했다.

〈그림 2.3.8〉 접경지역의 생활만족도(2012년)

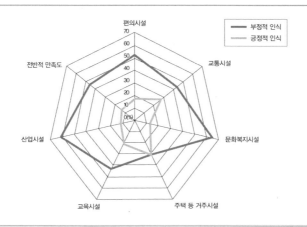

〈그림 2.3.9〉 접경지역 생활불편 요인(2007년)

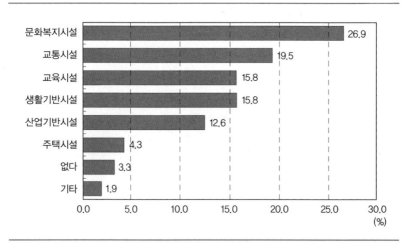

자료: 황금회, 「접경지역지원법의 경기도 효과분석과 개선방안 연구」(경기개발연구원, 2007), 40쪽.

대한 개선이 시급함을 알 수 있다. 이 같은 내용은 2007년에 실시한 접경지역 생활불편 요인에 대한 설문조사에서도 드러난다. 조사결과에 따르면 문화복지시설, 교통시설, 교육시설, 생활기반시설 순으로 불편하다고 응답했다(〈그림 2.3.9〉 참조). 5년 사이에 교통시설에 대한 만족도는 늘고 산업시설에 대한 만족도는 줄어든 것을 알 수 있다.

(2) 접경지역의 낙후성으로 인한 인구 유출

중앙정부는 접경지역 일대가 낙후되고 있음을 알려주는 낙후도 지수를 발표했다. 정부가 2008년 전국 231개 시·군·구를 대상으로 발표한 공식적인 낙후지역 순위에 따르면 연천군 117위, 동두천시 128위, 포천시 107위, 양주시 88위로 집계되어 이들 지역의 낙후가 심각한 것을 알 수 있다.[4]

접경지역인 연천군, 동두천시, 포천시는 상당한 정도의 낙후지역으로 분류될 수 있으므로 지역활력을 회복하기 위해서는 국가의 지원이 필요하다. 특히 안보상의 이유로 발전이 제한되는 특성이 있으므로 여타 낙후지역과는 다르다고 할 수 있을 것이다.

〈표 2.3.2〉 접경지역 시·군의 낙후도 평가결과

구분	지역 I (낙후지역)	지역 II(정체지역)	지역 III(성장지역)
수도권 (66)	강화군	연천군, 동두천시, 포천시, 가평군, 양평군, 양주시, 옹진군	중랑구, 서구(인천), 성북구, 의정부시, 강북구, 광명시, 도봉구, 평택시, 노원구, 구리시, 은평구, 남양주시, 강서구(서울), 군포시, 관악구, 의왕시, 하남시 중구(인천), 남구(인천), 파주시, 인수구, 이천시, 남동구, 안성시, 부평구, 김포시, 계양구

주: 낙후도 평가에 이용된 지표는 첫째, 인구 관련 인구변화율, 인구밀도, 고령인구비율, 둘째, 산업 및 경제 관련 1인당 소득세할주민세, 개별공시지가 평균지가, 1,000인당 총 사업체 종사자 수, 총 사업체 종사자 수 증가율, 셋째, 재정 관련 재정력 지수, 1인당 지방세징수액, 지방세징수액증가율, 넷째, 복지 관련 1,000인당 의료병상 수, 1,000인당 공공도서관 좌석 수, 다섯째, 인프라 관련 도로율, 상하수도보급률이 포함되었다.
자료: 국가균형발전위원회, 「제2단계균형정책」(2007), 경기개발연구원, 허재완 외, 『경기도 경쟁력 강화를 위한 주요 정책과제와 대응방안』(경기개발연구원, 2008), 107쪽.

---

4) "시, 낙후도 경기 31개 시·군 중 20위 중하위권", 《김포신문》, 2008.10.1.

〈그림 2.3.10〉 접경지역의 유입·유출인구

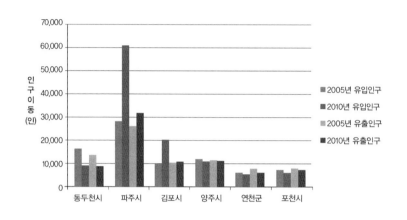

자료: 통계청, 「인구 센서스 조사」(2012).

〈표 2.3.3〉 접경지역의 인구 유입과 유출

행정구역	인구 유입	인구 유출
김포시	통진읍, 양촌면	대곶면, 월곶면, 하성면
고양시*	고봉동, 송포동, 송산동	-
동두천시	불현동, 소요동	보산동, 상패동
양주시	백석읍	은현면, 남면, 광적면, 장흥면
연천군	장남면	연천읍, 전곡읍, 군남면, 청산면, 백학면, 미산면, 왕징면, 신서면, 중면
파주시	문산읍, 파주읍, 교하읍, 월롱면	법원읍, 탄현면, 광탄면, 파평면, 적성면, 군내면, 진동면
포천시	-	신북면, 창수면, 영중면, 이동면, 영북면, 관인면

주*: 고양시는 2005년 이후 행정구역 변동으로 통계청에서 집계된 자료가 없어 동별 인구자료에서 제외했다.
자료: 통계청, 「인구 센서스 조사」(2012).

접경지역의 이 같은 낙후성은 주민들이 지역을 떠나는 요인으로 작용한다. 최근 들어 인구가 감소한 접경지역의 시·군은 연천군, 포천시, 양주시이다. 읍·면·동별 접경지역에서 인구가 감소한 지역은 전체 40개 읍·면·동 중 30개로 집계되었다. 구체적으로 인구감소지역을 살펴보면 동두천시(보산동, 상패동), 파주시(법원읍, 탄현면, 광탄면, 파평면, 적성면, 군내면, 진동면), 김포시 (대곶면, 월곶면, 하성면), 양주시(은현면, 남면, 광적면, 장흥면), 연천군(연천읍, 전 곡읍, 군남면, 청산면, 백학면, 미산면, 왕징면, 신서면, 중면), 포천시(신북면, 창수면, 영중면, 이동면, 영북면, 관인면)로 파악되었다.

3) 접경지역 발전을 위한 과제

접경지역 주민들은 지역발전을 위한 과제로 48.2%가 정주여건 개선이 필 요하다고 응답했고 그다음으로는 27.7%가 법 규제를 완화해야 한다고 보았 다. 향후 접경지역 발전을 위해서는 법 규제 완화와 함께 정주여건의 개선 이 최우선적으로 이루어져야 함을 알 수 있다. 또한 발전의 추진과 함께 계 획적인 토지이용 관리가 뒤따라야 한다고 보는 응답이 15.1%로 난개발이 진행되고 있는 지역에서의 요구가 높게 나타났다.

접경지역 발전을 위해 법 규제 완화가 필요하다는 응답은 아마도 접경지 역이 수도권이라는 행정구역에 포함되어 각종 규제를 받고 있기 때문일 것

〈표 2.3.4〉 접경지역의 발전과제

(단위: %, n=210)

특성 \ 응답	정주여건 개선	법 규제 완화	계획적인 토지이용 관리	발전위원회	기타	합계
전체	48.2	27.7	15.1	8.7	0.3	100.0
김포시	50.0	16.7	23.3	8.9	1.1	100.0
고양시	39.3	27.0	24.7	9.0	0.0	100.0
동두천시	64.1	24.4	10.3	1.3	0.0	100.0
양주시	46.1	29.2	19.1	5.6	0.0	100.0
연천시	30.3	50.6	6.7	12.4	0.0	100.0
파주시	54.5	26.1	9.1	10.2	0.0	100.0
포천시	55.2	19.5	11.5	12.6	1.1	100.0

이다. 현재 수도권 범위에 포함되어 있는 연천, 파주, 김포 등의 접경지역은 서울특별시, 경기도, 인천광역시에 대한 개발차등 규제인 「수도권정비계획법」을 동일하게 적용받고 있다.

접경지역에는 수도권 규제뿐만 아니라 군사시설을 보호하기 위한 「군사기지및군사시설보호법」에 의한 규제도 적용되고 있다. 여기서 말하는 군사시설은 각종 전투용 진지와 군사 목적을 위한 사격장, 훈련장 등이다.[5] 군사시설을 보호하기 위한 규제는 접경지역의 발전을 더디게 하는 원인으로 지탄받고 있다.

2. 접경지역의 개발압력 관리

1) 접경지역의 향후 발전방향과 '경평 메갈로폴리스' 전망

남북관계의 개선이나 복원에 따라 DMZ·접경지역에서는 서울과 평양을 연계하는 지역발전이 재현될 가능성이 높다. 서울에서 평양까지 펼쳐지는 장대한 경평 메갈로폴리스(京平 megalopolis)가 나타날 수 있으리라는 전망은 이미 많은 학자들의 연구결과를 통해서도 알 수 있다.

박삼옥은 남북관계가 좋을 경우 북한에 도시회랑(corridor)으로 평양-남포지역, 함흥-흥남-원주지역 등을 연계하는 도시체계가 형성될 것으로 전망하고 발전의 잠재력을 강화해야 한다고 주장했다.[6] 특히 평양-남포지역

---

5) 국가법령정보센터, 「군사기지및군사시설보호법」(2012).
6) 박삼옥, 「남북한 경제지리적 통합의 기반구축전략」, 홍철·김원배 엮음, 『21세기 한반도 경영전략: 지경학적 접근』(국토연구원, 1999), 297쪽.

<표 2.3.5> 접경지역의 향후 발전과 '경평 메갈로폴리스' 전망

연구자	발전방향
박삼옥	·지리적 위상으로 일본-중국 간 대도시권 연결망에 대한 잠재력 제고 ·협력 및 산업 연계: 남북 간 경제특구, 자유무역지대 등으로 남북경제협력 강화 및 통일 이후 지역 연계기반 마련 ·통일 이후 수도권 집중 가속이 예상되므로 대도시권 관리 필요
최상철	통일 이후 개성지역까지 수도권에 포함되고 북한 인구의 수도권 유입을 고려한다면 수도권 인구가 2,500만 명 정도에 이를 것으로 예상
박양호	·북한에서 남한 수도권으로의 유입인구 급증 예상. 특별한 대책이 없는 한 통일 이후 초기 10년간 북한 인구 200만 명 정도가 수도권으로 유입될 전망 ·국토축 분류: 서해안 개발축(목포-서울-개성-평양-신의주)과 동해안 개발축(부산-포항-동해-원산-함흥-청진) ·남북접경지역은 기반시설 접근성이 용이하고 고급인력의 유인이 상대적으로 쉬우므로 수도권의 산업 분산·이전을 위한 흡입지역으로 성장할 수 있으며 또한 남한지역과의 연계 측면에서 새로운 산업기반을 형성해 신산업지대로 육성하기에 유리하므로 서울-평양축을 따라 과학산업도시 육성 추진

자료: 김원배, 「한반도의 지경학적 입지와 한국의 선택」, 홍철·김원배 엮음, 『21세기 한반도 경영전략: 지경학적 접근』(국토연구원, 1999).

에 전기·전자·의류산업 등 다양한 산업을 특화해야 한다고 강조했다.

최상철은 통일이 된다면 서울에서 개성까지 수도권이 팽창할 가능성을 강조했으며 또한 북한 인구가 수도권에 유입되면 장래 수도권 인구가 2,500만 명 정도에 이를 것으로 예상했다.[7]

박양호는 북한에서 남한 수도권으로의 유입인구가 급증할 것이라고 전망했으며 특별한 대책이 없는 한 통일 후 초기 10년 동안에 북한 인구 200만 명 정도가 수도권으로 유입될 것이라고 내다보았다. 또한 한반도 국토개발축으로 서해안 개발축과 동해안 개발축이 부상한다고 전망하며 서해안 개발축은 목포-서울-개성-평양-신의주로 형성될 것이라고 보았다. 남북 중간

---

7) Choe, Sang Chuel, "Spatio-Physical Strategies for a Unified Korea in the 21st Century," Paper presented at the Special Session of the 16th Pacific Regional Science Conference, July, 12~16, 1999, Seoul, Korea.

에 걸쳐 있는 DMZ·접경지역은 기반시설에 대한 접근이 쉬울 뿐만 아니라 고급인력의 유인이 상대적으로 쉬울 것으로 판단되므로 수도권의 산업을 분산·이전하기 위한 흡입지역이 될 수 있다고 보았다. 또한 접경지역 일대를 남한의 산업과 연계해 신산업지대로 육성하기에 유리하다고 했다.[8]

요약하면 한반도에서 장차 부각될 것으로 예상되는 경평 메갈로폴리스는 남한의 기존 경부축과 서해안축이 합쳐져 옛 고려의 수도였던 개성을 지나 평양까지 이르는 한반도 메갈로폴리스로 자리매김할 가능성이 높다고 전망된다. 이런 견해는 박양호의 연구[9]에서도 뒷받침되고 있으며 한걸음 더 나아가 경평 메갈로폴리스 벨트에 통일 수도가 입지할 가능성이 조심스럽게 언급되고 있는 것 자체가 경평 메갈로폴리스의 등장을 알리는 전조라고 할 수 있다.

2) DMZ·접경지역에 대한 관리방향

(1) 개발과 보전을 위해 엄격한 개발관리가 필요

남북 간 군사적 충돌 등의 여러 가지 대립으로 토지이용이 자유롭지 못한 DMZ·접경지역에서 남북관계 개선에 따라 토지이용에 대한 각종 규제가 해제될 경우 사적 이익을 앞세우는 민간 개발자들이 이런 개발호재를 남용할 가능성이 높다. 이 같은 개발압력을 관리하지 못할 경우 예상되는 토지이용의 부작용은 소규모 공장 난립, 공장 주거지 혼재로 인한 주거용도 침해, 전략적 시설의 입지 곤란 등이다. 성장지역과 개발을 권장하지 않는 지역에

---

8) 박양호, 「한반도 지역개발의 전략」, 홍철·김원배 엮음, 『21세기 한반도 경영전략: 지경학적 접근』(국토연구원, 1999).
9) 같은 책, 320쪽.

대한 토지이용 규정이 약하면 개발이 적정하게 관리되어야 할 외곽지역으로 개발이 이동함에 따라 공장과 주거지가 혼재하는 등 토지이용 관리가 미흡해질 수 있다.

이런 개발투기뿐만 아니라 개발압력에 적절히 대처하기 위해서는 개발을 유도하는 성장지역을 명확하게 구분할 필요가 있다. 향후 개발 난립이 일어나지 않도록 개발을 관리할 수 있는 도시성장경계선(Urban Growth Boundary: UGB) 설정 등의 도시성장 관리기법이 필요할 것이다.

1970년대 후반 미국 포틀랜드 도시권에서 UGB를 도입해 실행하고 있으며 UGB 바깥지역에서는 환경보호를 위해 개발이 통제되고 있다. UGB는 고정되지 않고 유동적이므로 향후 20년마다 개발압력을 고려해 조정된다.

UGB는 포틀랜드 도시권이 급격하게 팽창하자 비도시지역에 있는 숲 등의 자연자원을 보호하기 위해 1970년 초에 도입된 획기적인 지역계획정책

〈그림 2.3.11〉 비도시지역 관리방향

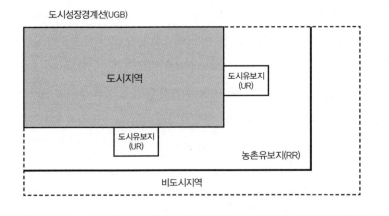

자료: 미국 오리건 주 메트로 광역정부 웹사이트(www.metro-region.org) 참고해서 재구성.

이다. 이는 그린벨트정책에서 파생된 지역관리정책으로 알려져 있으며 향후 20년간 도시·지역개발 수요를 충족시킬 수 있는 지역을 포함해 지정되었다.

또한 UGB는 개발압력으로부터 농지나 수목을 보호하기 위해 도입된 도시지역과 도시유보지역, 비합병지역, 농촌지역의 경계선으로 볼 수도 있다. UGB 내부지역에서는 도로, 상하수도, 공원, 학교, 소방서, 경찰서 등의 도시 서비스가 지원될 수 있지만 비도시지역인 UGB 바깥에서는 이런 서비스가 지원되지 않아 비도시지역에서 개발을 방지하고 개발압력을 관리할 수 있는 정책효과가 기대된다.

(2) 남북협력을 위한 전략적 유보지역은 특별관리가 필요

DMZ·접경지역의 주요 길목은 역사적으로 남북이 상호작용하는 요충지이다. 남북관계가 가까워지면 이런 남북 요충지에 자리 잡은 DMZ·접경지역에 남북협력을 위한 각종 시설이 입지할 부지가 필요한 것은 자명한 사실이다. 교통접근성을 감안해 적재적소에 배치해야 할 부지에 긴요하지 않은 시설을 배치한다면 최적의 토지이용을 도모하지 못하는 상황이 전개될 수 있을 것이다.

도시유보지(Urban Reserve: UR)는 당장 개발할 수 있는 지역은 아니지만 UGB 바깥지역에 자리 잡은 토지로 장래 개발압력을 감안해 지역개발이 팽창할 것에 대비하고, 또한 UGB 내로 편입될 개연성이 높기 때문에 공공시설과 서비스를 효율적으로 공급하기 위해 지정된 지역이다.

농촌유보지(Rural Reserve: RR)는 도시 경계에 있는 도시개발 억제지역으로 식물·야생동물·어류 서식지, 급경사지, 침수지, 농업·숲·자연경관을 보호하기 위한 지역 등이 지정된다.10)

비도시지역에 속하는 UR이나 RR에서 주로 허용되는 시설은 농업·산림업

〈표 2.3.6〉 개발압력을 받는 비도시지역 관리사례

계획수립	지역구분	토지이용 용도	
포틀랜드 광역도시계획	도시지역 (UGB 내부지역)	도시지역	
		장래 도시지역	
		장래 도시계획지역	
	비도시지역 (UGB 외부지역)	도시유보지(UR)	
		농촌유보지(RR)	
		비합병(Unincoporated) 지역	농촌
			농업
			수목

자료: 포틀랜드 메트로(2012), 포틀랜드 메트로 2040 계획 및 클라카마스 군 종합계획 참고해 재구성.

〈그림 2.3.12〉 미국 오리건 주 클라카마스 군의 유보지 설정사례

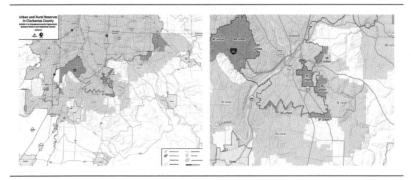

자료: 미국 오리건 주 클라카마스 군 웹사이트(www.clackamas.us).

시설, 단독주택, 커뮤니티시설, 위락시설, 운동시설이다. 또한 공원, 캠핑장, 운동장, 승마장 등의 여가시설이 허용되며 유사한 용도는 비상업적일 경우에 허용될 수 있다고 알려져 있다.

---

10) 비도시지역 관리정책인 UGB, UR, RR은 오레곤 주정부 및 상위 광역정부인 메트로와 조정하고 협의하는 절차를 거친 후에 클라카마스의 해당 기본계획과 법률에 따라 지정된다.

3. 접경지역 활성화

1) 역사자원을 활용하는 '임진강 역사문화벨트' 도입

DMZ·접경지역 일대는 역사자원이 집중되어 있을 뿐만 아니라 2018년 '천년경기축제' 개최 가능성이 있으므로 이런 특성을 살려 임진강 역사문화 벨트를 조성하는 것이 바람직하다. 임진강 역사문화벨트는 특정 지역의 유형 중[11] 역사문화관광형에 속하며 도입 당위성은 다음과 같다. 첫째, 남북 관광거점이 DMZ 및 임진강 유역을 중심으로 조성될 수 있을 것이다. 2018년 경기제[12]가 천 년을 맞이하므로 이를 기념할 수 있는 시기가 도래한다. 이와 같은 기회를 통해 경기북부의 역사자원을 재발견하고 가치를 부여함으로써 역사관광의 촉매제 기능을 수행할 수 있을 것이다. 경기북부를 방문한 관광객 수는 매년 6.9%씩 증가하고 있어 임진강 역사문화벨트에 대한 기대감이 높을 것으로 전망된다.

둘째, DMZ·접경지역 일대에는 역사자원도 풍부하지만 군사시설 또한 많

---

11) 특정 지역은 지역균형개발 및 지방 중소기업 육성에 관한 법률에 법적 근거하며, 역사 문화 및 경관자원의 활용을 촉진하고 역사자원을 활용하는 산업 등을 육성하거나 활성 화하는 지역개발을 도모하기 위한 것으로의 유형에는 문화관광형, 산업전환지대형, 특 수입지형이 있다. 특정 지역은 500km^2 이상이어야 하며 시도 면적의 30% 이내이다.

12) 경기제(京畿制)는 경기(京畿)에서 왕도인 경(京)을 제외한 기(畿)를 의미하는 지역으로 조선시대의 경기도와는 취지가 다른 왕도의 특별행정구역으로 파악된다. 개성부는 왕 실의 본거지, 직할지로서의 특별행정구역인 반면, 경기제는 지배층의 기반지, 왕도의 배후지로서의 특별행정구역이다. …… 고려 현종 9년(1018년) 수도의 외곽지역을 경 기라는 통치체제(행정체제)에 두었으며 …… 원래 경기는 서울 중심의 500리 땅을 일 컫는다. 고구려와 백제의 기내(畿內)라는 왕기(王畿)와 신라의 기보(畿輔, 일종의 특별 군사구역)가 있었지만 실질적인 전통은 고려시대에 정립되었다[경기개발연구원, 「동 아시아 경기제에 관한 연구」(2010)].

<그림 2.3.13> 임진강 역사문화벨트(안)

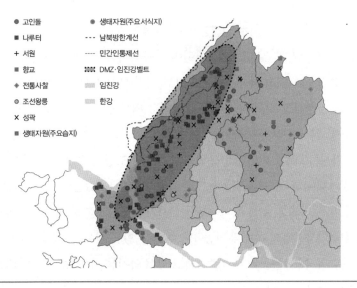

범례:
- ● 고인돌
- ■ 나루터
- + 서원
- ■ 향교
- ◆ 전통사찰
- ◎ 조선왕릉
- × 성곽
- ■ 생태자원(주요습지)
- ● 생태자원(주요서식지)
- --- 남북방한계선
- ---- 민간인통제선
- ✕✕✕ DMZ·임진강벨트
- ▨ 임진강
- ▨ 한강

자료: 황금회 외, 「경기북부지역 발전을 위한 특정지역 도입방안 연구」(경기개발연구원, 2011), 69쪽.

이 배치되어 있다. 군사시설보호지역 등의 개발 규제가 많기 때문에 역사문화벨트라는 특정지역으로 개발하게 되면 도시관리계획 허가, 시·군의 문화재 관리, 관광지 지정 등의 행정절차가 간소화될 수 있다는 장점이 있다.

DMZ 및 임진강 유역을 중심으로 도입할 수 있는 역사문화벨트는 이 지역의 각종 역사자원을 활용해 문화관광을 촉진시키고 저발전지역인 경기북부를 재해석해 가치를 부여한다는 차원에서 대단히 중요하다. 저발전되어 있지만 상대적으로 역사문화유적이 풍부하므로 이 역사자원에 가치를 부여하는 재해석의 기회가, 이른바 '천년경기 기념축제' 등으로 구현될 것이다. 이와 함께 이 지역을 워터프론트(water front) 관련 문화·관광·레저스포츠 구역으로 활성화하고 한반도 생태환경 중심지대로 강화하는 전략도 필요할 것이다.

2) 청정 어메니티를 활용하는 주말농장 클라인 가르텐 단지화

접경지역의 청정한 어메니티(amenity)를 이용해 주말농장이나 농원을 단지화하는, 이른바 클라인 가르텐(klein garten, 작은 정원) 조성정책이 바람직하다. 도시지역의 주민 중 전원생활을 영위하려는 수요자가 많아 접경지역에 체재형 주말농원인 클라인 가르텐을 조성함으로써 임대 주말영농, 취미생활 등 휴식공간이나 기회를 제공해 도시민에게 5도(都) 2촌(村) 생활을 유도할 수 있다. 도시 거주민이 주말 또는 여가를 보낼 수 있는 쾌적한 농촌공간이 조성되면 도시지역과 접경지역 간의 왕래가 이루어지고 접경지역의 소득 증대에도 기여할 수 있을 것으로 판단된다. 또한 도시 생활자는 여가, 취미, 건강 등의 전원생활을 통해 삶의 질을 향상시킬 수 있을 것이다.

클라인 가르텐은 주말농장이나 농원의 주요한 국외사례로 19세기 초 독일에서 시작되었다. 산업화로 말미암은 과밀한 주거지로부터 벗어나 건강과 휴식을 누리기 위한 공간으로 보급되어 현재는 도시민의 여가 및 휴식 장소로 자리 잡았다. 일본 도시 근교에는 도시민의 휴식이나 자가 재배를 위한 시민농원이 활성화되어 있고 러시아에도 주말에 가족이 모여 채소와 화훼를 재배하며 휴식을 취하는 다차(Дача)가 일상생활 속에 자리 잡고 있다.

주말농장으로 운영 중인 경기북부의 클라인 가르텐 수요를 살펴보면 총 5호인 클라인 가르텐 모집공고에 임대를 신청한 사람은 모두 1,349명으로 서울지역 신청자는 706명, 경기지역 신청자는 630명, 나머지 지역의 신청자는 13명으로 집계되었다. 클라인 가르텐의 수요층은 주로 신도시 및 택지개발지역의 거주자로 추정되며 신청동기는 주말휴양 및 영농이다. 또한 신청자 연령은 40대, 50대, 30대, 60대 순으로 파악되었다.

클라인 가르텐 사업에는 50동 내외의 단지가 조성되어야 부대시설을 갖출 수 있다. 건물을 제외한 단지시설로는 주말농장 텃밭, 도로, 주차장, 광장, 하수시설 등과 체재형 또는 체류형으로 숙박이 가능한 26m² 규모의 통나무 건물이 필요하다. 부지로는 1,500m² 규모의 광장(1개 단지 기준)[13]과 도로 및 주차장(부지면적의 10% 정도)이 필요할 것으로 파악된다.

클라인 가르텐의 기대효과로는 첫째, 경작한 먹거리를 통해 누리는 농업혜택, 둘째, 삶의 활력을 찾는 도농상생의 체재형 주말농장 조성, 셋째, 도시민과 마을주민 간 상호협력이 가능한 마을 만들기, 넷째, 농업 또는 농촌의 이해와 관심을 촉진하는 영농활동마을 육성을 들 수 있다.

3) 청정 어메니티를 이용하는 대안치료 힐링타운 조성

접경지역은 상대적으로 저발전되어 있으므로 이러한 지역을 활성화시키기 위해서는 상주인구뿐만 아니라 주간인구인 유동인구를 유치할 필요가 있다. 최근 웰빙바람을 타고 걷기운동 등이 활발히 전개되고 있다. 몸건강뿐만 아니라 정신건강을 증진하려는 사회적인 분위기가 접경지역에서 대안치료를 돕는, 이른바 힐링타운을 조성하는 데 기여할 것으로 판단된다. 청정 어메니티를 활용하는 방안으로 효과적인 것은 산림과 경관이 양호한 곳에 힐링타운을 개발하는 것이다. 힐링타운을 조성하기 위해 우선 100명을 수용할 수 있는 1개소를 시범사업으로 추진하고 점차 확대해나가는 방안을 검토할 필요가 있다. 힐링타운을 조성함으로써 외부에서 유입된 인구가 증가할 수 있으며 이런 유입인구는 저발전된 접경지역을 활성화시킬 수 있다.

입지요건으로는 산림, 도유림, 수목원, 식물원, 자연휴양림, 양호한 수질, 청정한 대기 등의 자연생태가 중요하며 이용공간으로는 접근성이 양호한 지역에 자리 잡은 폐교가 바람직하다. 그리고 필요한 공간과 주요시설에는

---

13) 「주택건설기준에관한규정」 제46조를 준용했다.

〈그림 2.3.14〉 힐링센터의 기능(예시)

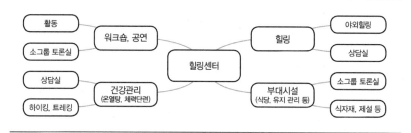

자료: 황금회 외, 「경기도 접경권 초광역 종합발전계획(안) 추진방향 연구」(경기개발연구원, 2010).

힐링활동 공간, 워크숍 공간, 실내외 소그룹 토론실, 하이킹 및 트레킹이 가능한 환경, 헬스시설, 체력 측정을 위한 건강관리시설, 숙소 및 식당·온열탕·유지관리시설 등의 부대시설을 꼽을 수 있다.

4. 급변사태에 대한 대비

1) 급변사태 시 북한으로부터의 대량 유입인구 예상

최근 남북관계가 소원한 상황이다. 남북관계가 활발할 때와 비교하면 걱정이 앞서고 여러 가지 생각이 든다. 이 중 하나로 만약 북한이 붕괴하는 상황이 발생한다면 한국은 어떻게 대처할 수 있을까 하는 질문에 정책대안을 찾기가 쉽지 않다. 북한이 붕괴할 가능성이 높다고 생각하는 전문가도 있을 것이고 북한 붕괴에 찬성하지 않는 전문가도 있을 것이다. 남북관계의 향후 전망은 긍정적일 수도 있고 반대로 부정적일 수도 있다. 급변사태가 발생한다면 그 충격을 그대로 받아들여야 하는 곳이 바로 경기도 접경지역이므로 남하하는 유입인구를 임시적으로 수용할 수 있는 장소를 준비해야 한다.

<표 2.3.7> 급변사태 시나리오

구분	주요내용	남한으로 인구 유입
승계 성공	리더십이 바뀌더라도 현 체제 유지	거의 없음
승계 경쟁	리더십이 바뀌더라도 현 체제 유지	가능성 낮음
승계 실패	체제 약화	가능성 높음

자료: 신범철·전경주(편역), 「북한 급변사태의 대비」(한국국방연구원, 2009), 40쪽.

폴 스테어스(Paul B. Stares)와 조엘 위트(Joel S. Wit)는 북한의 급변사태 시나리오, 급변사태 이슈 등을 언급하며 급변사태 시나리오를 승계의 성공, 경쟁, 실패로 분류했다.[14] 이 중 남한으로의 급격한 인구 유입이 예상되는 것은 승계 실패라는 시나리오이다. 이 시나리오의 발생 가능성에 대해 말하기는 어렵지만, 일단 이런 사태가 발생하면 인구가 집중된 경기도와 수도권에 북한으로부터의 유입인구가 급격히 증가해 이를 수용하고 일자리 등을 처리하기 위한 한국의 행정업무량이 폭증할 것이다. 무엇보다도 유입인구를 임시적으로 수용할 수 있는 장소나 시설에 대해 가상적으로나마 대처방안을 논의하는 것이 필요한 시기이다.

남북 간의 소득격차가 약 20배 정도이기 때문에 급변사태 시 남한으로 북한 인구가 유입될 가능성이 높다. 남하인구에 대한 예측은 여러 가지이겠지만 한국경영자총협회에서 추정한 남하인구는 최소 161만 명, 최대 365만 명이다.[15] 이 수치는 21만 5,000명(휴전선 20만 명, 해상 1만 5,000명)과 차이가 크기 때문에 과대 추정으로 볼 수 있다. 그러나 좀 더 협소한 추정에서는 70만 명 선으로 보는 견해도 있다.[16] 한국경영자총협회의 보고서는 저출산 고령

---

14) 신범철·전경주(편역), 「북한 급변사태의 대비」(한국국방연구원, 2009).
15) 김주현, "경총 북(北) 붕괴 때는 최대 365만 명 남하", ≪조선일보≫, 2012.1.24.

화로 감소한 한국의 생산인구를 보충할 수 있는 안으로 북한 유입인구와 노동공급정책의 연계를 고려하고 있다.

2) 독일의 유입인구 수용대책

동독 붕괴 전 서독으로 이주한 동독 인구는 1만~5만 명 수준으로 집계되었지만 동독이 붕괴했던 1989년에는 이주자가 34만 3,854명으로 직전 연도보다 약 10배 정도 증가했다. 독일 정부는 동독으로부터 유입된 인구를 수용하는 이주자 대책으로 첫째, 시민권을 부여했으며, 둘째, 「연방긴급수용법」

〈표 2.3.8〉 동서독 간 이주자 통계

연도	동독 이주자(명)	연도	동독 이주자(명)
1961	51,624	1976	15,168
1962	21,365	1977	12,078
1963	42,632	1978	12,117
1964	41,876	1979	12,515
1965	29,552	1980	12,763
1966	24,131	1981	15,433
1967	19,573	1982	13,208
1968	16,036	1983	11,343
1969	16,975	1984	40,979
1970	17,519	1985	24,912
1971	17,408	1986	26,178
1972	17,164	1987	18,958
1973	15,189	1988	39,872
1974	13,252	1989	343,854
1975	16,285	계	959,959

자료: 박상봉, 「동독 급변사태와 서독의 대응」(2010), 75쪽.

---

16) 북한 유입인구 70만 명은 북한 인구 2,300만 명에서 핵심계층 600만 명, 노약자 400만 명, 어린이 400만 명 등의 활동 부자유자를 제외한 인구 수의 약 10%를 말한다. 박상봉, 「동독 급변사태와 서독의 대응」, '북한 급변사태 시 긴급 식량구호대책', NDI POLICY SEMINAR(2010).

〈그림 2.3.15〉 동서독 이주자 증가

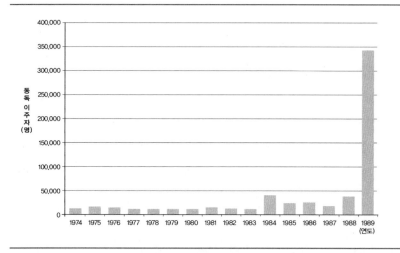

자료: 박상봉, 「동독 급변사태와 서독의 대응」(2010), 76쪽 재구성.

〈표 2.3.9〉 독일 유입인구 수용시설

구분	면적(천m²)	수용인원(명)	부대시설 및 기타
기센(Giessen)	11	12만(1989년)	숙소, 병원
우얼첸(Uelzen)	n.a.	수십 만(1989년)	n.a.
마리엔 펠데 (Marien-felde)	22	135만(1953~1990년)	수용공간 부족으로 인근 공장 임대

자료: 박상봉, 「동독 급변사태와 서독의 대응」(2010), 83쪽 재구성.

〈표 2.3.10〉 동독 유입인구 임시수용시설

시설종류	수용시설
연방군시설	26개 막사
방호·경찰시설	방호 벙커, 경찰청 막사 등 약 8,000개
민간공간	공장, 학교, 기타 수용가능 공간
천막촌 건설	3만 개
민간주택	비어 있는 펜션 및 주택
독일 적십자	컨테이너

자료: 박상봉, 「동독 급변사태와 서독의 대응」(2010), 84쪽.

에 따라 체류허가서를 발급하고 긴급수용시설에 입소시켜 심사를 거쳤다.

폭증한 동독 탈출자를 수용하기 위해 기존 3개 수용시설을 운영하며 인구 비례로 각 주에 수용했다. 수용소에 입소한 탈출자들은 신분 및 탈출목적 조사, 건강검진 등을 받고 3~4일 또는 그 이상을 체류하다 전국으로 분산되어 정착했다. 서독에서는 동독으로부터 유입되는 인구를 수용하기 위해 학교, 공장, 군부대 막사, 방화시설, 경찰시설, 천막촌, 민간주택, 펜션, 컨테이너 등을 임시방편으로 이용했다.

3) 경기북부에서 북한 유입인구를 얼마나 수용할 수 있을까?

북한이 붕괴되는 급변사태가 발생할 경우 당장에 북한으로부터 남한으로 유입되는 인구가 발생할 것이며 이를 통제하기 곤란한 상황이 일어날 수도 있을 것이라는 관측이 있다. 급변사태가 일어날 경우 남하하는 북한 유입인구를 임시적으로 수용할 장소로는 우선 경기북부 및 김포시에 위치한 초·중·고등학교 등을 고려할 수 있다. 유입인구 이동을 감안해 철도접근성과 유입인구에 일자리를 제공할 수 있는 여건으로 산업단지와의 근접성을 고려할 필요가 있다.

만약 북한 급변사태가 일어날 경우 학교시설(경기북부의 폐교 32개소)에 유입인구 약 8,200~1만 4,000명을 수용할 수 있다. 폐교설이 부족할 경우는 경기북부의 초·중·고등학교 678개소에 유입인구 약 163만 8,000~207만 9,000명을 수용할 수 있을 것으로 파악된다.

급변사태가 일어날 경우 북한으로부터 유입된 인구에게 구호품이 절대적으로 필요하므로 이때 철도는 구호품 등의 물류를 대량으로 신속하게 수송하는 역할을 한다. 이런 구호품을 보급하는 데는 철도역과 가까운 수용시설이 편리하고 효율적일 것이다. 철도를 기준으로 반경 5km 이내에 자리 잡

〈그림 2.3.16〉 경기북부 학교

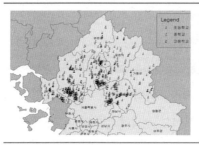

〈그림 2.3.17〉 경기북부 철도역과 노선

〈그림 2.3.18〉 경기북부 철도역과 인접한 학교

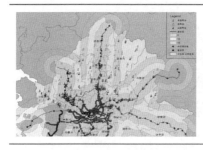

〈그림 2.3.19〉 경기북부 학교와 인접한 산업단지

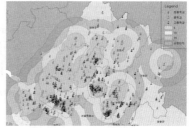

〈표 2.3.11〉 유입인구 수용 잠재력 추정

지역	임시수용시설		수용가능 인원(천 인)		
	인접 폐교 (개교)	인접 학교 (초·중·고등학교)	인접 폐교 (A)	인접 학교 (B)	계 (A+B)
경기북부	32	678	10.4	2,068.8	2,079.2

〈표 2.3.12〉 경기북부 폐교현황 및 수용가능 인원

시·군	학교 (개교)	교지면적 (천m²)	연면적 (천m²)	수용인원(인)	
				재난시설 기준 (3.3m²)	교정시설 기준 (2.6m²)
가평군	11	9.7	99.44	2,964	3,763
김포시*	-	-	-	-	-
고양시	-	-	-	-	-
구리시	-	-	-	-	-
남양주시	2	0.25	6.08	75	95
동두천시	1	0	2.18	0	0
양주시	2	0.58	9.16	175	222

연천군	8	7.06	80.59	2,140	2,717
의정부시	-	-	-	-	-
파주시	4	5.32	62.63	1,612	2,046
포천시	4	3.95	33.66	1,198	1,520
총계	32	26.94	293.73	8,164	10,363

주 *: 김포시는 경기남부이지만 DMZ에 인접하므로 포함시켰다.

〈표 2.3.13〉 철도와 근접한 학교시설 수용인원 추정

거리	학교 (개)	교지면적 (천m²)	연면적 (m²)	교실 수 (개소)	학생 수 (천 인)	학급 수 (개소)	수용인원(천 인)	
							재난시설 기준 (3.3m²)	교정시설 기준 (2.6m²)
5km 미만	485	6,813.70	4,176.29	13,275	398.41	12,651	1,266	1,606
5~10km 미만	111	1,842.98	784.50	2,262	61.72	2,165	238	302
10~15km 미만	60	925.35	312.76	821	21.21	770	95	120
15km 이상	21	355.45	105.31	214	4.32	197	32	41

〈표 2.3.14〉 산업단지와 근접한 학교시설 수용인원 추정

거리	학교 (개)	교지면적 (천m²)	연면적 (m²)	교실 수 (개소)	학생 수 (천 인)	학급 수 (개소)	수용인원(천 인)	
							재난시설 기준 (3.3m²)	교정시설 기준 (2.6m²)
5km 미만	335	5,043.83	2,668.16	7,743	227.14	7,377	809	1,026
5~10km 미만	213	2,982.15	1,806.36	5,865	174.10	5,625	547	695
10~15km 미만	109	1,480.46	800.41	2,767	80.66	2,597	243	308
15km 이상	20	431.03	103.93	197	3.75	175	32	40

은 학교에 수용할 수 있는 예상인원은 약 127만~161만 명으로 추산되었다.

또한 급변사태 시 유입되는 인구시에게 일자리가 필요할 경우도 상정해 볼 수 있다. 경기북부 인근의 산업단지를 대상으로 5km 이내에 자리 잡은 학교시설에 81만~103만 명을 수용할 수 있을 것으로 추산되었다.

즉, 급변사태로 유입인구가 발생한다면 이들에게 대량의 구호품을 수송할 수 있는 철도역 및 직업훈련 교육을 실시하기 편리한 산업단지 인근의 학

교시설을 선정해 유입인구를 수용해야 한다.

4) 접경지역에 대해 급변사태가 주는 시사점

접경지역은 소중한 미래자산으로 남북관계가 좋아지면 지가 상승 등으로 개발압력이 비등해질 것이다. 혹시라도 북한 급변사태가 일어나서 대량의 인구가 유입될 경우 접경지역의 토지이용에 혼란이 야기될 수밖에 없으리라는 추론은 자명하다. 접경지역의 토지이용 혼란을 줄이고 체계화하기 위해서는 다음과 같은 정책적 시사점을 고려할 필요가 있다.

우선 소중한 토지자산을 체계적으로 관리해야 할 것이다. DMZ·접경지역을 둘러싼 보호와 개발에 대한 갈등은 앞으로 계속될 것이다. 풍부한 환경자원은 보호되어야 하며 남북왕래의 통로역할을 하는 요충지는 전략적으로 개발해야 한다. 접경지역은 과거부터 전략적 요충지였고 역사적으로도 중요한 접전지역으로 자리매김하고 있다. 남북관계의 변화와 급변사태 등의 요인으로 개발압력은 계속 높아지겠지만 이를 잘 관리하기 위한 시스템을 갖추어야 한다.

급변사태가 발생할 경우 김포시를 포함해 경기북부에 자리 잡은 폐교, 초·중·고등학교에 어림잡아 160만 명을 수용할 수 있는 것으로 추산되므로 북한 유입인구 수용시설에 대한 혼란은 크지 않을 것으로 전망된다. 다만 북한에서 유입된 인구에게 생계를 위한 일자리가 절대적으로 필요할 것이므로 임시수용장소는 산업단지 등과 근접하는 것이 바람직하며 직업훈련센터를 조성해 체계적인 급변사태 관리방안을 마련해야 할 것이다.

급변사태에 대비해 구호품을 대량 비축하는 일도 필요하다. 급변사태가 일어날 경우 학교 등의 시설에 북한 유입인구를 수용할 수밖에 없을 것으로 전망된다. 특히 서울과 인접한 경기북부에 이런 구호품을 비축하기 위한 전략적 지점은 대량 수송이 가능한 철도역과 연계해 지정되어야 할 것이다. 급변사태는 발생할 수도 있고 발생하지 않을 수도 있지만 예측하기 어려운 상황에 대처하려면 미래에 발생할 수 있는 시나리오를 가정하고 해당 상황에 마주했을 경우 북한 유입인구를 수용할 수 있는 대비책을 준비하는 것이 실질적일 것이다.

chapter 04
DMZ를 넘어 세계로 연결되는 교통망

1. DMZ·접경지역의 교통시설 확충

1) DMZ 일원의 발전을 유도하는 도로망 확충계획

서울 광화문에서 자유로를 이용해 임진각까지 갈 경우 거리는 63km이고 시간은 1시간 10분 정도가 소요되며 국도 1호선 통일로로 접근하면 거리는 47km로 짧지만 시내구간을 통과해야 하기 때문에 시간은 1시간 29분이 걸린다. 연천지역은 파주에 비해 거리도 멀고 자유로 같은 자동차 전용도로도 없어서 접근하는 데 시간이 많이 소요된다. 이런 이유로 사람들은 도로여건이 좋은 파주지역을 주로 찾는다. 자유로를 이용하면 북한 땅을 근거리에서 바라볼 수 있는 오두산통일전망대, 임진각평화누리공원으로 연결되기 때문에 방문객이 많다. 교통시설 발달에 따른 효과이다.

경기북부지역은 북한과 인접해 있다는 특수성 때문에 지역개발정책에서 소외되어왔으며 각종 규제로 생활상에 많은 제약이 있었으나 향후 남북관계가 개선되면 전략적 위상과 가치가 증대될 것으로 예상된다. 경기도 접경지역은 평화통일기반 조성과 남북교류 확대에 따라 그 역할이 커지고 있으므로 지역개발을 위한 전략적 계획 및 지원방안을 모색하고 종합적인 접경지역 관리방안을 수립할 필요가 있다. 경기북부지역에 건설되는 도로들은 접경지역이라는 특수성 때문에 교통량이 많지 않으며 이로써 이 도로들의 필요성은 수도권 내 다른 도로들에 비해 과소평가될 수밖에 없는 실정이다.

2008년 개통된 서울외곽순환고속도로 북부구간은 접근성이 크게 개선되었으며 서울-문산, 서울-포천 간 고속도로가 현재 민간투자사업으로 추진되고 있어 향후에는 DMZ·접경지역으로의 접근이 용이해질 것이다. 차량을 이용한 원활한 접근을 위해서는 국도 3호선 우회도로사업을 빠른 시일 내에 완공하고 국지도 39호선 송추-동두천 사업을 적극 추진해 통행시간을 감소시킬 필요가 있다.

최근 강화-고성 간 평화관광로를 건설하는 계획을 검토하기 위해 접경지역 시·군협의회에서 설계용역을 시행하고 있다. 이러한 계획을 추진하기 위해서는 기존 국지도 78호선을 신설 혹은 개량하거나 국가도로망 동서 1축과의 연계사업을 모색해야 한다. 이와 함께 제2외곽순환고속도로의 추진도 적극 검토할 필요가 있다. 국도 37호선은 국도 77호선 당동 IC부터 파주 적성까지 4차로로 확장되었는데 적성-영중구간 31.7km도 빠른 시일 내에 4차로로 확장될 필요가 있다. 향후에 서울-포천 간 고속도로와 연결되는 국도 87호선을 개량해 국도 37호선과의 접속이 원활해지면 경원축의 접근성도 크게 개선될 것이다.

접경지역 개발계획에서는 북부지역 주민의 이동 편의를 도모하고 남북교류협력에 따른 연계를 강화하기 위해 접경지역 지방도로 정비사업을 추진하고 있다. 현재 접경지역 내에서는 연장 116.9km의 지방도로사업 21개가 추진 중이며 연장 131.1km의 16개 사업을 추가 실시할 예정이다.

<표 2.4.1> 광역도로망계획

도로명	연장(km)	기능	구분
① 서울-문산 고속도로(민자)	25.3	남북축	확정계획
② 구리-포천 고속도로(민자)	50.6	남북축	확정계획
③ 국도 37호선 우회도로(두포-적성)	15.1	동서축	2007년 1월 31일 개통
④ 국도 37호선 우회도로(적성-영중)	31.7	동서축	확정계획
⑤ 제2외곽순환고속도로	39.2	동서축	미확정계획
⑥ 송추-동두천 간 도로	24.6	남북축	미확정계획

자료: 황금회 외, 「경기북부지역 발전을 위한 특정지역 도입방안 연구」(경기개발연구원, 2011).

<표 2.4.2> 광역간선도로 확충효과

구분	현황(A)		장래 계획반영 이후(B)		증감(B-A)	
	거리 (km)	소요시간 (분)	거리 (km)	소요시간 (분)	거리 (km)	소요시간 (분)
한탄강역 → 서울시청	58.3	112	52.1	85	-6.2	-27
한탄강역 → 인천국제공항	109.3	127	93.8	76	-15.5	-51

자료: 황금회 외, 「경기북부지역 발전을 위한 특정지역 도입방안 연구」(경기개발연구원, 2011).

송추-동두천 도로 및 수도권 제2외곽순환고속도로의 신설, 국도 37호선 적성-영중구간의 조기 시행은 광역도로망체계를 획기적으로 개선시켜 접경지역과 수도권 주요지역의 접근 시간 및 거리를 크게 단축시킬 것이다. 한탄강역에서 서울시청까지 소요시간은 현재 112분에서 85분으로 27분 감소할 것으로 예상되며 한탄강역에서 인천국제공항까지 소요시간은 현재 127분에서 76분으로 51분 줄어들 것이다.

2) DMZ 일원의 철도망 확충계획

경의선은 일제 강점기 시절 한반도의 자원을 이동하기 위해 일본이 1906년에 건설한 철도이다. 남북교류협력사업으로 2007년 경의선이 재개되기

〈그림 2.4.1〉 광역도로망계획도 　　　　　　　〈그림 2.4.2〉 광역철도망계획도

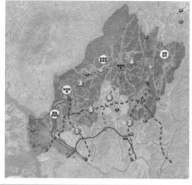 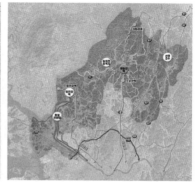

자료: 황금회 외, 「경기북부지역 발전을 위한 특정지역 도입방안 연구」(경기개발연구원, 2011).

까지 56년이 걸렸다. 도라산역에 있는 문구('남쪽의 마지막 역이 아니라 북쪽으로 가는 첫 번째 역입니다')처럼 개성공단이 위치한 판문점역을 지나 평양까지 연결하는 방안도 점진적으로 검토할 필요가 있다.

경원선의 소요산역 단선전철을 신탄리역까지 28.6km 연장하는 사업이 2012년 말 완공되어 이로써 서울·인천지하철, 수도권 전철을 이용한 DMZ·접경지역의 접근이 개선될 것으로 예상된다. 장기적으로 원산, 금강산과 연결되는 철도시설 정비계획을 수립할 필요가 있다.

3) DMZ를 자전거 천국으로 만들기 위한 시설 확충

현재 강화-고성 간 민통선지역에 자전거도로를 연결하는 평화누리길사업이 적극 추진되고 있다. 통일전망대-한탄강역구간에 설치되는 55.9km 구간의 자전거도로는 자전거 전용도로로 만드는 것이 중요하다. 평화누리길 중간마다 기존 마을과 연계된 휴식공간, 자전거 수리 및 대여 공간을 마련하면 자전거 이용객의 편의를 도모할 수 있을 것이다.

〈그림 2.4.3〉 평화누리길 자전거도로 계획도

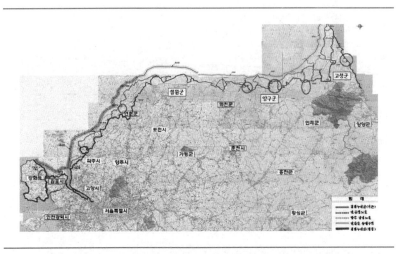

자료: 한국교통연구원, 「경기도 자전거 이용활성화 5개년 기본계획」(2012).

경기관광공사는 육군 1사단과 협조해 2010년 2월부터 매월 넷째주 일요일 'DMZ 자전거 타기'를 실시하고 있다. 이 투어에 많은 사람들이 참여하고 있으며 개인 자전거를 지참할 수도 있고 경기관광공사에서 대여하는 자전거를 이용할 수도 있다. 경의선이나 경원선 같은 수도권 전철에는 전철 앞뒤 칸에 각각 자전거 5대씩을 실을 수 있는 거치대가 설치되어 있다. 10~16시 사이에는 자전거를 실을 수 있지만 출퇴근 시에는 이용할 수 없다. 자전거는 경의선 문산역까지는 이동이 가능하지만 문산역-임진강역까지는 이동이 불가능하므로 앞으로는 자전거를 실을 수 있도록 개선방안이 요구된다. DMZ뿐만 아니라 전국의 주요 자전거도로에서 자전거를 탈 수 있도록 하기 위해서는 KTX, 새마을호 등 간선철도에도 자전거 거치대를 설치하는 방안을 검토할 필요가 있다.

문산-임진각 등 DMZ 관광거점을 운행하는 버스에도 차량의 전면과 후

면에 자전거를 실을 수 있는 장치를 마련해야 한다. 전철역처럼 계단이 많은 곳에는 자전거를 쉽게 운반할 수 있도록 자전거 레일을 설치해 편의를 도모할 필요가 있다. 이 같은 다양한 방안을 통해 많은 사람들이 DMZ에 와서 안심하고 자전거를 탈 수 있는 환경을 만들어야 할 것이다.

2. DMZ의 전국 접근성 개선

1) 전국에서 DMZ를 방문하는 방법

(1) 부산, 대구, 광주, 익산에서 운영되는 DMZ 철도

2009년 8월 경기도와 코레일이 상호 간 업무협정을 체결하면서 시작된 'KTX 타고 떠나는 DMZ 투어'는 경부선과 호남선 KTX를 이용해 DMZ를 관광하는 상품으로 이용객이 2009년 331명, 2010년 963명, 2011년 2,653명으로 계속 증가하고 있다. 경부선의 경우 부산, 대구에서 승차한 승객은 서울역에서 버스로 갈아타고 광주, 익산에서 승차한 승객은 용산역에서 갈아탄다. 탑승 정원은 버스 1대로 이동 가능한 40명 정도로 인원이 많은 경우는 버스가 각각 운행되고 인원이 적은 경우는 서울역과 용산역에서 하차한 승객들을 모아 버스 1대로 운행한다. 2012년 이전에는 학생들이 쉬는 둘째·넷째주 토요일에 행사를 진행했으나 주 5일제 수업이 실시된 2012년부터는 매주 토요일에 실시하고 있다.

일정은 경부선의 경우 부산에서 7시 30분 출발한 차량이 신경주역에서 7시 58분, 동대구역에서 8시 18분에 승객을 탑승시켜 서울역에 10시 8분에 도착한다. 이후 연계버스를 타고 10시 20분에 비무장지대로 이동해서 통일촌에서 점심을 먹고 도라산역, 제3땅굴, 도라전망대, 임진각관광지 등을 돌아본 뒤 16시에 서울역으로 이동해 19시 30분 열차를 타고 서울역을 출발해 동대구역에 21시 18분, 신경주역에 21시 37분, 부산역에 22시 12분에 도착해 해산한다.

호남선의 경우는 광주에서 7시 30분 출발한 차량이 익산역에서 8시 35분에 승객을 탑승시켜 용산역에 10시 24분에 도착한다. 이후 연계버스를 타고 비무장지대로 이동해서 통일촌에서 점심식사를 하고 도라산역과 제3땅굴, 도라전망대, 임진각관광지 등을 돌아보는 일정은 경부선과 동일하다. 16시에 용산역으로 이동해 19시 20분 열차를 타고 용산역을 출발해 익산역에 21시 16분, 광주역에 22시 23분에 도착해 해산한다. 비용은 광주역 출발이 7만 9,000원이며, 부산역 출발이 11만 9,000원이다.

DMZ 일원은 볼거리가 너무 많기 때문에 당일로 여행하기에는 무리이지만 KTX와 결합된 상품의 특징은 빠른 지역 간 이동을 통해 숙박 없이 관광이 이루어진다는 점이다. 부산에서 서울까지 2시간 38분, 광주에서 서울까지 2시간 54분이 소요되지만 2015년까지 호남고속철도 오송-광주구간이 완공되면 서울-광주구간의 통행시간은 1시간 33분으로 단축될 예정이다. 이렇게 전국이 일일생활권이 되면 전국의 DMZ 관광수요가 급격하게 늘어날 것이다.

특히 2012년부터 주 5일제 수업이 실시되면서 전국에서 DMZ 관광을 위해 경기도를 찾는 관광객은 더욱 늘어날 것으로 예상된다. 2010년 경기관광공사에서 KTX-DMZ 투어에 참가한 관광객을 대상으로 실시한 설문조사에 따르면 DMZ 관광을 선택하게 된 동기는 'DMZ 관광이 처음이라서'가 46%였으며 '하루 만에 가능해서'는 21%로 파악되었다. 전반적인 만족도에서는 '대체로 만족'이 58%, '매우 만족'이 24%로 82%가 만족하는 것으로 나타났다. DMZ 투어에서 안보체험관광의 핵심코스는 '제3땅굴-도라전망대-도라

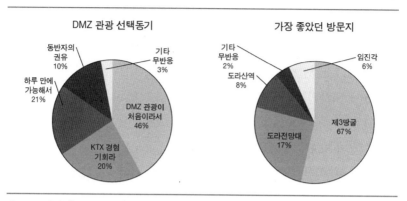

DMZ 관광 선택동기

가장 좋았던 방문지

자료: 조응래 외, 「DMZ·접경지역의 비전과 발전전략」, ≪이슈&진단≫ 60호(2012), 경기개발연구원.

산역'이다. 이 중 방문객의 67%가 가장 좋았던 방문지로 제3땅굴을 꼽아 땅굴을 직접 체험하는 안보관광에 특히 관심이 있다는 것을 알 수 있다. 이 같은 점을 고려해 향후 KTX와 연계된 상품을 적극 개발하고 많은 사람들이 DMZ를 체험할 수 있도록 할 필요가 있다.

코레일 부산경남본부에서는 밤 11시 30분에 부산역을 출발해 다음날 밤 10시 30분에 돌아오는 무박 2일 일정으로 비무장지대를 다녀오는 'DMZ 체험기차'를 운행하기도 했다. DMZ 체험기차는 버스와 연계해 비무장지대 안의 제2땅굴과 평화전망대 월정리역, 노동당사 등을 관람하고 DMZ 산두릅 축제를 즐기는 상품이다. 이 상품은 상시적으로 운영되는 것은 아니고 철원 축제와 연계해 단기적으로 운영되었다. 당일로 DMZ를 다녀오는 상품은 KTX를 이용해야겠지만 시간에 구애를 받지 않을 경우는 새마을호나 무궁화호를 이용하면 비용이 저렴해진다. 서울-부산구간이 새마을호는 4시간 58분, 무궁화호는 5시간 33분으로 KTX의 2시간 43분에 비해 각각 2시간 15분, 2시간 50분이 더 소요되지만 요금은 새마을호가 4만 2,600원, 무궁화호가 2만 8,600원으로 KTX의 5만 7,300원에 비해 각각 1만 4,700원, 2만 8,700원이 저렴하다. 용산-광주구간도 새마을호는 4시간 3분, 무궁화호는 4시간 25분으로 KTX의 2시간 49분에 비해 각각 1시간 14분, 1시간 36분이 더 걸리만 요금은 새마을호가 3만 4,300원, 무궁화호가 2만 3,000원으로 KTX의 3만 9,700원에 비하면 각각 5,400원, 1만 6,700원이 저렴하다. 따라서 학생들의 수학여행 등에는 철도를 이용해 저렴한 비용으로 DMZ를 방문하는 방안이 적극 검토될 필요가 있다.

코레일관광개발은 경기관광공사와 2011년 7월 10일 에코레일 MTB 전동열차를 이용해 60년간 민간인 출입이 통제되었던 DMZ 일대를 자전거로 즐길 수 있는 'DMZ 자전거 타기' 투어를 개최했다. 에코레일 MTB 전동열차는 친환경 교통수단인 전동열차와 자전거를 융합한 상품으로 전동열차 객차 내에 자전거를 적재해 이용객이 목적지에 도착하면 자전거로 여행할 수 있도록 고안된 레포츠 열차다. DMZ 자전거 타기 투어는 경기관광공사가 2011년부터 정기적으로 운영해오고 있는 기존의 DMZ 자전거 타기 코스에 에코레일 MTB 전동열차를 결합해 32km 구간의 평화누리길 자전거 투어를 추가한 상품이다. 열차는 오전 7시에 천안역을 출발해 용산역을 거쳐 문산역에 도착한 이후 오전에는 약 2시간 30분 동안 임진강역에서부터 화석정과 반구정을 지나는 32km의 평화누리길 자전거 투어로 진행되고 오후에는 약 1시간 30분 동안 17.2km의 DMZ 자전거 투어로 진행되었다. 철도와 자전거를 이용해 다양한 코스를 달릴 수 있는 기회를 제공하는 에코레일 MTB 열차는 향후에도 지속적으로 운행될 필요가 있다.

DMZ 자전거 타기는 경기관광공사가 추진하는 대표사업으로는 2010년 2월부터 매월 넷째주 일요일에 실시되고 있다. 지난 60년 동안 DMZ와 민통선 북방지역은 민간인 출입 통제와 규제가 이루어져 자연생태계가 잘 보존

되어 있을 뿐만 아니라 귀중한 생태자원을 간직하고 있다. 그 결과 접경지역은 국내뿐만 아니라 세계적인 자연생태계의 보고로 불릴 만큼 생태적 가치가 높은 지역으로 평가받고 있다. 이러한 측면에서뿐만 아니라 세계에 마지막으로 남아 있는 분단지역을 자전거로 달리면서 보고 느낄 수 있다는 점은 많은 흥미를 유발한다. DMZ 자전거 타기는 민간인출입 통제구역에서 실시되는 행사인 만큼 군의 통제가 엄격한 편이다. 처음 실시할 때부터 군과 긴밀히 협의해 코스와 거리를 정했으며 처음에는 13km였던 것이 이후 군의 협조를 얻어 17.2km로 늘어났다. DMZ 자전거 타기 투어는 분단의 아픔을 안고 있으면서도 생명이 공존하는 DMZ에서 자전거를 타는 특별한 체험이므로 많은 사람들이 관심을 갖고 참여할 수 있도록 좀 더 적극적인 홍보가 필요하다.

2. 북한과의 접근성 개선

1) 남북을 연결하는 철도사업 추진

김대중 정부는 2000년 6월 남북공동선언 이후 북한과 경의선·동해선 철도 및 도로 연결에 합의함에 따라 복구작업을 추진해왔다. 하지만 북한이 일방적으로 합의를 파기한 이후 미사일 발사, 핵실험(2006년 10월 9일) 등으로 열차 시험운행이 중단되었다. 노무현 정부 시절에는 개성공단이 본격적으로 운영되고 남북관계도 개선되어 2007년 5월 17일 경의선과 동해선이 MDL을 넘는 시험운행이 이루어졌다. 이후 같은 해 10월 남북정상회담에서 문산-봉동 간 화물열차를 정례적으로 운행하는 데 합의함에 따라 12월 11일부터 주 중 매일 1회 운행되었으나 남북관계가 악화되면서 2008년 12월에 중단되고 말았다. 이명박 정부 시절에는 북한의 핵실험(2009년 5월 25일), 천안함 사건, 연평도 도발 등으로 남북관계가 지속적인 갈등상황에 놓여 북한을 연결하는 철도 운행은 중단되었고 도로 이용은 개성공단 물건만을 실어 나르는 데 그쳤다. 당초 도라산역 부근에 대규모 물류단지를 조성해 남북 간 물동량을 처리할 예정이었지만 이러한 사업은 진행되지 않고 있다. 그러나 향후 남북관계가 개선되면 도라산역은 다시 한 번 물류단지로서의 중요성을 인정받을 수 있을 것이다.

2) 개성시내 관광 추진

그동안 현대아산에서는 금강산관광을 통해 많은 내국인이 북한지역을 관광할 수 있도록 추진해왔다. 2009년 금강산 관광객이 북한 병사의 사격으로 사망하는 사건이 발생하면서 금강산사업은 중단되었다. 북한은 금강산의 호텔을 환수 조치했으며 금강산사업과 별도로 추진되던 개성관광사업도 중단되었다. 개성관광은 금강산관광과는 달리 관광객이 개성시내를 직접 돌아다니며 실제 북한 주민의 삶을 가까이서 관찰할 수 있다는 점에서 금강산관광과는 차원이 달랐다. 특히 개성 주민들은 개성공단 근로자들을 통해 한국의 경제발전을 알고 있었던 만큼 개성관광사업은 북한의 사회 변화에 영향을 미칠 수 있는 사업이므로 빠른 시일 내에 재개되어야 한다.

한국을 방문하는 중국인들이 임진각관광에 하루 반나절 혹은 3분의 2를 쓰고 있다. 비용과 시간을 좀 더 지불하더라도 개성관광을 할 수 있다면 좀 더 색다른 경험이 될 것이다. 유엔연합사령부는 중국 등 일부 국가에 판문점관광을 허락하고 있지 않다. 하지만 북한과 중국은 영사관계가 체결되어 있어서 도라산출입국사무소(CIQ)를 통한 북한관광에는 큰 문제가 없을 것으로 예상된다. 중국 관광객이 북한 방문에 얼마나 관심이 있는지 알아보기 위해서 임진각을 방문한 중국 관광객을 대상으로 실시한 설문조사에 따르면 응답자의 59%가 북한관광에 관심이 있는 것으로 파악되었다. 또한 개성관광 목적에 대한 질문에 56%가 '남북한을 동시에 여행할 수 있어서'라고 응답한 것은 한국관광 중 북한 방문에 좀 더 비중을 두고 있음을 보여준다.

과거 현대아산에서 개성관광을 추진할 때 진행된 프로그램을 살펴보면 아침 7시에 출발해 개성공단 근무자들이 출근하기 전인 8시에 출입국심사를 마치고 북한에 들어갔다. 개성시내 관광은 박연폭포, 선죽교 등 고려시대의 역사적 유물을 살펴보고 오후 5시에 남한으로 돌아오는 코스이다. 당일 코스로 운영해 북한 주민과의 접촉을 최소화한 것이다. 이명박 정부 시절 남북관계가 경색되어 내국인 개성관광이 중단되었지만 한국을 방문한 중국 관광객을 대상으로 당일 코스의 개성관광 실시방안을 적극 검토할 필요가 있다. 향후 남북관계가 개선되면 내국인을 대상으로 한 개성관광을 다시 실시하고 관광객이 늘어나면 경의선철도를 이용하는 것도 하나의 방법이다. 철도가 개성시내까지 연장되면 관광객도 이용 가능할 뿐만 아니라 개성공단으로 출퇴근하는 개성 근로자들도 이용할 수 있기 때문에 일석이조의 효과를 거둘 수 있을 것이다.

3. DMZ를 넘어 유럽으로의 연결

1) 제4차 국토계획의 유라시아·태평양 협력구상

제4차 국토계획에서는 한국이 해양시대와 대륙시대를 함께 여는 글로벌 교통물류 관문국가로 도약하기 위해 유라시아·태평양지역의 단일교통 및 물류시장화에 대비하는 물류 네트워크 구축방안을 제시했다. 제1단계로는

<그림 2.4.4> 아시안 하이웨이 구상

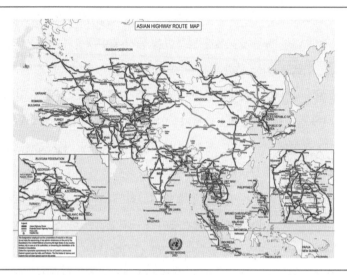

자료: 대한민국 정부, 「제4차 국토계획 수정계획(2011~2020)」(2011).

한중일러+아세안(ASEAN) 등의 동북아시아+아세안 교통장관회의 설치 및 정례화를 통해 협력제도화 기반을 조성하고, 제2단계로는 한반도철도망과 중국횡단철도(TCR), 시베리아횡단철도(TSR) 연결 및 운영 활성화를 위한 물리적·제도적 장애요인을 제거해 교통물류협력을 본격화하는 것이다. 제3단계로는 통합 교통물류시장의 완전 이행을 통해 단일시장으로 활성화하는 방안을 제시했다. 동북아시아 및 아세안 주요거점과의 연계를 강화하는 한중일 복합수송체계(철도·해운·육상연계) 등 국제운송 네트워크를 구축하기 위해 아시안 하이웨이의 결손부분인 북한지역 및 유럽 국제도로망을 연결하는 당사국 간 실질 협력을 추진하는 것도 주요과제이다.

또한 한반도를 중심으로 TCR, TSR과 연결해 아시아·유럽대륙으로 진출을 확대할 수 있도록 국제철도의 수송기반을 구축한다는 계획이다. 한반도가 유라시아철도망의 기·종점 역할을 수행하는 한편 유라시아와 태평양을 연결하는 복합운송 물류거점으로 발전할 수 있도록 추진하고 경의선(개성-신의주), 평라선(평양-나진) 등 노후화된 북한 철도의 현대화 및 시설, 운영기준 등의 연결사업을 추진할 계획이다.

2) 동북아시아철도망 구상

동북아시아철도망 구축과 관련된 논의는 1990년대 초 아시아태평양경제사회위원회(ESCAP)가 추진하던 아시아 육상운송망 개발계획에 포함된 아시아횡단철도(TAR) 구축사업에서부터 시작되었다. ESCAP는 1960년대에 아시아와 유럽 및 아프리카를 철도로 연결하기 위해 싱가포르에서 이스탄불까지 1만 4,000km의 철도를 연계하는 구상을 제안하고 아시아 남부지역의 철도 상태에 대한 예비 타당성 조사를 실시했다. 1970년대 초반 ASEAN이 ESCAP에 세부 타당성 조사를 요구했으나 성사되지 않았으며 또한 1976년부터 UNDP의 자금 지원이 중단되어 TAR 사업은 지속되지 못했다. 이후 1990년 12월 구(舊)소련은 동북아시아 5개국의 철도연결 타당성 조사를 제안했고 한국은 1991년 4월 제47차 ESCAP 총회에서 한반도종단철도(TKR)를 복원하고 TSR과 연계해 TAR의 북부노선을 완성하자는 구상을 제기했다.[1] 그리고 2006년 부산에서 개최된 ESCAP 총회에서 TKR이 TAR의 노선으로 정식 편입되었으며 ESCAP 주도 아래 극동지역 항만에서부터 러시아 내륙까지의 시범운송사업도 실시되었다.

TKR이 복원되고 이것이 대륙철도와 연결된다면 동북아시아의 철도망은 해상운송과의 상호보완적 관계 속에서 동북아시아의 화물운송체계를 현저

---

1) 성원용 외, 『대륙철도를 이용한 국제운송로 발전전략 비교연구』(한국교통연구원, 2005).

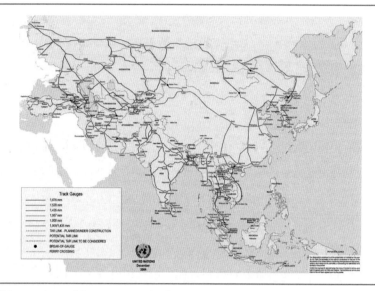

자료: Pierre Chartier, "The Trans-Asian Railway", Transport and Communications Bulletin for Asia and the Pacific, No. 77(2007), UNESCAP.

히 개선시킬 것으로 예상된다. 더 나아가 러시아, 중국 등의 대륙철도망 연결을 통해 북유럽, 동유럽 및 중앙아시아까지 확대되는 명실상부한 '유라시아 랜드브리지(land bridge)'의 핵심 운송망으로 자리 잡을 수 있을 것이다.[2] 따라서 TKR을 복원하기 위한 제1단계 사업으로 철원-원산까지 경원선 연결 기본계획을 수립하고 제2단계로는 제4차 국토계획에서 제시하고 있는 바와 같이 경의선(개성-신의주) 및 평라선(평양-나진)의 현대화 사업을 추진해 부산에서 유럽까지 연결되는 물류 네트워크를 구축함으로써 한국을 복합운송 물류거점으로 발전시킬 필요가 있다.

2) 같은 책.

chapter 05

글로벌 관광명소로서 DMZ 만들기

1. DMZ 일원의 관광특성

1) 기존 DMZ 관광상품의 특징

현재 이루어지고 있는 DMZ 관련 관광상품은 크게 2가지로 구분된다. 하나는 임진각, 제3땅굴, 도라산역 및 전망대, 통일촌 등 DMZ 일원의 주요 안보관광지를 둘러보는 DMZ 투어이며 또 다른 하나는 판문점을 견학하는 판문점 투어이다. 두 관광상품 모두 내국인보다는 한국을 방문하는 외국 관광객을 대상으로 하고 있다. 특히 판문점 투어의 경우는 방문절차와 자격상 문제로 외국여권 소지자만 참여할 수 있다.

DMZ 투어 상품은 여러 여행사에서 취급하고 있지만 그 내용이나 구성은 대동소이하다. 보통 서울에서 아침에 출발해 7~8시간 정도가 소요되는 반나절 투어 형식으로 임진각 → 제3땅굴 → 도라산전망대 → 도라산역 → 통일촌 순으로 진행되며 참가비용은 여행사에 따라 조금씩 차이가 있지만 일반적으로 점심식사를 포함해 5만~8만 원 선이다. DMZ 투어만 진행될 경우

판문점 및 민통선 이북지역 관광절차

판문점 투어의 경우 방한 외국인 관광객은 방문절차와 자격상의 문제로 외국여권 소지자만 참여 가능하고 내국인이 판문점을 관광하려면 3개월 전에 국가정보원에 신청해 허가를 받아야만 출입할 수 있다. 이 외에도 민통선 이북의 관광지를 방문하려면 별도의 승인절차를 거쳐야 하며 이때 제3땅굴, 도라산역, 통일촌의 경우는 신분증을 지참하고 임진강역이나 임진각 안보견학매표소에서 신청하면 된다. 1·21 무장공비 침투로, 경순왕릉, 열쇠전망대, 태풍전망대 등은 민통선 안에 있지만 신분증만 있으면 개별 및 당일 방문이 가능하다.

자료: 경기도 DMZ 웹사이트.

어중간한 시간대인 오후 3시경에 투어가 끝나기 때문에 여러 투어 상품들이 고궁이나 남산을 함께 둘러보는 방식의 전일 일정으로 진행되며 이 경우에는 참가비용이 10만 원 정도로 DMZ 투어에 비해 조금 비싸다.

판문점 투어는 DMZ 투어에 비해 여러 가지 제약이 따른다. 앞서 언급했듯이 대부분의 여행사가 외국인만을 대상으로 투어를 진행하며 외국인이라 하더라도 만 11세 미만은 투어 신청이 불가능하기 때문에 가족 단위의 방문은 쉽지 않다. 중국, 타이완, 말레이시아, 베트남, 러시아, 이집트, 나이지리아 등 일부 국적의 외국인 역시 판문점에 입장할 수 없기 때문에 내국인과 마찬가지로 투어 참가에 제약을 받는다. 또한 트레이닝복, 슬리퍼, 민소매, 찢어진 청바지, 짧은 바지와 치마 등의 차림으로는 판문점 입장이 불가능하다(DMZ 투어는 복장제한이 없다). 일정은 자유의 집, 본 회담장, 제3초소, 돌아오지 않는 다리 등의 판문점 내 주요지점 관람을 중심으로 진행되며 DMZ 투어와 비슷하게 7~8시간 정도 소요되지만 임진각, 제3땅굴 등의 관광을 포함해 전일 투어로 진행되기도 한다. 참가비용은 방문지 구성에 따라 8만~14만 원 정도이다.[1]

---

1) 트래블짐스클럽 여행사 웹사이트(www.jimsclub.net), 코스모진 여행사 웹사이트(www.

2) 누가 얼마나 DMZ 일원에 찾아오고 있는가?

(1) 지역별 관광객 방문현황

관광지식정보시스템(www.tour.go.kr)에 따르면 2011년 파주시 방문객 수는 736만 명이다. 이는 경기북부의 다른 10개 시·군 방문객 합과 거의 맞먹는 수치이다. 이처럼 파주시가 관광객 규모에서 경기북부의 다른 시·군을 압도한 데는 전체 파주시 관광객의 절반 이상을 차지하는 임진각관광지의 영향이 매우 크게 작용하고 있다. 그다음으로는 포천시 306만 명, 가평군 198만 명, 고양시 178만 명(호수공원과 킨텍스 방문객 제외)이 방문했다. 경기북부의 연도별 관광객 수는 지난 5년간 소폭 증가하거나 정체되는 가운데 2011년에는 전해에 비해 전체적으로 감소했다.

방문 관광객의 규모를 관광지별로 살펴보면 2011년 기준으로 DMZ 일원에 자리 잡은 관광지 중 가장 방문객이 많았던 곳은 임진각관광지로 외국인 50만여 명을 포함해 1년간 총 432만 명이 방문했다. 그다음으로는 포천시 산정호수 98만 명, 파주 헤이리 예술마을 67만 명, 파주 통일전망대 42만 명, 양주 장흥국민관광지 27만여 명, 포천 국립수목원 25만 명 순이었다. 하지만 DMZ 일원의 관광지 대부분이 전년도인 2010년에 비해 관광객 수가 감소했다. DMZ 일원의 대표적인 통일·안보관광지인 임진각관광지의 경우 2010년 504만 명에서 14% 정도 감소해 2011년 432만 명이 방문했고 통일전망대의 경우도 2010년 53만 명에서 20%가량 감소해 2011년 42만 명이 찾았다. 이는 천안함 사건과 연평도 포격사건 등 2010년 하반기부터 본격화된 남북 간 긴장관계의 결과로 판단된다. 이 같은 결과는 DMZ 일원의 통일·안보관광 활성화가 남북관계의 직접적인 영향을 받는다는 사실을 단적으로 보여

cosmojin.com).

<그림 2.5.1> 경기북부 시·군별 관광객 변화현황(2007~2011)

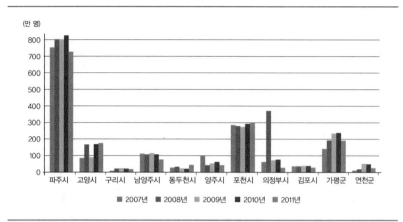

자료: 관광지식정보시스템 웹사이트.

주는 것이다. 이에 반해 DMZ 일원에 있는 순수한 문화예술 관광자원인 파
주 헤이리 예술마을의 경우는 2010년 29만 명에서 2011년 67만 명으로 두드
러진 상승세를 보여 DMZ 일원 내에서도 관광자원의 특성에 따라 전혀 다른
성격의 관광이 이루어지고 있음을 알 수 있다.

(2) 외국인 관광객 현황

문화체육관광부의 「2011 외래 관광객 실태조사」에 따르면 한국을 방문
하는 외국인 관광객은 주로 서울 내의 관광지를 찾고 있다. 2011년 외국인
들이 한국 여행 중 가장 많이 찾는 방문지는 명동(55.3%)이며 그다음은 동대
문시장, 남대문시장, 고궁 순으로 상위 10개 방문지가 모두 서울에 있어 외
국인 방문객의 서울 집중현상이 두드러졌다.

외국인 관광객 중 경기도 방문객은 전체의 23.8%로 그중 가장 많이 찾은
관광지는 에버랜드이다. 경기북부에서는 가장 많은 외국인 관광객이 방문

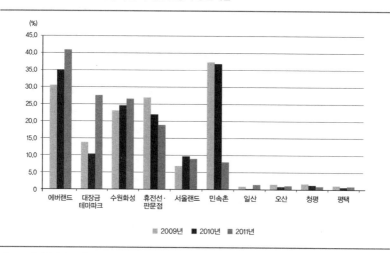

〈그림 2.5.2〉 경기도 주요 관광지별 외국인 관광객 방문비율

자료: 문화체육관광부, 「2011 외래 관광객 실태조사」(2012).

한 곳은 양주에 있는 대장금 테마파크로 경기권 방문 관광객 중 27.7%를 차지해 에버랜드 다음으로 높은 비율을 나타냈다. 대장금 테마파크의 경우는 2010년 방문비중이 10% 정도에 그쳤던 것에 비해 비약적인 증가를 보이고 있다는 점에서 주목할 만하다. 특히 기존에 경기권에서 외국인 관광객이 가장 많았던 용인 한국민속촌의 경우 2010년 외국인 관광객이 현저하게 감소했다는 점을 생각하면 한류 드라마의 영향으로 대장금 테마파크가 한국민속촌의 기존 관광객을 흡수하고 있음을 짐작할 수 있다. 반면 2010년까지 경기북부에서 가장 많은 외국인 관광객이 방문했던 휴전선·판문점은 2009년 26.9%, 2010년 22.2%, 2011년 18.9%로 계속 방문객 비중이 감소해 경기북부를 대표하는 관광지로서의 명성을 잃어가고 있다.

문화체육관광부의 「2011 외래 관광객 실태조사」를 바탕으로 DMZ 일원의 대표적 관광지인 휴전선·판문점을 찾는 외국인 관광객의 특성을 조금 더

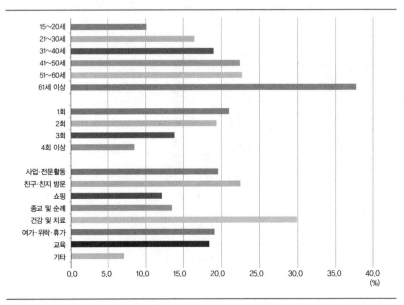

〈그림 2.5.3〉 외국인 관광객 유형별 휴전선·판문점 방문비율

자료: 문화체육관광부, 「2011 외래 관광객 실태조사」(2012).

자세히 살펴보면 미국, 오스트레일리아, 캐나다, 영국, 프랑스 등 서구권 관광객의 비중이 높다. 반면 외국인 관광객 중 가장 높은 비중을 차지하는 일본·중국 관광객의 휴전선·판문점 방문비율은 각각 14.5%, 13.1%에 지나지 않는다. 대신 수원화성(일본), 에버랜드, 대장금 테마파크(중국) 방문비율이 높다. 연령별로는 61세 이상의 휴전선·판문점 방문비율이 가장 높으며 연령대가 젊어질수록 방문비율은 점차 낮아진다. 방문 횟수별로도 한국을 처음 찾은 외국인 관광객의 경우 21.0%가 휴전선·판문점을 방문하는 반면 방한 횟수가 늘어날수록 방문비율이 낮아져 4회 이상 방문한 관광객이 휴전선·판문점을 찾는 비율은 8.5%에 그치고 있다. 방문 목적별로는 건강 및 치료를 이유로 방문한 경우 휴전선·판문점을 찾는 비율이 가장 높으며 그다음으로 친구·친지 방문, 사업·전문활동 순으로 나타났다.

2. DMZ 관광발전의 과제

1) DMZ 관광발전을 위한 과제는 무엇인가?

DMZ 일원에는 다른 지역에서 찾아보기 힘든 독특한 매력과 다양한 관광자원이 있지만 아직까지 대중적인 관광지로는 완전히 자리 잡지 못하고 있다. DMZ 관광이 DMZ 일원의 무궁무진한 잠재력을 제대로 발휘하지 못하는 데는 여러 가지 이유가 있겠지만 그중 몇 가지만을 살펴보자.

우선 DMZ 일원에 대한 일반인의 심리적·물리적 거리감이 여전히 크다는 점이다. 서울에서 DMZ까지는 1시간이면 충분히 닿을 수 있는 거리이지만 여성 등 일부 집단에게 DMZ 일원은 여전히 군사지역으로서의 이미지가 강하다. 특히 남북관계가 악화되면 안전에 대한 우려로 DMZ 관광은 직접적인 타격을 입을 수밖에 없으며 이러한 상태가 장기화될 경우 DMZ 일원에 대한 부정적 이미지가 고착화될 우려가 있다. 또한 수도권이라는 국내 최대 수요시장이 인접해 있으나 서울로 진입하는 일부 구간에서 상습 정체가 발생하는 등 교통체계가 불편하다. 김포, 파주 등 경의축에 해당하는 지역은 최근 들어 대규모 개발과 인구 증가로 교통기반시설이 확대·개선되고 있지만 동두천, 연천, 포천 등 경원축에 있는 지역은 여전히 관광객들이 접근하기 어려운 편이기 때문에 개선이 필요하다. 또한 경기북부의 교통망이 서울을 중심으로 연결되어 있어서 DMZ 일원에 대한 가로축의 교통체계와 각 관광지를 연결하는 대중교통체계가 매우 취약한 상태로 남아 있다.

다음으로는 DMZ 일원에 뚜렷한 관광거점이 조성되어 있지 않다는 점을 들 수 있다. DMZ 일원은 서울과 인천으로부터 1~2시간대에 있어 숙박여행보다는 당일 여행의 이미지가 강하기 때문에 관광객의 편의를 위한 시설 및 수준이 타 지역에 비해 부족하다. 임진각은 DMZ 일원에서 가장 많은 관광객이 찾는 명소이지만 콘텐츠나 기반시설 측면에서 보완할 점이 많고 숙박시설 등의 체류기능이 부족해 지역사회로 그 효과가 미치지 못하고 있다. 또한 숙박시설과 다양한 관광레저 프로그램이 복합화된 국제적 수준의 체류관광거점이 조성되어 있지 않고 의욕적으로 추진되던 고양 '한류월드', 산정호수 '에코·휴양도시' 등의 대규모 관광개발사업도 경기침체의 여파로 지연되고 있다. 최근에는 파주 헤이리 예술마을, 파주 출판산업단지 등 민간이 주도하는 문화산업단지의 개발이 확산되고 있으나 아직까지 관광지로서의 복합적 개발이 이루어지지 않아 주변 관광지와의 연계체계가 미흡하다.

DMZ 일원은 여러 가지 규제를 동시에 받는 지역으로 적극적인 개발 진행이 어려운 편이다. 접경지역에 해당하는 경기도 7개 시·군의 행정구역면적은 3,144.8km²이고 군사시설보호구역, 상수원보호구역, 농림지역 등 규제를 받는 면적의 총합은 4,508.4km²로 규제지역비율이 143%에 달한다. 연천군의 경우 전체 행정구역의 94.4%가 군사시설보호구역으로 묶여 있으며 파주시 역시 총 면적의 91.4%가 군사시설보호구역으로 지정되어 있다. 더욱이 이들 지역은 「수도권정비계획법」에 따른 과밀억제권역(고양시)과 성장관리권역(옹진군, 강화군, 김포시, 동두천시, 파주시, 양주시, 포천시, 연천군)으로도 지정되어 각종 규제를 동시에 받고 있는 실정이다. 이런 규제들 때문에 대규모 개발이 어렵고 각종 인허가절차가 복잡해 국내외 민간투자가 위축되고 있으므로 규제완화를 위한 지속적인 노력이 필요하다.[2]

---

2) 행정안전부, 「접경지역발전 종합계획」(2011).

〈그림 2.5.4〉 DMZ 관광의 문제점 및 향후 추진방향

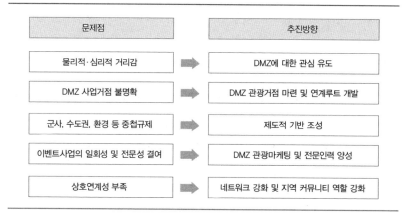

문제점	추진방향
물리적·심리적 거리감	DMZ에 대한 관심 유도
DMZ 사업거점 불명확	DMZ 관광거점 마련 및 연계루트 개발
군사, 수도권, 환경 등 중첩규제	제도적 기반 조성
이벤트사업의 일회성 및 전문성 결여	DMZ 관광마케팅 및 전문인력 양성
상호연계성 부족	네트워크 강화 및 지역 커뮤니티 역할 강화

현재 DMZ 일원에서 다양한 이벤트가 개최되고 있지만 대부분이 일회성 사업에 그치고 있다는 점은 아쉽다. DMZ 일원을 특징지을 수 있을 만한 킬러 콘텐츠를 만들어내지 못한 채 무분별하게 남발되는 일회성 이벤트 사업은 오히려 DMZ 일원의 관광지로서의 정체성을 혼란스럽게 만들 수 있다. 개최되고 있는 이벤트들 역시 해당 지역이 주체적인 역할을 수행하지 못하고 대부분 행정기관 주도의 산발적 사업에 그치고 있으며 지역 간 연계와 협의가 제대로 이루어지지 않아 여러 지역에서 유사한 형태의 이벤트가 중복 개최되기도 한다.

DMZ 일원에 해당하는 지역 간 연계 네트워크 체계가 형성되어 있지 않다는 점도 DMZ 관광 활성화의 장애물로 작용하고 있다. 지역 공동발전을 위한 인접 시·군 간 협력체계와 시·군 경계, 도 경계를 넘어선 네트워크형 협력체계 및 협력사업 구축이 필요할 뿐만 아니라 DMZ의 가치를 국제적으로 널리 알릴 수 있도록 유네스코(UNESCO), 유엔(UN) 등 국제기구와의 연계사업을 통한 교류도 활성화될 필요가 있다. 내부적으로는 지역 커뮤니티 등

발전중심세력이 미약해 혁신적 발전의 내적동력이 약하고, 외부 지원에 대한 의존성이 강해서 향후 지역성 강화를 위한 노력이 요구된다.

2) DMZ의 관광적 역량은 충분한가?

앞의 내용을 토대로 DMZ 일원의 관광적 역량에 대해 SWOT 분석을 하면 〈그림 2.5.5〉와 같다. 한반도 DMZ는 외적으로 인지도가 높은 편이고 통일의 전진기지라는 점에서 기회요인을 갖춘 지역이다. 하지만 남북관계 악화,

〈그림 2.5.5〉 DMZ 일원 관광역량의 SWOT 분석

	기회(O)	위협(T)
외적요소 / 내적요소	·높은 인지도 ·통일의 전진기지 ·중국 관광객 증대 ·안보에 따른 동정여론	·남북관계 악화 ·중첩규제
강점(S) ·세계 유일의 분단 현장이라는 독특성 ·풍부한 생태·역사·문화관광자원	**(SO)** ·안보·생태·역사·문화 관광자원을 활용한 매력 있는 체험관광지 개발	**(ST)** ·분단·통일 정체성의 강화 및 마케팅
약점(W) ·강력한 관광매력물과 체류거점 부재 ·물리적 접근성 취약 ·군사지역, 심리적인 거리 ·안전 및 보안문제에서 취약 이미지	**(WO)** ·DMZ 관광의 중추거점 구축 ·접근성 증대 ·관광객 체류 및 소비 지출 활성화 ·군사시설 활용한 관광 프로그램화	**(WT)** ·규제 완화를 통한 발전 계기 마련 ·남북관계를 인지도 제고 기회로 활용

▼

DMZ 관광 발전전략의 기본요소

중첩 규제 등의 위협요인도 존재하는 지역이다. 내적요소를 살펴보면 세계 유일의 분단현장이라는 독특성, 풍부한 생태·역사·문화관광자원 보유가 강점이다. 약점으로는 강력한 관광 매력물과 체류거점 부재, 취약한 물리적 접근성, 군사지역으로 인한 심리적 거리감을 들 수 있다.

3. 체류형 관광으로의 전환

1) DMZ 체류형 관광거점을 육성해야 한다

DMZ 일원을 방문하는 관광객이 연간 60만 명, 임진각관광객이 500만 명이라고 하지만 이들의 관광형태가 대부분 하루 혹은 반나절 관광에 그쳐 DMZ 일원에 펼쳐진 구석기시대, 삼국시대, 고려시대, 조선시대, 근대에 이르는 한반도 역사를 제대로 알리는 데 큰 어려움을 겪고 있다. DMZ가 추구하는 가치인 평화, 생태뿐만 아니라 한반도의 역사와 안보현실을 1박 2일, 2박 3일 동안 숙박하면서 직접 체험할 수 있도록 하려면 다양한 관광자원과 지원시설, 이벤트 등이 결합된 DMZ 관광거점을 중점적으로 육성할 필요가 있다. DMZ 관광거점은 대표적 관광자원을 아우를 수 있고 기존에 추진 중인 사업과 연속성이 있어야 한다는 점에서 임진각관광지와 한탄강관광지를 DMZ 관광의 2대 거점으로 선택하는 것이 가장 효과적일 것이다.

DMZ 관광의 제1거점이라고 할 수 있는 임진각관광지는 매년 500만 명이상이 방문하는 DMZ 일원의 대표 관광지로 앞으로도 DMZ 평화·안보관광의 핵심거점으로서 역할을 수행할 것이다. 제1거점으로서의 기능을 충분히 발휘하기 위해 임진각관광지의 주요시설인 임진각과 평화누리공원에 대한 통합적 개발계획을 수립하고 리모델링을 통해 대규모 관광객을 수용할 수 있는 인프라 확충이 시행되며, 특히 평화·통일을 상징하는 공간으로 자리매김하기 위한 시설과 콘텐츠의 보강이 대대적으로 이루어질 것이다. 지금도 큰 호응을 얻고 있는 경기 평화통일 마라톤대회와 DMZ 자전거 타기 투어를 비롯한 상시적인 공연문화행사 개최를 통해 임진각 일대는 언제든지 편안하게 찾을 수 있고 평화와 생태가 공존하는 DMZ 관광의 제1거점으로 발돋움할 것이다.

제1거점인 임진각관광지가 DMZ의 평화·안보관광의 대표거점이라면 제2거점인 한탄강관광지는 DMZ의 자연·생태관광의 대표거점이다. 한탄강관광지는 지질학적·생태학적으로 중요한 생태관광의 핵심거점으로 두루미박물관을 중심으로 습지원 등을 조성해 보고 배우고 직접 체험할 수 있는 생태학습의 장으로서 역할을 수행할 것이다.

2) 관광거점과 연계된 탐방루트를 개발해야 한다

2대 DMZ 관광거점을 중심으로 한 DMZ 관광의 변화가 DMZ 전역으로 확산되기 위해서는 곳곳에 흩어져 있는 다양한 관광자원을 효과적으로 연계시킬 수 있는 탐방루트가 지속적으로 확대되어야 한다. 연계 탐방루트로는 현재 도보여행길인 평화누리길과 자전거 탐방로인 평화누리자전거길이 많은 관광객들에게 사랑받고 있다. 이를 DMZ 전역으로 확산해야 한다. 김포 대명항에서 연천 신탄리역까지 184km에 걸친 한반도 최북단 도보여행길인 평화누리길은 누구나 항상 쉽게 걸을 수 있도록 접근성을 높여 걷고 싶은 명품 도보여행길로 육성하는 동시에 민통선과 근접한 신규노선 역시 지속적으로 개발될 예정이다. 평화누리길은 인위적인 도로 개설보다는 DMZ 민통선 인접지역의 해안철책, 한강하류, 임진강, 역사유적 등을 자연상태 그대로 유지하고 기존 마을길을 연결한 도보여행길로 조성해 친환경 녹색관광사업으로 수도권 도보여행 수요를 흡수할 뿐만 아니라 지역경제 활성화와 경기북부 이미지 제고에 기여할 것이다. 평화누리길과 연계해 최근 자전거에 대해 높아진 관심을 반영할 수 있는 친환경 명품 브랜드 자전거도로인 평화누리자전거길이 조성된다면 시너지효과는 더욱 높아질 것이다. 현재 평화누리자전거길은 파주-연천지역에 17.9km에 걸쳐 1차로 조성이 완료되었다. 최종적으로는 강화도에서 시작해 파주, 연천, 철원, 양구, 고성으로 이어지는 총 495km의 DMZ 횡단루트로 확대될 것이다.[3]

또한 DMZ 일원의 젖줄이자 주요 관광자원을 연결하는 임진강에는 분단의 아픔이라는 역사가 흐르고 있지만 임진강 문화르네상스를 추진해 예술적·문화적 색채를 덧입히면 창조의 강으로 탈바꿈하게 될 것이다. 이를 위해 유명 건축가와 예술가를 초청해 전쟁, 역사유적, 생태 등의 테마별로 기존 공공건축물이나 주변자원을 활용한 예술작품을 설치하면 임진강유역은 주변 환경과 조화를 이루는 공공예술문화공간으로 재탄생할 수 있을 뿐만 아니라 기존 DMZ 프로젝트에서 지적되어온 일회성 이벤트 사업이라는 문제점도 뛰어넘을 수 있을 것이다.

3) DMZ 체류형 관광상품이 필요하다

(1) 아름다운 DMZ 투어

그동안 DMZ에는 분단, 슬픔, 위험한 장소라는 꼬리표가 따라붙었다. 그러나 평화·생태공간으로서 DMZ의 다른 모습이 부각되면서 청정한 자연과 공기가 있는 공간, 파주 헤이리·프로방스·프리미엄아울렛·스킨애니버셔리 등의 다양한 쇼핑과 여가가 가능한 지역으로 알려지고 있다. 기존과는 다른

---

3) 경기도, 2012 제1차 DMZ 포럼 자료집(2012.5.23).

〈표 2.5.1〉 아름다운 DMZ 투어 개요

방문지역	파주
상품테마	쇼핑, 여가, 휴식, 음식
여행기간	1박 2일
표적시장	여성, 시니어
이동수단	개인 차량

〈표 2.5.2〉 아름다운 DMZ 투어 프로그램

구분	지역	관광일정	식사
제1일	파주	파주로 이동 → 파주 임진각관광지·비무장지대 연계 관광(제3땅굴-도라전망대-도라산역) 후 중식 → 파주 스킨애니버서리에서 스파 → 파주 헤이리 카페에서 휴식 → 석식	중식: 파주 콩요리 석식: 파주 프로방스
		숙박: 파주 출판도시 내 게스트하우스 지향	
제2일		조식 → 프리미엄아울렛에서 쇼핑 후 귀환	조식: 호텔식

DMZ의 이미지를 강조하고 현재의 관광상품 이외에 여성과 시니어를 위한 새로운 관광상품으로서 다양한 계층의 관광객 방문을 유도할 필요가 있다.

아름다운 DMZ 투어는 기존 관광상품과 차별을 두도록 한다. 첫째, 맑은 공기를 테마로 DMZ 생태관광지 일대를 가볍게 걸을 수 있는 건강관광코스를 운영한다. 둘째, 다양한 쇼핑과 스파, 카페 투어로 여성을 위한 관광상품을 구성한다. 이러한 노력으로 여성과 시니어의 방문이 이루어지면 DMZ의 이미지가 기존보다 부드럽고 밝게 쇄신될 수 있을 것이다.

(2) DMZ 영화·드라마 투어

현재 DMZ 관광상품의 대부분은 시설물(임진각관광지, 판문점, 도라전망대, 제3땅굴 등)을 둘러보는 일정으로 진행되고 있다. DMZ의 역사적 가치가 있는 장소를 견학하는 것도 중요하지만 이러한 시설물 위주의 일정으로 자칫

〈표 2.5.3〉 DMZ 영화·드라마 투어 개요

방문지역	연천, 파주
상품테마	역사예술문화
여행기간	1박 2일
표적시장	일본·중국 관광객
이동수단	전용 버스

〈표 2.5.4〉 DMZ 영화·드라마 투어 프로그램

구분	지역	관광일정	식사
제1일	연천 파주	인천국제공항 집결 → 연천으로 이동하면서 영화·드라마 관람 → 중식 후 열쇠전망대/경순왕릉(세계문화유산) 관광 → 파주로 이동 후 한류 중심에 있는 연예인 미팅	중식: 연천 매운탕 석식: 파주 콩요리
		숙박: 파주 소재 호텔	
제2일	파주	조식 → 판문점(영화 〈JSA〉 촬영지)/비무장지대 연계관광(제3땅굴-도라산전망대-도라산역) → 임진각관광지 방문 후 귀환	조식: 호텔식 중식: 파주 프로방스

DMZ와 관련한 중요 사건과 이야기가 간과될 수도 있다. 한류열풍으로 한국 드라마에 관심이 높아진 일본·중국 관광객을 대상으로 기존에 방영된 드라마와 영화를 관광상품에 포함시켜 직접 체험할 수 있도록 하는 이색적인 관광코스를 마련할 필요가 있다.

영화와 함께하는 DMZ 투어에서는 기존 관광상품과 3가지 차별을 두고자 했다. 첫째, 기존에 방영된 한국전쟁 관련 영화·드라마 및 DMZ에서 촬영한 전쟁영화·드라마를 관람한 후 DMZ 일대를 관광하는 코스로 구성한다. 둘째, 관련 영화·드라마를 관람하고 영화와 관련된 비하인드 스토리, 역사적 배경 등에 대한 이야기를 듣고 평화와 DMZ의 의미에 대해 되새길 수 있는 시간을 보낸다. 셋째, 한류에 관심이 많은 일본·중국 관광객을 위해 연예인을 초청해 관광코스에 일부 참여하게 한다.

(3) DMZ 에코·사파리 캠프

DMZ는 한국전쟁 이후 사람의 출입이 철저히 금지되면서 살아난 생태환경으로 멸종위기에 처한 두루미, 사향노루, 산양, 닭 등 야생 동식물 2,716여 종이 서식하는 중요한 생태관광지라고 할 수 있다. 그렇기 때문에 DMZ 관광에서 자연생태의 의미는 평화만큼이나 중요하다. 이러한 DMZ 생태를 느낄 수 있는 관광상품이 운영되고 있지만 대부분 관광지를 둘러보는 정도에 그치고 있다. 그러므로 어린이, 청소년, 대학생 등이 즐겁게 참여할 수 있는 활동적인 생태교육 관광상품을 운영할 필요가 있다.

DMZ 에코·사파리 캠프에서는 점차 증가하는 오토캠핑(2010년 67만 6,000 명이 국민여가캠핑장을 이용했다)을 적용해 2박 3일 코스로 캠핑과 생태관광을 동시에 체험할 수 있는 관광상품을 운영한다. 에코캠프의 특징은 첫째, 당

〈표 2.5.5〉 DMZ 에코·사파리 캠프 개요

방문지역	연천, 파주, 고양
상품테마	생태교육
여행기간	2박 3일
표적시장	어린이, 청소년, 대학생
이동수단	전용 버스

〈표 2.5.6〉 DMZ 에코·사파리 캠프 프로그램

구분	지역	관광일정	식사
제1일	연천	연천으로 이동 → 연천 고대산 등산, 은대리 물거미 서식지 방문 및 생태교육 → 오토캠핑장으로 이동 → 캠핑장에서 자유 요리	석식: 자유식
		숙박: 연천 한탄강 오토캠핑	
제2일	파주 연천	조식 → 파주 감악산, 운계폭포, 재두루미 도래지 방문 → 오토캠핑장으로 이동 → 에코를 주제로 한 팀별 소공연	조·중·석식: 자유식
		숙박: 연천 한탄강 오토캠핑	
제3일	고양	조식 → 송포 백송(천연기념물), 행주산성 방문 후 귀환	조식: 자유식

일 코스가 아닌 2박 3일 동안의 체계적인 코스로 DMZ 일대의 생태자원을 살펴본다는 점이다. 둘째, 사파리캠프라는 주제로 학생들에게 적합한 모험·탐험 프로그램을 더해 DMZ 주변을 둘러볼 수 있도록 한다.

4. 세계 속의 DMZ 브랜드 가치 증진

1) DMZ에 대한 국민적 관심을 유도해야 한다
(1) 시민들이 참여하는 범국민적 DMZ 보호운동 전개

DMZ 일원의 훼손에 대한 잠재적 위협은 이 지역의 토지, 특히 개발 가능성이 높은 토지 대부분이 개인 사유지라는 점에서 기인한다. 현재 경기도 민통선지역에서 사유지와 소유지가 불명확한 토지는 68%에 이르며 개발에 의한 훼손위험에 놓여 있는 농경지는 대부분 사유지에 해당한다. DMZ 일원의 훼손 가능성을 원천적으로 차단하기 위해 국가가 사유지를 매입하거나 법적인 절차를 거쳐 공유화하는 방법을 생각해볼 수 있지만 이는 예산이나 절차 면에서 현실적으로 불가능하며 일부 주요지역만을 국공유화하기도 어렵다. 따라서 현실적으로 실현 가능하고 효과적인 DMZ 일원의 토지문제 해결방식으로 내셔널트러스트운동(시민 주도의 토지공유화운동)을 생각해볼 수 있다.

내셔널트러스트(National Trust)는 정부와 국가가 아닌 시민이 주도하는 토지공유화이다. 한국에서도 이미 내셔널트러스트운동이 이루어진 사례가 다수 존재하며 관련 기관과 제도도 구축되어 있기 때문에 DMZ 일원에 대한 내셔널트러스트운동에 별다른 제약은 없다. 운동은 회원 확보 및 회비 납부, 모금 및 기부, 유산 기증, 직접 취득, 사용권 임대 등 다양한 방식으로 추

내셔널트러스트

내셔널트러스트는 우리말로 국민신탁이라고 하며 국민들의 자발적인 성금이나 기부를 통해 멸실 위기에 처한 자연 및 문화자산을 매입 혹은 확보한 후 영구히 보전해 미래세대에게 남기는 국민유산신탁운동이다. 내셔널트러스트운동은 1895년 영국에서 변호사 로버트 헌터(Robert Hunter), 사회활동가 옥타비아 힐(Octavia Hill), 목사 캐논 하드윅 론즐리(Canon Hardwicke Rawnsley) 3명이 '역사, 자연, 명승지를 위한 내셔널트러스트(National Trust for Places of Historic Interest and Natural Beauty)'를 설립하면서 시작되었고 이를 줄여 간단히 내셔널트러스트로 부르게 되었다. 영국 내셔널트러스트는 제2차 세계대전 후 산업혁명 당시 공장이나 운하를 산업기념물로 보전하고 해안선 매수계획인 '넵튠계획'을 추진하는 등 전국 토지의 2.7%와 300여 개의 역사적 건조물을 보유하고 있다.

국내에서는 '무등산공유화운동'을 계기로 알려지기 시작했으며 2000년 내셔널트러스트가 발족되어 강화도 초지리 매화마을군락지 보전사업과 강원도 정선 제장마을 토지 매입을 통한 동강보전사업 등을 추진했다. 2006년에는 「문화유산과자연환경자산에관한국민신탁법」 제정안이 통과되어 한국은 영국, 오스트레일리아에 이어 세계에서 3번째로 내셔널트러스트운동이 법적으로 보장되는 국가가 되었다.

자료: 박은진, 「민통선지역 생태계 훼손요인 및 영향 저감방안 연구」(경기개발연구원, 2011).

진할 수 있다. 내셔널트러스트를 전개하기 위해서는 우선 보전할 대상지와 내용에 대한 공감을 끌어낼 수 있도록 과학적 근거와 콘텐츠를 확보해야 한다. DMZ와 민통선지역 자체가 이미 일반인에게 공감을 얻을 수 있는 요소를 갖추고 있으나 전체적인 스토리텔링과 콘텐츠가 좀 더 구체적이고 명확해야 실질적인 프로그램을 구성하고 장기적으로 운영할 수 있을 것이다. 이러한 의미 아래 민통선지역에서 보전해야 할 서식처가 무엇이고 이 지역이 어떤 위협에 놓여 있는지를 파악하는 것이 매우 중요하다. 금개구리 등 멸종위기종이 서식하고 있는 것으로 알려진 둠벙과 산림습지로 분류된 신나무군락지처럼 민통선지역의 특징적 생태계 유형을 우선 대상지로 추진해볼 수 있을 것이다.[4]

---

4) 박은진, 「민통선지역 생태계 훼손요인 및 영향 저감방안 연구」(경기개발연구원, 2011).

내셔널트러스트운동의 성패를 결정하는 데는 시민들의 자발적인 참여 의사가 가장 중요하게 작용한다. 이전에 수행된 연구들에 따르면 DMZ 보전을 위해 1인당 5만 5,000원까지 지불할 용의가 있는 것으로 나타나 시민 참여에 의한 DMZ 자원보전운동의 활성화가 충분히 가능함을 보여주었다.[5] 더욱이 최근 들어 시민운동과 그 역할에 대한 인식이 높아지고 기부문화가 확산되는 등 시민의식이 성숙해지고 있으므로 지역기반의 시민단체와 민간이 주도하는 풀뿌리운동으로서 좀 더 실현 가능한 프로그램을 구체화할 경우 시민이 주도하는 기부금 모금과 토지공유화운동이 성공적으로 이루어질 수 있을 것이다.

(2) 기업의 문화지원사업 유도

최근 들어 기업의 사회적 책임이 강조되면서 기업의 이익을 사회로 다시 환원한다는 취지에서 '메세나(Mecenat)'라고 부르는 기부활동과 문화예술 후원사업이 활성화되고 있다. '메세나'는 문화·예술인들을 적극적으로 후원했던 고대 로마의 외교관 가이우스 마에케나스(Gaius Maecenas)의 이름에서 유래했으며 기업이 별다른 대가를 바라지 않고 문화예술을 지원함으로써 사회에 공헌하는 활동을 가리키는 일반적 용어이다. 즉, 순수한 의미에서의 메세나는 이타적인 목적에서 문화 및 사회 분야를 지원하는 것으로 어떠한 반대급부를 바라지 않고 수행하는 활동이지만 최근에는 기업들이 자사의 이미지를 제고하는 홍보수단으로도 적극 활용하고 있다. 한국에서는 1994년 (사)한국메세나협의회가 발족해 현재 200여 개의 기업 및 문화예술 단체가

---

5) 최성록·박은진, 「DMZ 일원 주요자원의 보전가치 추정 연구」(강원발전연구원·경기개발연구원, 2010).

〈그림 2.5.6〉 주요 기업들의 문화예술단체 후원현황

기업	예술단체	기업	예술단체
현대백화점	서울팝스오케스트라	LG화학	국악뮤지컬집단 타루
복음보청기	메이트리	현대백화점	한국페스티발앙상블
삼성문화재단	정농악회	CJ문화재단	서울발레시어터
LG생활건강	서울세계무용축제	한국토지공사	공명
한화	유라시안필하모닉 오케스트라	LG생활건강	서울국악관현악단
이건창호	아름지기	금호건설	설치극장 정미소
르노삼성자동차	국립극장	메리츠화재	메이트리
LG연암문화재단	극단 수박	SC제일은행	포엠
제일화재	세실극장	사라	한.태교류작가 展
삼성문화재단	댄스시어터 까두	한국토지공사	퍼니밴드
LG생활건강	서울시립교향악단	대한생명	웃는돌

자료: 한국메세나협의회 웹사이트.

회원사로 활동 중이다.6)

 DMZ 일원은 세계에서 찾아보기 힘든 냉전과 분단의 상처를 고스란히 간직한 상징적 공간이자 세계평화라는 전 인류적 가치를 추구한다는 점에서 기업들의 메세나 활동을 적극적으로 이끌어내기에 최적의 장소라고 할 수 있다. 최근 DMZ 일원에서 활발하게 개최되고 있는 DMZ 국제다큐멘터리영화제, DMZ 연천국제음악제, DMZ 국제드로잉비엔날레, 파주 포크페스티벌 등의 다양한 문화예술행사를 비롯해 소규모의 자발적 문화예술활동 모두가

6) 한국메세나협의회(www.mecenat.or.kr) 참조.

기업들의 문화지원 사업대상이 될 수 있을 것이다. 추진단체는 기업들의 자발적인 참여를 유도해 예산 제약에서 벗어나 좀 더 다양하고 창의적인 문화예술행사를 기획할 수 있을 뿐만 아니라 인지도 높은 기업들의 참여를 통해 일반 시민의 관심을 유도할 수 있을 것이다. DMZ 일원이 국내에 국한되지 않고 전 세계적으로 관심을 받고 있는 지역이라는 점에서 한국을 대표하는 기업들과 국내로 진출하려는 글로벌 기업들은 부가적으로 이미지를 제고할 수 있어 상생의 기회가 될 수도 있다. 다만 DMZ 지역이 평화와 환경 등 인류 보편적인 가치를 추구한다는 점에서 특정 기업의 과도한 후원과 그에 따른 지나친 광고가 이루어지지 않도록 적절한 가이드라인이 제시될 필요가 있다.

2) DMZ 관광마케팅 및 인력 양성이 중요하다
(1) DMZ 브랜드의 강화 및 온라인 공간 활성화

DMZ 일원은 냉전의 소산으로 상징화된 안보관광지이며 그간의 개발제한으로 생태관광 잠재력이 높은 세계적 생태계의 보고이지만 지역주민들은 규제 위주의 정책으로 불만이 팽배해 있으며 각종 개발행위로 인한 생태계의 훼손도 우려되고 있다. 따라서 그 잠재가치가 충분히 발휘되지 못하고 있는 'DMZ' 브랜드를 전 세계적인 관광브랜드로 발전시켜 지역경제 활성화를 유도하고 국가 이미지 제고에도 기여할 수 있다. 현재 추진 중인 유네스코생물권보전지역 지정은 그 자체만으로도 DMZ의 브랜드 가치를 높일 수 있는 좋은 기회이다. 이와 연계해 DMZ 일원의 대표자산을 발굴하고 주요 관광지 및 향토자산의 브랜드화 및 홍보 강화를 통해 각 지역의 정체성 및 브랜드 파워를 강화하는 노력 역시 같이 이루어질 필요가 있다. 또한 DMZ 의 역사와 가치를 잘 모르는 젊은 세대와 청소년의 관심을 유도할 수 있도록

〈그림 2.5.7〉 경기도 DMZ 웹사이트

경기도 DMZ 웹사이트 및 트위터 계정(@ggDMZ)을 통해 적극적으로 DMZ의
가치를 홍보하고 의견을 수렴하는 장으로 활용할 필요가 있다. 웹사이트와
트위터 이외에도 페이스북, 카카오톡 등 이미 활성화되어 있는 다양한 SNS
매체로 그 영역을 넓혀야 한다.

(2) 전문 DMZ 해설사 및 현장배우 등 인력 양성

DMZ 일원은 다양한 역사와 자연이 펼쳐진 다양성의 공간이기 때문에 관
광객들이 짧은 시간에 DMZ의 역사와 가치를 깨닫고 느끼는 것은 쉬운 일이
아니다. 특히 DMZ 일원이 고대에서부터 현대에 이르기까지 복잡한 역사를
품고 있기에 관광객들이 단순히 지역을 살펴보는 것만으로는 이해하기가
어려울 수 있으며 이로 인해 잘못된 역사적 사실과 가치가 확산될 수도 있
다. 따라서 지역관광 활성화의 토대인 관광수용 태세를 높이고 이야기가 살

아 있는 스토리텔링 식의 DMZ 관광을 정착시키기 위해서는 이를 지원할 수 있는 전문인력을 양성할 필요가 있다.

현재 한국에는 관광객을 대상으로 지역의 역사와 문화를 소개하는 문화관광해설사제도가 시행되고 있다. 이 제도는 2001년 한국 방문의 해와 2002년 한일월드컵 등의 대규모 행사를 맞이해 한국을 방문하는 외국인에게 한국의 문화와 전통, 자연·관광자원을 올바르게 이해시키고 외국인 관광객 유치를 증대하기 위해 도입되었다. 문화관광해설사는 대상지역에 대한 해박한 지식을 갖추고 관광객들에게 관광지 및 유적지에 대한 이해를 돕는 역할을 수행한다. 문화관광해설사로 활동하기 위해서는 소정의 교육과정을 거쳐야 하며 이 제도는 순수한 자원봉사 차원으로 운영되기 때문에 별도의 인건비가 지급되지 않는다. 다만 교통비와 식비를 감안해 1일 3만 5,000원 내외가 활동비로 지급된다. 문화관광해설사제도는 당초 문화유산을 중심으로 운용되어왔으나 최근에는 관광지, 생태·녹색관광, 농촌·산촌·어촌 체험관광 등 다양한 분야의 관광자원으로 확대되고 있다. 2009년 말 기준으로 전국에서 문화관광해설사 3,667명이 양성되었으며 이 중 2,426명이 실제 활동을 수행하고 있다. 경기도에도 문화관광해설사 460명이 활발하게 활동 중이다.[7)]

DMZ 해설사는 DMZ 일원의 역사와 문화, 자연을 알린다는 점에서 문화관광해설사제도 내에서도 운영 가능하며 별도로 DMZ 해설사 인증과 교육 절차를 개설하는 방안도 고려해볼 수 있다. 어떠한 방식으로 운영이 되건 기존의 말과 글을 통해 단순히 전달하는 해설에서 탈피해 보고 즐기고 소통하는 상호적 스토리텔링이 이루어질 수 있어야 한다. 이런 점에서 동화 속

---

7) 문화체육관광부, 「문화관광해설사 운영지침」(2010).

주인공들이 눈앞에서 동화의 내용을 펼쳐 보이는 디즈니랜드의 캐릭터들처럼 DMZ 해설사들이 현장에서 역사와 문화를 재현하는 현장배우로 활동하게 하는 입체적인 임무 수행방식도 필요할 것이다.

3) 네트워크 및 지역 커뮤니티의 역할을 강화해야 한다

(1) DMZ 지자체 간의 관광 거버넌스 구축

DMZ 일원은 3개 시도, 15개 시·군에 걸친 광범위한 지역이다. 즉, 이 지역에 대한 효과적인 관광정책 수립을 위해서는 특정 지역에 한정되지 않고 DMZ 일원을 아우르는 의견 수렴 및 계획 실행의 네트워크형 거버넌스 체계가 구축되어야 한다. 우선 경기북부 발전에 이해관계와 관심이 있는 현지 주민과 공무원, 전문가, 관광산업 종사자, 기업인 등이 지역에 애정을 지닌 출향 인사들과 긴밀히 협력해 지역발전과 관광역량 혁신을 추구하는 관광 네트워크 조직을 마련해야 한다. 이를 통해 지역의 혁신적 네트워크 활동모델을 구축하고 구체적 임무와 효과적 운영방안 등을 강구할 뿐만 아니라 관광인프라 혁신, 관광서비스 개선, 지역의 관광브랜드 파워 증강 등에 관한 논의 및 실천을 이루어야 한다. 또한 자원과 관광권역을 공유한 인접 시·군과 공동 마케팅 등의 연계협력을 강화해 실질적이고 다차원적인 실행체계를 구축해야 할 것이다. 나아가서는 경기도 내 지자체뿐만 아니라 강원도, 충청도, 인천 등 인접한 광역자치단체와 연계협력사업을 강화해 시너지 추구 및 국비 유치효과를 극대화할 수 있어야 한다.

다음으로는 정부 차원에서 다양한 정책과 업무가 관련되어 있는 DMZ 일원 관계기관협의회를 구성·운영함으로써 여러 관계기관에서 추진하는 DMZ 일원 업무의 협의·조정역할을 수행하고 국토환경성평가지도 등 관련 자료를 참조해 DMZ 일원의 보전과 이용에 참고할 수 있는 가이드라인을 마련해야 한다. 이와 함께 DMZ 관련 학계, 연구기관, 민간단체, 주민대표 등 민간위주의 'DMZ 포럼'을 구성·운영해 DMZ 내 생태계 보전과 이용, 개발사업, 생태관광, 대북협력방안 등 장기적이고 거시적인 발전방안에 대한 논의의 장을 마련할 필요가 있다. DMZ 포럼을 통해 국제회의와 국제협력사업도 적극적으로 추진할 뿐만 아니라 통일을 대비한 경기북부의 발전전략 및 정책을 수립해야 한다.

(2) 지역공동체사업을 통한 주민역량 강화

DMZ 일원의 관광개발이 지속가능성(sustainability)을 확보하려면 주민이 참여주체가 되는 관광지가 될 수 있도록 발판을 마련해야 한다. 마을주민이 지역관광개발에 참여할 수 있는 기회를 확대한다면 주민들의 큰 애착하에 매력적이고 지속적인 지역관광발전이 이루어질 가능성이 크다. 이를 위해서는 지역주민이 지역발전의 주체가 되어 지역 내 잠재자원을 기반으로 지역에 이익을 환원하는 지속가능 사업모델인 커뮤니티 비즈니스(community business)를 유도해야 한다.

커뮤니티 비즈니스

커뮤니티 비즈니스는 지역주민이 주체인 지역사업으로 주민 스스로가 지역의 사회적·경제적·환경적 어려움을 해결하고 삶의 질을 높이기 위해 활동한다. 주민이 주체인 지역 밀착형 비즈니스이며 적정 규모의 이익을 추구한다는 점에서 영리 추구와 자원봉사의 중간적 위치이다. 사업은 특정 분야에 한정되지 않으며 복지, 환경, 관광, 식품 가공, 마을 만들기, 상가 활성화, 전통 공예, 지역 금융, 안전 등 다양한 분야를 포괄한다. 커뮤니티 비즈니스가 '사회적 상호부조'라는 목적을 공유한다는 점에서 사회적 기업(social enterprise)의 일종으로도 볼 수 있지만 지역공동체 기반, 지역 자원 활용, 주민 참여, 지역문제 해결 등의 측면에서 형태적으로는 사회적 기업과 완전히 일치하는 것은 아니다. 즉, 「사회적기업육성법」에 따른 인증범위 이외에도 다양한 커뮤니티 비즈니스가 가능하다.

자료: 박은진, 「생태계보호지역의 커뮤니티 비즈니스 도입 및 활성화 방안」, ≪Policy Brief≫ 42(2010), 경기개발연구원.

DMZ 브랜드 마을 육성

행정안전부에서 추진하는 지방브랜드 세계화사업(2012년 5개소) 중 하나로 경기도 DMZ 브랜드
가 선정되었다. 경기도는 행정안전부로부터 특별교부세 7억 원을 받아 'DMZ 이미지 개선사업'과
'DMZ 브랜드 마을 육성사업'을 추진할 예정이다. DMZ 이미지 개선사업은 파주시에 소재한 임진
각에 외국인을 위한 DMZ 종합홍보관을 설치하는 것이며 DMZ 브랜드 마을 육성사업은 DMZ 일
원에 산재한 마을 중 1개 마을을 선정하고 홍보체험관과 생태체험 프로그램을 제공해 세계적인
브랜드 마을로 자립할 수 있도록 지원하는 사업이다.

자료: 경기도 보도자료, 「도, DMZ 사업 행안부에서 7억 원 지원받아」(2012.4.16).

커뮤니티 비즈니스의 활성화는 지역주민이 핵심 추진주체로 활동할 수
있도록 관련 기관에서 관광·환경·마케팅교육 등을 통해 마을 리더의 육성
을 적극적으로 지원하고 이렇게 육성된 마을 리더가 중심이 되어 커뮤니티
비즈니스 센터를 설립하고 단체를 구성하는 방식의 추진방안이 바람직하
다. 1촌 1커뮤니티 비즈니스가 확립될 수 있도록 공모사업과 컨설팅 등 제
반사항을 제도적으로 지원하고 커뮤니티 비즈니스 센터를 중심으로 관광,
유기농업, 생태보호활동 등 다양한 비즈니스 사업을 지속적으로 개척할 수
있도록 추진한다.

4) 활성화를 위한 제도적 기반이 조성되어야 한다

(1) DMZ 관광특구 지정

관광특구는 1993년 외국인 관광객 유치를 위해 관광시설이 밀집된 지역
의 야간영업시간 제한을 없애는 등 관광활동을 촉진하고자 「관광진흥법」에
따라 도입된 제도이다. 제도 도입 당시에는 관광특구에 대한 야간영업시간
제한 완화가 가장 큰 혜택이었지만 1999년 야간영업시간 제한이 전국적으
로 자율화되면서 특구 지정의 혜택이 유명무실해져 이후부터는 관광진흥개
발기금의 보조 또는 융자를 중심으로 제도가 운영되고 있다. 2004년부터는

<표 2.5.7> 관광특구 지정현황

(단위: km²)

시도	특구명	지정지역	면적	지정시기
서울(4)	명동·남대문·북창	중구 소공동, 회현동, 명동 일원	0.63	2000.3
	이태원	용산구 이태원동 , 한남동 일원	0.38	1997.9
	동대문패션타운	중구 광희동, 을지로 일원	0.58	2002.5
	종로·청계	종로구 종로 1~6가, 서린동 일원	0.54	2006.3
부산(2)	해운대	해운대구 우동, 중동, 송정동 일원	6.22	1994.8
	용두산·자갈치	중구 부평동, 광복동, 남포동 일원	1.08	2008.5
인천(1)	월미	중구 신포동, 연안동, 신흥동 일원	3.00	2001.6
대전(1)	유성	유성구 봉명동, 구암동, 장대동 일원	5.86	1994.8
경기(2)	동두천	동두천시 중앙동, 보산동, 소요동 일원	0.39	1997.1
	평택 송탄	평택시 서정동, 신장동, 지산동 일원	0.49	1997.5
강원(2)	설악	속초시, 고성권 및 양양군 일부 지역	138.10	1994.8
	대관령	강릉, 동해, 평창, 횡성 일원	1,324.28	1997.1
충북(3)	수안보온천	충주시 수안보면 온천리 일원	9.22	1997.1
	속리산	보은군 내속리면 일원	43.75	1997.1
	단양	단양군 단양읍, 매포읍 일원	4.45	2005.12
충남(2)	아산온천	아산시 음봉면 신수리 일원	0.84	1997.1
	보령해수욕장	보령시 신흑동, 웅천읍 일원	2.52	1997.1
전북(2)	무주구천동	무주군 설천면, 무풍면 일원	7.61	1997.1
	정읍 내장산	정읍시 내장지구, 용산지구	3.50	1997.1
전남(2)	구례	구례군 토지면, 마산면 일원	78.02	1997.1
	목포	북항, 유달산, 원도심, 갓바위 일원	68.94	2007.9
경북(3)	경주	경주시내지구, 보문지구, 불국지구	32.65	1994.8
	백암온천	울진군 온정면 소태리 일원	1.74	1997.1
	문경	문경시 문경읍, 마성면, 가은읍 일원	1.85	2010.1
경남(2)	부곡온천	창녕군 부곡면 일원	4.82	1997.1
	미륵도	통영시 미수동, 봉평동, 산양읍 일원	32.90	1997.1
제주(1)	제주도	제주도 전역	1,809.56	1994.8
총 27개 관광특구			3,583.92	

자료: 문화체육관광부, 「2010년 기준 관광동향에 관한 연차보고서」(2011).

관광특구의 지정권한이 문화체육관광부장관에서 시·도지사로 이양되면서 국가 및 지방자치단체의 지원근거가 마련되기도 했다. 관광특구로 지정되기 위해서는 문화체육관광부령이 정하는 상가·숙박·공공편익시설, 휴양·오락시설 등의 요건을 갖추고 외국인 관광객 수요를 충족시켜야 하며 최근 1년간 외국인 관광객이 10만 명(서울특별시는 50만 명이다) 이상이어야 하며 임야·농지 등 관광활동과 관련이 없는 토지가 특구 전체면적의 10%를 초과하지 않아야 한다. 현재까지 지정된 관광특구는 1994년 제주도, 해운대, 경주 등 5개 지역을 시작으로 총 27곳이다.[8]

DMZ 관광특구 지정은 DMZ 일원에서 가장 부족한 관광기반시설 중 하나인 대규모 숙박시설과 편의시설이 들어서는 거점으로 기능할 수 있을 뿐만 아니라 대중관광지로서 DMZ에 대한 이미지를 형성하는 데도 도움이 될 수 있을 것으로 기대된다.

(2) DMZ·임진강문화권 지정을 통한 규제완화

DMZ 일원은 다양한 규제가 중첩되는 지역이다. 기본적으로 대부분 지역이 군사시설보호구역, 상수원보호구역, 농림지역 등 복수의 규제지역으로 묶여 있으며 여기에 추가적으로 수도권지역에 포함되어 「수도권정비계획법」에 따른 규제도 받고 있기 때문에 대규모의 개발행위를 추진하기가 매우 어려운 실정이다. DMZ 일원은 행정구역상 경기도에 속해 수도권으로 분류되기는 하지만 각종 규제로 타 지역에 비해 오히려 열악한 여건에 처해 있다는 점에서 수도권 규제지역에서 제외하는 방안을 추진 가능하다. DMZ 일원이 수도권 범위에서 제외되면 개발촉진지구 지정을 통한 국비 지원, 골프

---

8) 문화체육관광부, 「2010년 기준 관광동향에 관한 연차보고서」 (2011).

문화관광형 특정 지역 지정사례: 내포문화권

내포문화권은 충청남도 서북부 가야산 주변 지역으로 서산마애삼존불, 보원사지 등 불교문화의 전래와 관련된 유적과 솔뫼성지(김대건 신부 탄생지), 해미순교지 등 많은 역사유적을 보유하고 있고 보부상을 중심으로 한 전통상업 등 서민문화의 전승지역이자 서해안의 천혜의 아름다운 자연경관을 품은 지역이다. 2004년 특정 지역으로 지정되었으며 충남 서산시, 보령시, 홍성군, 예산군, 태안군, 당진군 등 2개시 4개군에 걸친 955km² 규모이다. 2005~2014년 10년간 사업이 시행되며 총 사업비는 국비 4,502억 원, 지방비 5,258억 원 등 총 1조 505억 원이다. 주요계획으로는 박첨지놀이전수관 등 정신문화 창달사업 4개, 가야산 유적지 주변 정비 등 문화유적 정비사업 30개, 간월호 관광지 조성사업 등 관광·휴양지 조성사업 5개, 가야산순환도로 등 기반시설 확충사업 7개 등의 4개 분야 46개 사업이 추진되고 있다. 내포문화권은 특정 지역 지정을 통해 생산유발효과 2조 907억 원, 일자리 창출 1.8만 명 등의 경제적 파급효과가 기대되며 이로써 지역의 관광수입이 2배 증가할 것으로 예상된다.

자료: 황금회 외, 「경기북부지역 발전을 위한 특정지역 도입방안 연구」(경기개발연구원, 2011).

장 이용자 개별소비세 및 체육진흥기금 면제, 입지보조금 등의 국비 지원, 전통술 제조 비과세 등의 각종 규제대상에서 제외되는 혜택을 받을 수 있어 DMZ 관광에 유리한 여건을 조성할 수 있다.

DMZ 일원의 관광인프라 발전기반을 구축할 수 있는 또 다른 방안으로 DMZ 일원에 대한 '특정 지역' 지정을 들 수 있다. 특정 지역은 「지역균형개발 및지방중소기업육성에관한법률」을 근거로 지역의 역사·문화·경관자원 진흥 및 특정산업 육성 등 국토의 균형적인 발전을 목적으로 도입된 제도이다. 특정 지역은 문화관광형, 산업전환형, 특수입지형으로 구분되며 이 중 문화관광형 특정 지역은 역사·문화유산의 보전, 정비 또는 관광자원의 개발 필요지역을 대상으로 지정된다. 특정 지역으로 지정될 경우 도시관리계획의 결정, 개발행위의 허가, 관광지 및 관광단지의 지정, 사업 시행의 허가 등 각종 인허가 의제 처리가 가능해 행정절차가 간소화될 수 있다. 이는 군사시설보호지역 등 개발 규제가 많은 DMZ 일원에서 대규모 투자를 통한 관광거점의 조성과 관광활성화로 DMZ 일원이 세계적인 문화관광지로 발전하는 데 크게 기여할 수 있는 부분이다.

　문화관광형 특정 지역으로 지정되기 위해서는 지역의 역사성과 동질성을 바탕으로 지역개발의 파급효과와 추진 효율성이 담보되어야 한다. DMZ 일원은 삼국시대부터 지리적·문화적 요인으로 한반도 주요세력의 충돌지점이자 각축장이었고 천 년 역사를 지닌 경기제 등 기호유교 문화권으로서의 동질성을 보유하고 있으며 현재는 남북접경지역이라는 독특한 특성을 포함하고 있기도 하다. 또한 경기북부지역은 낙후지역임에도 각종 개발 규제를 적용받고 있어 특정 지역 지정을 통해 체계적인 개발이 이루어질 경우 큰 파급효과를 기대할 수 있으며 이 지역이 특정 지역으로 지정될 경우 고구려 및 임진강 유역 관련 발굴 및 보존 등 다양한 남북공동협력사업도 추진 가능할 것이다.[9]

---

9) 황금회 외, 「경기북부지역 발전을 위한 특정 지역 도입방안 연구」(경기개발연구원, 2011).

chapter 06

DMZ의 가치와 지역의 지속가능발전

1. DMZ의 미래와 자원가치

1) DMZ의 미래

　DMZ는 군사충돌을 막는 완충지대로 만들어졌기 때문에 DMZ와 그 주변 지역은 안보가 최우선시되고 극도의 군사적 긴장이 맴돈다. 그럼에도 DMZ의 미래를 바라보는 남북의 시각과 입장에는 큰 차이가 있다. 남한의 경우 DMZ를 보전하고 활용해 통일 이후에도 상징성 있는 공간으로 만들어야 한다는 입장이고 북한의 경우는 DMZ를 하루빨리 없어져야 할 대상으로 보고 있다. 이러한 양측의 입장 대립을 볼 때 남북관계가 개선될 때까지, 아니 개선되더라도 평화협정 체결과 같은 정치적·군사적 변화가 선행되지 않는 한 남북이 함께 DMZ의 현재 위상을 전격적으로 변화시킬 수는 없을 것이다. 그동안 간간이 남한에서 제기되어왔던 남북이 공동으로 추진하는 DMZ 평화공원 설립이나 DMZ 세계유산 등재는 남북관계 개선의 결과로서만 가능할 것이다.

<그림 2.6.1> 남북관계 주요사건과 DMZ 일원의 보전 및 활용 논의

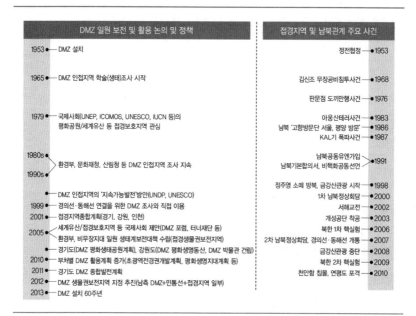

DMZ 일원 보전 및 활용 논의 및 정책	접경지역 및 남북관계 주요 사건
1953 ─ DMZ 설치	정전협정 ● 1953
1965 ● ─ DMZ 인접지역 학술(생태)조사 시작	김신조 무장공비침투사건 ─ ● 1968
	판문점 도끼만행사건 ─ ● 1976
1979 ● ─ 국제사회(UNEP, ICOMOS, UNESCO, IUCN 등)의 평화공원/세계유산 등 접경보호지역 관심	아웅산테러사건 ─ ● 1983
	남북 '고향방문단 서울, 평양 방문' ─ ● 1986
	KAL기 폭파사건 ─ ● 1987
1980s ─ 환경부, 문화재청, 산림청 등 DMZ 인접지역 조사 지속	남북공동유엔가입 남북기본합의서, 비핵화공동선언 ● 1991
1990s	
● ─ DMZ 인접지역의 '지속가능발전'방안(UNDP, UNESCO)	정주영 소떼 방북, 금강산관광 시작 ● 1998
1999 ● ─ 경의선·동해선 연결을 위한 DMZ 조사와 직접 이용	1차 남북정상회담 ● 2000
2001 ● ─ 접경지역종합계획(경기, 강원, 인천)	서해교전 ● 2002
2005 ● ─ 세계유산/접경보호지역 등 국제사회 제안(DMZ 포럼, 터너재단 등)	개성공단 착공 ● 2003
● ─ 환경부, 비무장지대 일원 생태계보전대책 수립(접경생물권보전지역)	북한 1차 핵실험 ● 2006
● ─ 경기도(DMZ 평화생태공원계획), 강원도(DMZ 평화생명동산, DMZ 박물관 건립)	2차 남북정상회담, 경의선·동해선 개통 ● 2007
2010 ● ─ 부처별 DMZ 활용계획 증가(초광역전경권개발계획, 평화생명지대계획 등)	금강산관광 중단 ● 2008
2011 ● ─ 경기도 DMZ 종합발전계획	북한 2차 핵실험 ● 2009
2012 ● ─ DMZ 생물권보전지역 지정 추진(남측 DMZ+민통선+접경지역 일부)	천안함 침몰, 연평도 포격 ● 2010
2013 ● ─ DMZ 설치 60주년	

이렇게 상황이 명백한 데도 남한에서 꾸준히 DMZ 보전과 활용을 논하는 이유는 무엇일까? DMZ가 만들어진 후 약 60년 동안 여러 가지 사건으로 남북관계의 악화 및 개선상황이 반복되는 가운데 남한에서는 계속해서 DMZ 일원의 보전과 활용을 위한 논의가 이어지고 있다(〈그림 2.6.1〉 참조). 그것은 남북관계가 경색되고 나빠질수록 이를 극복할 수 있는 희망을 DMZ를 통해 찾고 싶기 때문일 수도 있다. 과정이야 어찌되었던 그것이 가능하든 불가능하든 세상에서 가장 무섭고 첨예한 냉전의 현장이 생명과 평화의 공간으로 재탄생할 수 있다는 상상은 사람들을 흥분시키기에 충분하다. 이러한 상상은 현실을 외면하고 과정을 생략한 채 극적인 결과물의 레토릭을 만든다. DMZ의 비극적인 현재와는 다른 극적인 미래를 상상하며 DMZ의 보전과 활

용을 논의하는 사람들은 곧바로 벽에 부딪친다. 그 상상이 극적이면 극적일수록 한 발짝도 앞으로 나아갈 수가 없다는 것을 곧 깨닫는다.

2) 미래로 가는 과정의 중요성과 의미

사람들이 주목하는 것은 DMZ를 통한 남북의 화해와 평화이다. 남북분단의 상징이 화해와 평화의 상징으로 바뀌는 극적인 순간이 하루아침에 올 수 없다는 것을 이해한다면 그러한 순간에 이르기 위한 과정에 대해 고민해야 할 것이다. 그런 작은 발걸음이 어떻게 만들어져야 하는지 어떻게 거기까지 도달해갈지 그 과정에 의미를 부여하고 준비해야만 뜻있는 결과가 만들어질 수 있다.

최근 DMZ의 보전 및 활용 논의를 보면 이러한 논리가 어느 정도 반영되어 나타나는 것으로 보인다. 남북관계의 경색 또는 화해 정도에 따라 실제로 실현 가능한 DMZ 일원의 보전·활용내용은 달라질 것이다. 남북화해의 분위기가 고조될 경우 비정치적 남북협력의 대상으로서 DMZ를 평화공원으로 지정해 직접 활용하거나 다소 소극적으로는 DMZ와 주변 지역의 생태자원이 협력대상이 될 수도 있을 것이다. 이러한 관심과 활용은 모두 현재 DMZ에서의 대치상황에 새로운 변화를 주는 것이다. 반면 남북의 단절과 경색국면이 지속될수록 DMZ의 대치상황은 최고조에 달해 냉전 역사성과 상징성이 더 주목받게 되며 접근 가능한 정책범위로서 접경지역 발전에 대한 논의와 계획이 현실적인 측면으로 집중된다.

남한에서 DMZ 관련한 초기 논의와 계획은 주로 남북교류협력과 한반도 평화 증진을 위한 활용방안이었다. 국제기구나 국제단체가 북한에 DMZ의 국제평화자연공원 조성, 세계유산 등재 같은 제안을 하면서 지속적으로 관심을 집중시켰고 한국 정부는 1992년 발효된 남북합의서에 의거해 DMZ의

<그림 2.6.2> 남북관계 변화에 따른 DMZ 활용 논의의 변화

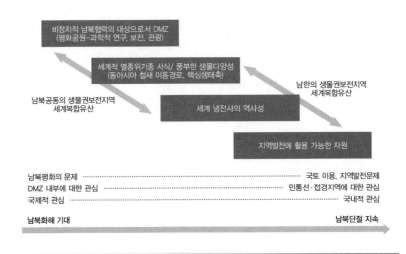

공동생태조사, 접경생물권보전지역 지정 등을 시도했으나 북한의 무반응이나 거절로 진전을 거두지 못했다. 북한은 개성공단, 금강산관광처럼 경제적 이익과 지원을 받을 수 있는 사안에 대해서만 DMZ 내에 통과로를 허용하고 군사적 긴장은 그대로 유지했다. 북한의 입장에서는 통일이 되기 전까지 체제 유지가 중요하므로 군사력을 약화시키는 DMZ의 전면 개방과 직접 이용을 허용하지 않을 것으로 보인다. 따라서 어떤 형태로든 정치적 변화가 먼저 일어나서 그 결과가 DMZ에 영향을 주어야 DMZ의 위상 변화를 요구할 수 있을 것이다.

남북단절이 지속되면서 논의의 무게중심은 지역발전에 활용 가능한 자원으로서의 DMZ로 확장되었다. 강한 대립상황으로 DMZ에 대한 관심과 상징성이 커지고 관광 등을 통한 지역 활성화의 중요한 요소로서 DMZ를 활용하고자 하는 요구도 높아졌다. 이는 현실적으로 가능한 작은 단계의 점진적

발전을 시도하는 것이라고 볼 수 있다. 지역주민의 참여역량을 높이고 DMZ 와 직간접적으로 연결된 자원을 발굴해 보전하고 활용함으로써 DMZ 일원의 지속가능발전 토대를 쌓는 것은 당장 DMZ의 극적인 변화는 아니지만 미래 DMZ의 보전가치를 더욱 높이고 상상을 현실로 만들어나가는 과정 중 하나이다.

3) DMZ 자원의 유형과 가치요소

DMZ는 세계에서 마지막 남은 동서냉전체제의 유물로서 전쟁과 대치의 흔적이 그대로 남아 있는 거대한 역사박물관이다. DMZ가 설치된 후 60여 년 동안 자연이 전쟁의 폐허를 스스로 치유하고 다양한 생물의 서식공간으로 재탄생시킨 곳, 남북 대치상황 아래 군사유적이 고스란히 살아 있는 곳이다. DMZ는 과거형이 아니라 현재진행형이고 미래를 위한 준비가 필요한 공간이기에 미래의 가치요소를 현시점에서 분석해야 한다.

DMZ의 공간과 대치상황을 한눈에 보여주는 이중, 삼중의 철책선과 경계초소들은 DMZ 내의 지형과 경관, 생태계와 어우러져 단번에 그것이 내포하고 있는 역사에 흥미를 자아내고 기대감을 불러일으킨다. 이러한 흥미로운 경관은 곳곳에 얽혀 있는 전쟁의 기록과 다양한 생물 서식공간으로서의 해석, 그리고 DMZ 밖에 살고 있는 또는 살았던 군인과 주민들의 삶에 대한 이야기와 함께 더욱 흥미진진해진다. 이러한 점에서 냉전역사의 살아 있는 박물관이라고 하는 DMZ의 가치요소는 단순하게 철책과 초소 같은 전쟁·군사유적으로부터 비롯되는 것이 아니다. 천이과정을 거치고 있는 생태계의 회복과 그 속에 살아가고 있는 생물들, 군사대치 상황에 따라 지금도 지속되고 있는 생태적 교란과 이에 대한 반응이 포함된다. 또한 통제와 규제 속에서 독특한 생활문화를 만들어가고 있는 민통선지역의 사람들과 군인들의 생활

〈표 2.6.1〉 DMZ 자원의 유형 및 기능

자원유형		자원요소	자원예시	기능 및 가치
생태·환경 자원	생물종 수준	·생물다양성 ·멸종위기종 ·희귀종	DMZ 내 모든 생물종: 두루미, 저어새, 산양 등	·생태계 안정성과 회복력 ·잠재 유전자원 확보 ·생태교육 및 관광
	생태계 수준	·특정 서식처 ·산림/토양 ·습지	·대암산 용늪, 향로봉, 한강하 구습지 ·DMZ 전체 공간 내의 산림과 토양 ·하천배후습지, 둠벙	·생물다양성 확보 ·생태교육 및 관광/휴양 ·이산화탄소 흡수원 ·홍수 조절
	경관 수준	·서식처 연결성 ·특이경관/지질	·DMZ 공간 전체 ·수변경관, 주상절리, 산림경관	·생태이동 통로 ·휴양 및 관광, 교육
역사·문화자원		역사·문화유적	선사유적, 왕릉, 산성 등 사적 및 문화재, 나루터	·역사정체성 ·교육 및 관광
		분단의 사회문화	마을, 군부대/시설	·문화정체성 및 다양성 ·교육 및 관광
전적·안보자원		전쟁유물 및 흔적	전쟁터와 기록, 판문점, 경의선 기관차, 철도 종단점, 자유의 다리, DMZ 자체	교육 및 관광
		분단의 상징물	DMZ 자체, 전망대, 땅굴, 도라 산역	교육 및 관광

자료: 최성록·박은진, 『DMZ 일원 주요 자원의 보전가치 추정 연구』(강원발전연구원·경기개발연구원, 2010).

이 무형의 가치요소에 포함된다.

DMZ의 자원을 유형화하고 그 특성을 분석하는 것은 불특정 다수에게 공공재로서 효용을 지닌 'DMZ의 가치요소'를 찾는 작업이다. 이는 DMZ의 가치를 '인간 중심으로 해석한 DMZ의 존재 이유와 그 기능'이라고 정의할 수 있으며 이러한 가치의 구체적 내용을 제공해주는 것이 'DMZ의 자원'이다. 따라서 DMZ의 독특한 자원을 잘 파악하고 발굴해냄으로써 DMZ의 이용방향을 설정할 수 있고 반대로 DMZ에 대한 활용 요구와 정책 합의에 따라 어떠한 자원을 발굴하고 보전할지 결정할 수도 있다.

DMZ의 미래가치와 기능을 객관적으로 파악하고 상대적으로 희소성과 활용성이 높은 자원을 발굴해 보전하는 정책방향을 정립하는 것이 필요하

자원유형		자원요소	종합요약
생태·환경 자원	생물종 수준	생물다양성	식물 2,451종, 포유류 45종, 조류 260종, 양서·파충류 31종, 어류 143종으로 총 2,930종 생물 서식
		멸종위기종	·식물 14종, 포유류 11종, 조류 41종, 양서·파충류 5종, 어류 11종으로 총 82종 서식 ·포유류 6종, 조류 31종, 어류 2종 서식(천연기념물)
		희귀종	식물 95종, 어류 2종 서식
	생태계 수준	특정 서식처	천연기념물 12개소(천연보호구역 3개소 포함), 산림유전자원보호림 7개소, 습지보호지역 1개소, 생태경관보전지역 2개소
		산림/토양	DMZ 일원의 산림과 토양환경
		습지	습지 31개소
	경관 수준	서식처 연결성	동서생태축을 형성하는 DMZ 공간
		특이경관/지질	수변, 습지, 산림경관과 주상절리
역사·문화자원		역사문화유적	국가지정문화재 43점, 시도지정문화재 및 비지정문화재 21점
		분단사회문화	민통선마을 10개소, 군대문화, 군부대시설 등
전적·안보자원		전쟁유물 및 분단의 상징물	판문점, 죽음의 다리, 자유의 다리, 경의선 기관차, 경의선 교량교각, 장단면사무소, (구)장단역지, 자유의 집, 금강산 전기철도 교량, 신탄리 역사, 장군나루 교각, 리비교, 돌아오지 않는 다리, 땅굴/침투로, 전망대/관측소, 기념비, 임진각 일대 평화의 상징 등

자료: 최성록·박은진, 『DMZ 일원 주요 자원의 보전가치 추정 연구』(강원발전연구원·경기개발연구원, 2010).

다. DMZ의 기능과 그 기능을 제공하는 자원요소에는 상호연결성이 있어 분석적으로 나열하기 어려운 측면이 있으나 편의상 DMZ 자원을 '생태·환경자원', '역사·문화자원', '전적·안보자원'으로 구분할 수 있다.

　생태·환경자원은 생물종, 생태계, 경관수준에서 자원요소를 파악할 수 있으며 자원요소들의 기능이 상호복합적으로 연결되며 생태계의 안정성과 회복력 확보, 생물유전자원 확보, 생태교육과 관광, 이산화탄소 흡수, 홍수조절 등의 기능이 있다. 역사·문화자원은 시대적 흐름에 따른 유적과 기록물, 문화자원요소 등으로 나눌 수 있으며 역사정체성과 문화정체성 및 다양성, 교육·관광기능을 제공한다. 전적·안보자원은 물리적 전쟁의 유물과 흔적, 전쟁 이후 분단상황에서 만들어진 상징물들로 구분되며 교육과 관광요소를 제공한다. 한편 DMZ와 주변 지역에 포함되어 있는 다양한 자원요소를 분석적으로 구분·해석하고는 있지만 DMZ는 그 자체가 하나의 자원으로서 서식처 연결, 이산화탄소 흡수원, 특이경관, 전쟁의 유물과 흔적 등 자원요소를 복합적으로 지니고 있다고 해석하는 것이 더 바람직하다.

2. DMZ 보전과 활용의 주체

1) 가장 직접적인 이해 당사자는 지역주민이다

DMZ와 관련한 많은 계획은 한반도 평화 정착과 지역발전 도모를 목표로 그 상징성을 강화하고 DMZ 인접지역에 관광거점을 조성하거나 많은 방문객이 참여할 수 있는 프로그램 또는 이벤트 제작을 주요내용으로 하고 있다. 거점시설과 프로그램의 운영은 대부분 방문객 중심으로 계획되어 실제 지역발전이나 지역공동체와 어떠한 연계가 있는지는 불분명하다.

DMZ의 자원가치와 상징성을 활용한 지역발전이 무엇을 의미하는지는 좀 더 명확해질 필요가 있다. 오랜 시간 군사시설보호구역의 규제로 개발에서 소외되어 재산권 피해를 입었다고 믿는 주민들이 요구하는 지역발전이란 도로 건설과 택지 개발 등을 의미하는 것일 가능성이 높다. 그러나 이것은 DMZ의 가치와 상징성을 활용한 지역발전과는 상관이 없고 오히려 DMZ의 자원가치를 훼손시킬 가능성이 높다. 따라서 DMZ의 자원가치와 상징성을 높이는 것만큼 중요한 것은 이로부터 지역주민들이 실제로 얻을 수 있는 이익을 구체화하는 것이다. 지역주민이 DMZ 자원 보전과 활용의 직접적인

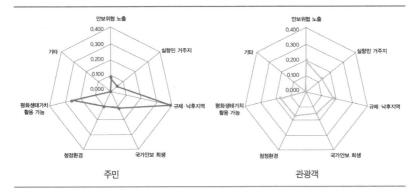

이해 당사자이므로 이들이 주도적 주체로서 참여할 때 DMZ의 자원가치와 상징성을 활용한 지역발전이 가능하다. 이것은 자원 보전과 지역 발전의 동시 추구를 의미하는 것이기도 하다.

주민과 관광객을 대상으로 실시한 DMZ 일원의 마을에 대한 인식 조사는 현재 지역주민들의 상대적 인식과 기대를 보여준다. 주민들은 자신이 거주하는 곳이 규제낙후지역이라는 인식과 함께 다른 한편으로 평화생태가치를 활용할 수 있는 곳이라는 기대를 품고 있다. 이는 지역주민들이 DMZ 보전과 활용의 주체로서 중요한 역할을 주도해야 한다는 의미이다.

DMZ 인접지역에는 주민들이 거주하는 여러 마을이 분포한다. DMZ 내에 대성동 자유의 마을, 민통선지역에 통일촌, 해마루촌 등이 있으며 DMZ 평화누리길을 따라서도 마을 58개가 분포하고 있다.

지역주민들이 거주하는 이 마을들을 중심으로 마을 만들기 사업, 체험관광, 커뮤니티 비즈니스 등을 활성화함으로써 주민의 참여와 공동체 형성, 자원 및 거점과 마을의 연계를 이루는 것이 중요하다.

2) 지역주민의 참여와 역량 강화를 위한 교육이 선행되어야 한다

DMZ의 자원을 발굴하고 인식을 증진시키기 위해서는 DMZ의 생태환경과 역사문화에 대한 지속적인 모니터링과 교육기반을 조성하고 지속가능한 이용 토대를 마련하는 것이 중요하다. 이러한 모니터링과 교육을 통한 자원 발굴 및 인식은 통일 이후의 시점으로 미룰 것이 아니라 지금부터 그 기반을 조성하고 준비해나가야 한다. 특히 지역수준의 이해와 협력, 그리고 인식 증진을 위한 노력이 강조된다.

DMZ 자원에 대한 보전과 지속가능한 이용을 위해서는 지속적인 자원의 가치 발굴과 인식을 기초로 한다는 의미에서 연구와 교육의 중요성이 강조되며 DMZ 자원의 보전과 이용이 지역주민에게도 지속적인 이익을 줄 수 있어야 하므로 지역에서 이를 받아들이고 인식해 활용할 수 있는 방안과 프로그램을 찾아낼 수 있도록 기반 조성이 요구된다.

3. DMZ 생물권보전지역 선정

1) 보전·개발·지원이 상호연결되어 일어나는 생물권보전지역

생물권보전지역(Biosphere Reserve: BR)은 UNESCO의 '인간과 생물권계획 프로그램(Man and the Biosphere Programme: MAB)'에 의해 생물다양성 보전과 지역발전을 연계시키기 위해 창안되었다. 1976년부터 지정되기 시작했으며 2012년 6월 기준으로 2개 이상 국가에 걸쳐 지정되는 접경생물권지역 7개소를 포함해 총 114개국 580개소의 생물권보전지역이 지정되어 있다. 대부분의 경우 이미 국내법에 의해 보호받고 있는 지역이 선정되며 생태자원의 보전과 지역개발을 동시에 추구하는 생물권보전지역의 개념과 구체적 방법론 및 조직체계는 성공사례의 발전과 함께 그 관심과 역할이 점점 커져가고 있다. 한반도에는 남한 4개소(설악산, 제주도, 신안 다도해, 광릉숲), 북한 3개소(백두산, 구월산, 묘향산) 등 총 7개소 생물권보전지역이 지정되어 있으며 남한의 DMZ와 인접지역에 대해서 생물권보전지역 지정이 추진 중이다.

생물권보전지역은 보전·개발·지원 3가지 기능을 충족하기 위한 조직과 제도 및 프로그램을 추구하고 있고 그중 개발에서 중요한 요소 중 하나가 생태관광이다. 물론 생태관광은 지역산업을 촉진하고 공동체 연대를 강화하는 다른 개발 프로그램과의 연계성이 강해야 하며 보전·지원기능과도 밀접하게 연결되어야 한다.

유네스코세계유산의 경우 세계적 유산으로서 탁월하고 진정성 있는 가치의 중요성 기준이 까다롭고 등재가 어려운 데 비해 생물권보전지역의 경우는 생물다양성 보전의 중요성과 함께 지역의 이용과 발전 측면을 매우 강조하는 융통성 있는 프로그램이다. 핵심·완충·전이지역으로 구분해 보전과 이용을 위한 다양한 관리 프로그램을 도입하도록 되어 있다. 특히 완충지역과 전이지역에서의 상호작용과 활동을 촉진함으로써 간접적·결과적으로 핵심지역의 보호에 긍정적인 영향을 미치기 위해 생물권보전지역을 지정하고 활용하는 것으로 이해해야 한다. 대부분은 이미 기존에 법적인 보호를 받고 있는 보호지역을 핵심지역으로 하고 그 주변 지역을 완충·전이지역으로 삼아 생물권보전지역을 지정하며 완충지역과 전이지역에서 지속가능발전 프로그램을 촉진하는 내용과 체계를 만드는 것이 매우 중요하다.

생물권보전지역의 적용에서는 그 개념 이해에 따른 용도구역의 설정과 프로그램 계획도 중요하지만 프로그램과 활동을 이끌어가는 주체와 체계가 매우 중요하다. 외국의 우수 생물권보전지역 사례에서 알 수 있듯이 실제 지역의 지속가능발전 프로그램과 활동은 매우 작은 단위에서 이루어지기

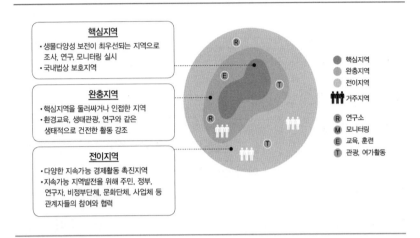

〈그림 2.6.4〉 생물권보전지역의 용도구역 구성과 활용

핵심지역
· 생물다양성 보전이 최우선되는 지역으로 조사, 연구, 모니터링 실시
· 국내법상 보호지역

완충지역
· 핵심지역을 둘러싸거나 인접한 지역
· 환경교육, 생태관광, 연구와 같은 생태적으로 건전한 활동 강조

전이지역
· 다양한 지속가능 경제활동 촉진지역
· 지속가능 지역발전을 위해 주민, 정부, 연구자, 비정부단체, 문화단체, 사업체 등 관계자들의 참여와 협력

● 핵심지역
● 완충지역
● 전이지역
🚶 거주지역

Ⓡ 연구소
Ⓜ 모니터링
Ⓔ 교육, 훈련
Ⓣ 관광, 여가활동

때문에 지역주민의 참여와 주도가 중요하다. 민관 거버넌스 체계 구축과 실행의 실험장으로서 생물권보전지역 지원과 관리가 이루어져야 하며 다양한 마을 만들기 및 지역활성화사업과 연계진행되어야 한다.

2) 세계적으로 우수한 사례들을 보면 이해가 쉽다

(1) 독일의 뢴 생물권보전지역

자연 및 문화유산을 보전하고 주민과 함께 다양한 분야에서 지속가능발전을 위한 연구·교육·지원 추진을 목표로 했다. 자원 보전은 전체지역에서 성공적으로 이루어졌고 EU 차원에서도 긍정적인 평가를 받았으며 주정부, EU, 기타 자연보전기관의 재정지원이 중요한 역할을 했다. 그리고 산간 초원지대라는 특정한 토지이용 경관을 보전하고 경관의 질을 유지하는 문화경관 관리가 시행되었다. 이 과정과 결과에서 농민과 주민이 이익을 얻도록 만들고 이해관계자의 참여와 조정이 이루어졌다.

〈표 2.6.3〉 뢴 생물권보전지역 개요

구분	내용
지정연도	1991년
면적	1,849km^2(핵심지역 37km^2, 완충지역 739.6km^2, 전이지역 1,072.4km^2)
위치	구서독에 속해 있던 바이에른 주와 헤센 주, 구동독에 속해 있던 튀링겐 주가 만나는 독일 중심부에 있다.
지역주민	약 16만 2,000명
관리기관	3개 주(바이에른, 헤센, 튀링겐)가 각각 설립한 관리센터가 있으며 3년씩 교대로 책임기관 역할을 맡고 있다(2012~2014년에는 튀링겐 주 관리센터가 책임기관).
특징	3개 주가 만나는 중산간지대에 자리 잡고 있으며 쾌적하고 탁 트인 초원경관을 관광자원으로 활용해 사라져가는 지역 고유의 농축산종을 되살려 상품화에 성공한 지역이다.

자료: biosphaerenreservat-rhoen.de/de

〈그림 2.6.5〉 독일 뢴 생물권보전지역 인증로고(왼쪽)와 협력업체 지역특산물(오른쪽)

〈그림 2.6.6〉 독일 뢴 생물권보전지역의 지역특산물 활성화 사례

자료: 도리스 포코니(Doris Pokorny), 「DMZ 일원 생태평화적 관리를 위한 국제컨퍼런스」(2010).

생물권보전지역을 관리하는 행정기관의 가장 중요한 역할은 농민, 관광업자, 가공업자, 숙박업자, 식당 등 다양한 이해관계자에게 기회를 제공하고 자연·문화자원의 질을 유지하는 지침을 제시하는 것, 즉 새로운 이익과 혜택을 만들어낼 사람을 발굴하고 이들이 성공할 수 있도록 이끌어주는 것이었다.

이 지역은 토종 양과 사과의 품종을 다양화하고 가공해 지역특산물을 만들어내는 데 성공했으며 뢴(Rhön) 생물권보전지역 인증로고를 부착해 부가가치를 높인 것으로 유명하다. 지역주민들은 뢴 생물권보전지역 파트너십에 가입해 친환경상품과 일자리 창출 및 개선에 협력함으로써 지역상품과 서비스의 질을 유지하고 있다.

(2) 오스트리아의 그로세스발저탈 생물권공원

오스트리아의 그로세스발저탈(Großes Walsertal) 생물권공원은 U자형 계곡의 중산간지대로 14세기부터 사람이 살면서 가축을 길렀고 현재 농가 180여 개가 있으며 이 중 약 40%가 유기농방식을 채택하고 있으며 소규모 낙농업이 많다. 아름다운 경관과 트래킹 코스로 연간 18만여 명의 숙박 관광객이 찾아오는 곳이며 산악초지의 생물다양성도 매우 높은 지역이다.

6개 지자체가 포함된 이 지역의 경우도 이농으로 점차 인구가 빠져나가고 지역경제가 쇠락하자 처음에는 자원보전보다는 지역개발에 초점을 두고 생물권보전지역을 도입했다. 2000년에 생물권보전지역으로 지정되었고 주민참여에 중점을 두었으며 생물권보전지역이라는 명칭 대신 '생물권공원(Biosphärenpark)'을 사용함으로써 주민의 이해와 참여를 활성화시켰다. 또한 그로세스발저탈 생물권보전지역의 인증로고는 지역학교에서 학생들을 대상으로 한 콘테스트를 통해 제작되었으며 그 외에도 사업계획과 평가에 주민 참여,

〈그림 2.6.7〉 그로세스발저탈 생물권공원 로고(왼쪽)와 협력업체(호텔) 입구의 인증 표시(오른쪽)

〈표 2.6.4〉 그로세스발저탈 생물권공원 개요

구분	내용
지정연도	2000년[생물권보전지역 대신 생물권공원(Biosphärenpark)이라고 부름]
면적	192km²(핵심지역 40.1km², 완충지역 123.7km², 전이지역 28.2km²)
위치	포르알베르크 연방주 남부 알프스 산맥 산간지역 해발 580~2,704m
지역주민	6개 지자체에 약 3만 4,000명(인구밀도 18명/km²)
관리기관	6개 지자체가 모여 만든 지역계획협회
특징	농축산업, 관광업, 임업이 주요 경제활동이고 '자연훼손 없이 자연 이용하기'가 모토이다. 우수관리생물권보전지역상(유네스코 '미셸바티즈' 수상), 우수마을, 에너지 효율 등 여러 가지 상을 수상한 우수 사례지역

자료: www.grosseswalsertal.at/system/web

지역의 미래발전 목표와 방안을 찾는 '미래 워크숍' 개최, 청소년위원회 설치, 생물권공원의 날 제정(2011년) 등 다양한 주민 참여와 협력을 활성화시키고 있다.

그리고 지속가능경제, 지속가능관광, 재생가능 에너지, 교육, 연구, 주민 참여 등 분야별 계획을 수립해 관리하고 있다. 지속가능경제 부문에서는 이 지역에서 생산되는 산림목재를 이용해 친환경 고품질의 목재상품을 가공하는 것으로 유명하며 지역상표인 베어크홀츠(Bergholz)를 개발·등록했다. 또한 발저스톨츠(Walserstolz)라고 하는 산악치즈 지역브랜드를 개발해 판매하고 있으며 청정한 환경에서 생산되는 다양한 허브도 지역특산물이다.

교육부문에서는 생물권공원의 의미와 역할, 지역생태, 치즈 만들기 등을 배우고 경험할 수 있는 '발저 사람들이 가는 길'이라는 생물권공원 전시실이 있으며 '생물권공원 모험'이라는 환경교육 프로그램을 제공하고 있다. 또한 3~5일간 훈련받은 지도자들이 어린이, 청소년과 함께 생물권공원의 환경, 자연에 대해 배우고 경험하는 프로그램을 운영한다. 여기에 한 해 25개 학교가 참여하며 인기가 높아 예약이 일찍 마감된다.

지속가능관광 부문에서는 교육을 받은 지역주민 30~40명이 가이드로 활동해 소득을 올리고 있으며 생물권공원 자체 교육 프로그램(2~3년에 1회)이나 알프스 산악지역 하이킹 교육 프로그램을 이수하면 자격증을 부여한다.

3) DMZ 생물권보전지역에 실천적 지역개발전략을 적용해야 한다

DMZ와 주변 지역에 생물권보전지역을 지정하는 것이 어떤 의미이고 그것이 공간적·시간적으로 타당한지 검토할 필요가 있다. 우선 현재 DMZ 일원에 생물권보전지역을 지정한다는 것은 남한 DMZ를 중심으로 핵심지역을 설정해 보호하고 그 자원의 가치를 주변 지역인 민통선지역과 접경지역 중심으로 활용한다는 의미이다.

DMZ와 관련한 여러 계획이 모두 'DMZ의 보전과 활용' 2가지를 포함하며 한반도의 평화 상징화와 지역발전을 목표로 하고 있다. DMZ 생물권보전지역은 DMZ의 자원을 보전해 지속가능하게 활용함으로써 지역발전을 도모하기 위한 유네스코의 개념과 방법론을 제공한다. 이러한 의미에서 생물권보전지역 프로그램의 도입과 추진은 새로운 지역개발전략으로서 DMZ 일원에 적용되어야 한다. 보전이냐 개발이냐의 양자택일이 아니라 보전과 개발을 동시에 추구하기 위한 정교한 전략, 특히 공간적으로 목표를 구분해 설정함으로써 현실화가 가능한 전략을 구체화하는 것이다. 생물권보전지역은 단순히 경제적인 부를 추구하는 차원에서 나아가 사회·문화·예술 측면에서 삶의 질을 높이고 평화와 생명 등 공동체적 가치를 추구하는 지역개발 전략의 논리와 제도적 틀을 제공한다. 또한 자원의 보전 자체가 목적이 아니라 보전된 자원의 활용이 중요한 목표가 되는 프로그램이라는 점을 이해해야 한다.

4) 'DMZ 생물권협력지역'으로 명칭을 변경해야 한다

2001년 김대중 대통령의 지시로 DMZ 일원에 남북이 공동으로 접경생물권보전지역 지정을 추진하는 안이 검토되기 시작했다. 이는 남북협력의 의제로서 접경생물권보전지역을 검토한 것으로 북한의 반응이 없어 어떠한 논의도 진척되지 못했다. 생물권보전지역은 지역주민의 자발적 참여에 의한 지역발전 논리로서의 의미가 중요하기 때문에 북한의 반응이 없더라도 우선 남한에서 그 기반과 역량을 만들어놓고 준비하는 것이 단계적인 접근으로서 타당하다. 특히 아직까지 뚜렷하게 생물권보전지역의 성공적인 모델이 없는 국내에서 그 개념을 확산하고 지역에 적용하는 데는 많은 시간이 소요될 것이기 때문에 지정 자체보다는 성공적인 프로그램을 만들고 확산시켜나가는 것이 매우 중요하다.

2008년 국내에서 개최되었던 DMZ 보전 국제컨퍼런스에서 UNESCO 본부의 생태지구과학국 부장이었던 나타라얀 이쉬와란(Natarajan Ishwaran) 박사는 DMZ 생물권보전지역 지정의 접근방법에 대해 제안했다. 이쉬와란 박사는 군사적으로 민감하지 않은 남한 일부 지역부터 먼저 시작해 종국에는 북한까지 포함해나가는 것이 현실적으로 타당한 접근임을 강조했다. 이러한 제안에 따라 우선 남한 DMZ와 민통선지역 및 일부 접경지역을 대상으로

DMZ 생물권보전지역이 추진되었으나 북한의 반대와 지역의 참여 부족으로 지정이 유보된 상태이다.

그동안 선언으로만 있던 DMZ 생물권보전지역 지정이 구체적인 실행단계에 들어섰다는 점에서 진일보한 것이라 볼 수 있으나 앞으로도 쉽지 않은 과정이 남아 있다. 그러나 현시점에서 중요한 것은 DMZ 생물권보전지역 지정을 북한과의 협력의제로서 이슈화하기에 앞서 DMZ 인접지역에서 DMZ의 보전가치를 지역발전에 성공적으로 활용하는 사례를 만들어나가는 것이다. 따라서 지역의 이해 당사자들이 그 개념을 이해하고 활용할 수 있도록 충분한 홍보와 교육이 선행되어야 한다. 생물권보전지역이 지정되고 나면 주민협의체 등 주민참여 조직의 제도화, 주민역량 강화를 위한 교육, 생태관광 및 지역특화산업 활성화를 통해 주민들의 자발적인 참여동기를 만들어야 할 것이다.

초기단계에서 생물권보전지역의 목적과 내용에 대한 이해는 매우 중요하다. '생물권보전지역'이라는 용어를 처음 접하는 사람들은 이 용어에서 자원보전 자체보다 보전된 자원가치의 활용에 더 무게가 실린다는 점을 잘 이해하지 못한다. 따라서 지정만 해놓고 지역에서 적극적으로 활용되지 못하고 외면당하는 경우가 있다. 실제 이러한 문제로 각 생물권보전지역들은 자기 실정에 맞게 '생물권지역', '생물권공원' 등 다양한 이름으로 호칭되기도 한다. DMZ 생물권보전지역의 경우도 개념 이해와 향후 활용에 대한 긍정적 태도를 만들기 위해 'DMZ 생물권협력지역' 또는 'DMZ 생물권발전지역'으로 이름을 변경해야 한다.

4. DMZ 지질공원 인증과 세계유산 등재

1) 관광활성화에 효과적으로 활용될 수 있는 지질공원 인증

세계지질공원은 1990년대 말에 가치 있는 지질유산을 보전하고 지질자원을 지속가능하게 이용하기 위한 방안으로 유럽에서 처음 시작되었으며 2000년 설립된 유럽지질공원망(European Geopark Network: EGN)이 주도하고 UNESCO가 협력하고 있다.[1] 지질공원은 지질자원만을 대상으로 하지 않고 생물, 역사, 문화, 고고 등의 요소를 모두 포괄하거나 각 요소를 활용해 다양한 교육 프로그램과 지질관광코스를 연계하고 지역사회의 지속가능한 발전을 추구하며 대안적 공원제도를 표방하고 있다. 따라서 UNESCO의 다른 보호 프로그램인 세계유산이나 생물권보전지역과는 달리 광산이나 채석지 등의 기존 개발지를 지정하기도 하고 행위제한이 비교적 약하며 세계유산이나 생물권 보전지역 등을 그 범위 내에 포함할 수도 있다.

세계지질공원망(Global Geopark Network: GGN)[2]에 가입된 회원국은 2012년 5월 기준으로 한국을 포함해 총 27개국이며 이들 국가 내에 세계지질공원 88개가 있다. 이 중 중국이 26개소로 가장 많고 일본이 5개소이며 유럽에서는 이탈리아 8개소, 스페인 7개소, 영국 6개소, 독일 5개소 등이 세계지질공원을 지정·운영하고 있다. 지질공원은 지질적 특성을 살펴볼 수 있는 지질장소(geological site)와 이 중 특별한 가치를 지닌 곳으로 일정한 평가기준에 의해 보호가치가 매우 높은 지질명소(geosite) 등 지질유산을 포함하는 집합체를 뜻한다. 지정된 세계지질공원들 간의 네트워크 협력체계는 GGN의

---

1) UNESCO 생태지구과학국이 지질공원을 담당하고 있다.
2) GGN 산하에는 EGN, 아시아-태평양지질공원망(APGN) 등 대륙단위의 지질공원망이 있다.

〈그림 2.6.8〉 제주도의 생물권보전지역·세계자연유산·세계지질공원 현황

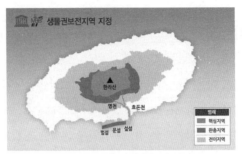

2002 생물권보전지역(제주 생물권보전지역)
핵심지역 151.58km² / 완충지역 146.01km² / 전이지역 533.35km²

2007 세계자연유산(제주 화산섬과 용암동굴)
핵심지역 96.05km² / 완충지역 93.92km²
경관적 가치와 지질학적 가치 탁월

2010 제주 지질공원(9개소 지질명소)

자료: 제주도 유네스코 홍보 웹사이트(jejuwnh.jeju.go.kr).

가장 중요한 부분이라고 할 수 있으며, 특히 학습, 관리, 관광, 지속가능한 발전, 그리고 지역계획 분야에서 네트워크 협력체계가 이루어지고 있다.

국내에서는 제주도가 2010년 처음으로 세계지질공원으로 지정되었다. 제주 지질공원은 한라산, 만장굴, 성산일출봉, 천지연폭포, 수월봉, 자삿개주상절리, 서귀포층, 산방산, 용머리해안 등 9개 지질명소로 구성되어 있다. 제주도는 세계지질공원 이외에도 UNESCO가 지정하는 생물권보전지역과 세계자연유산에도 등재되어 있다.

2) DMZ 인접지역에서 중요 지질명소 선정과 지질공원 인증 가능

DMZ의 경우도 지속적으로 생물권보전지역, 세계복합유산, 지질공원 지정이 논의되어왔다. 지정요건을 고려해볼 때 충분히 가능하지만 DMZ 자체를 포함하는 데는 여전히 DMZ의 기능과 위상 변화가 필요하고 이는 결국 북한과의 합의 또는 정치적 변화가 요구된다는 점에서 현시점에서 현실화하는 데 어려움이 따른다는 것은 모두 알고 있는 사실이다. DMZ를 제외하고 인접지역을 중심으로 지정한다면 세계지질공원 인증이 현재로서는 가장 이루어지기 쉽다고 볼 수 있다.

지질공원은 인증과정 자체도 세계유산이나 생물권보전지역보다 상대적으로 덜 까다롭고 지역주민의 행위제한도 약해서 지역에서의 호응이 높을 수 있다. 즉, 어떤 일정 면적을 정한다기보다는 주로 지질학적으로 뛰어난 경관요소를 집합체로 인증하기 때문에 주민들의 경제활동을 규제하는 사안이 거의 없고 주된 목적이 관광활성화이기 때문에 주민들이 받아들이기가 쉽다.

DMZ 일원에 지질공원을 적용하기 위해서는 제주도에서와 마찬가지로 중요한 지질명소를 찾아내는 것이 필요하다. 천연기념물, 명승, 천연·자연동굴, 세계자연유산, 해안사구, 화석 등이 지질명소의 대상이 될 수 있으며 자연자원을 매우 포괄적으로 할 필요가 있다. 현재 강원도와 경기도에서 각각 DMZ 지질공원과 임진강-한탄강 지질공원 인증을 추진하고 있으며 각 지역에서 중요한 지질명소를 조사해 타당성을 검토하고 있다. 경기도의 경우는 추가령구조곡과 한탄강 및 임진강을 따라 형성된 주상절리의 지질학적 가치가 매우 높다고 할 수 있다. DMZ 내부를 포함하지 않더라도 주민들의 경제활동이 일어나고 있는 인접지역에서 우선적으로 지질학적 역사를 보여주는 뛰어난 지질명소를 선정하고 지역이 참여해 주변의 생태문화적 요소와 연계시키고 지속가능발전을 위한 관광지가 될 수 있도록 추진하는 것이 가능하다.

3) 세계유산은 탁월한 가치를 인정받는 영예이자 엄격한 보호규제를 의미한다

세계유산은 UNESCO가 1972년 11월 제17차 총회에서 '세계문화 및 자연유산 보호협약'에 따라 지정한 유산을 말하며 문화유산, 자연유산, 복합유산으로 나뉜다.

문화유산에는 기념물과 건축물, 유적이 있다. 기념물은 역사적·예술적·과학적 관점에서 그 가치가 세계적인 비명(碑銘), 동굴생활의 흔적, 고고학적 특징을 지닌 건축물·조각·그림 또는 이들의 복합물을 뜻한다. 건축물은 역사적·예술적·과학적 관점에서 그 가치가 세계적인 독립 건물이나 연속 건물이다. 유적은 역사적·심미적·민족학적·인류학적 관점에서 그 가치가 세계적인 고고학적 장소를 포함한 지역이다. 자연유산은 무기적·생물학적 생성물로서 미적·과학적 관점에서 가치가 탁월한 것이 꼽히며 그 가치가 세계적인 지질학적·지문학적 생성물과 멸종위기에 처한 동식물도 대상이다. 그리고 과학·보존·자연미 측면에서 가치가 탁월한 자연지역이 속한다. 마

지막으로 복합유산은 문화유산과 자연유산의 특징을 동시에 충족하는 유산이다.

UNESCO의 세계유산제도는 제1차 세계대전 이후 국제운동으로 태동되었으나 20세기 중반 이후 가시화되었다. 즉, 1959년 이집트 아스완 댐이 건설되면서 문화유산인 아부심벨(Abu Simbel) 사원이 수장될 위기에 처하자 UNESCO 주도 아래 51개국이 모여 해결방안을 모색했다. 이는 문화유산의 범세계적 보전이라는 발상이 실현되는 계기였다. 자연유산의 경우에는 공업화·도시화에 따른 대규모 개발로 환경문제가 심각해진 1960년대부터 보전의 발상이 태동했다. 이를 계기로 1972년 제17차 총회의 세계문화유산 및 자연유산 보호협약 제8조에 따라 정부 간 위원회로 세계유산위원회가 설립되었다. 그때부터 세계유산위원회는 인류 전체를 위해 보호되어야 할 현저하고도 보편적 가치가 있다고 인정되는 유산을 세계유산으로 등록하는 절차를 밟았다.[3]

세계유산의 등재요건으로 가장 중요한 것은 탁월한 보편적 가치의 존재 여부이다. 세계유산 운용지침에 따르면 탁월한 보편적 가치란 '국경을 초월할 만큼 독보적이며 현재 또는 미래세대의 전 인류에게 공통적으로 중요한 문화 또는 자연적 중요성'을 의미한다. 〈표 2.6.5〉에 제시된 등재기준에서 문화유산은 (i)~(vi) 중 하나 이상을, 자연유산은 (vii)~(x) 중 하나 이상을 충족해야 하며 각각에서 하나 이상씩을 충족할 경우에 복합유산으로 등재가 가능하다.

세계유산의 등재절차는 생물권보전지역이나 세계지질공원과 달리 등재

---

3) 이혜은, 「DMZ의 세계유산적 가치」, 동국대학교 북한연구소 엮음, 『DMZ와 생태와 한반도 평화』(아카넷, 2006).

〈표 2.6.5〉 세계유산 등재기준

구분	기준	비고
문화유산	(i) 사람의 창조적 천재성이 만들어낸 걸작을 대표해야 한다.	
	(ii) 오랜 시간 동안 또는 세계의 어떤 문화지역 안에서 일어난 건축, 기술, 기념비적 예술, 도시계획 또는 조경설계의 발전에 관한 인간적 가치의 중요한 교류를 보여주어야 한다.	
	(iii) 문화적 전통 또는 살아 있거나 소멸된 문명에 관해 독보적이거나 적어도 특출한 증거가 되어야 한다.	
	(iv) 인류 역사의 중요한 단계(들)를 잘 보여주는 건조물의 유형, 건축적·기술적 총체 또는 경관의 탁월한 사례여야 한다.	
	(v) 문화(복수의 문화) 또는 특히 돌이킬 수 없는 변화의 충격을 받아 취약하게 되었을 때의 환경과 사람의 상호작용을 대표하는 전통적인 사람 정주지, 토지 또는 해양 이용의 탁월한 사례여야 한다.	
	(vi) 탁월한 보편적 중요성을 보유한 사건 또는 살아 있는 전통, 사상, 신념, 예술적·문학적 작품과 직접 또는 가시적으로 연계되어야 한다(위원회는 이 기준을 다른 기준과 결합해 사용하는 것이 바람직하다고 생각한다).	DMZ 해당
자연유산	(vii) 최상의 자연현상이나 뛰어난 자연미와 미학적 중요성을 지닌 지역을 포함해야 한다.	
	(viii) 생명의 기록, 지형의 발달에서 중요한 지질학적 진행과정, 또는 지형학이나 자연지리학적 측면의 주요특징을 포함해 지구역사상의 주요 단계를 입증하는 대표적 사례여야 한다.	
	(ix) 육상, 담수, 해안 및 해양 생태계와 동식물 군집의 진화 및 발전에서 생태학적·생물학적 주요 진행과정을 입증하는 대표적 사례여야 한다.	
	(x) 과학이나 보전 관점에서 볼 때 보편적 가치가 탁월하지만 현재 위협받고 있는 종을 포함한 생물학적 다양성의 현장 보전을 위해 가장 중요하고 의미가 큰 자연 서식지를 포괄해야 한다.	DMZ 해당

절차가 까다롭고 지정된 유산에 대해 엄격한 보호가 이루어진다. 세계유산
협약 가입국이 등재신청을 하면 국제전문가들의 실사를 포함해 3차례에 걸
쳐 심사하는 등 절차가 복잡하다. 그 대신 세계유산으로 등재되면 세계유산
기금(World Heritage Fund)으로부터 기술적·재정적 원조를 받을 수 있다.

4) 잠재적으로 DMZ의 세계복합유산 등재는 가능하다

DMZ의 경우 등재기준에서 '(vi) 탁월한 보편적 중요성을 보유한 사건 또

는 살아 있는 전통, 사상, 신념, 예술적·문학적 작품과 직접 또는 가시적으로 연계되어야 한다'와 '(x) 과학이나 보전 관점에서 볼 때 보편적 가치가 탁월하지만 현재 위협받고 있는 종을 포함한 생물학적 다양성의 현장 보전을 위해 가장 중요하고 의미가 큰 자연 서식지를 포괄해야 한다'를 충족한다. 따라서 복합유산으로의 등재는 가능하다고 볼 수 있다. 특히 국제기념물유적협의회(ICOMOS)는 문화유산의 유형별·지역별 유산 격차를 분석하면서 군사문화재(Military Properties)를 따로 구분하고 있어 냉전체제의 산물인 DMZ 또한 군사문화재로 간주할 수 있다. 이상 검토결과를 종합하면 DMZ는 세계복합유산으로 등재될 수 있는 가능성이 충분하다.

세계복합유산의 등재 대상과 범위는 DMZ 전체와 일부, DMZ와 민통선지역 일부, DMZ 일부와 민통선지역 일부 등으로 다양하게 검토해볼 수 있지만 등재요건에 따르면 매우 뛰어난 가치가 있어 엄격하게 보호되어야 할 것이 등재대상이기 때문에 생물권보전지역의 핵심지역을 등재하거나 특정한 요소를 등재하는 것이 현실적이다. 이런 의미에서 보면 결과적으로 세계유산으로 등재될 수 있는 대상 및 범위는 DMZ 또는 판문점 등 DMZ 내부의 요소를 포함해야 할 것이다. 이 경우 무엇보다 중요한 것은 북한과 합의이지만 현재 북한은 DMZ의 세계유산 등재에 대해 매우 부정적이다. 2004년 세계박물관대회의 박물관 및 유산위원회에서 DMZ의 세계유산 등재 논의가 있었고 2005년 미국의 뉴스 전문 텔레비전 CNN의 테드 터너(Ted Turner) 전 회장이 휴전선 일대의 비무장지대를 세계유산으로 지정하자고 제안하는 등 논의가 활발해지면서 남한이 북한에 DMZ 세계유산 등재를 제안했지만 북한은 즉각적인 논평을 통해 "비무장지대를 세계유산으로 등록하려고 책동하고 있어 온 민족의 분노를 불러일으키고 있다. …… 겨레의 불행과 고통은 안중에 없고 민족의 수치도 느낄 줄 모르는 반민족적 망동이 아닐 수 없다"고 비난했다. 따라서 향후 DMZ 세계유산 등재를 추진하기 위해서는 북한을 설득하기 위한 준비와 기반을 조성하는 것이 필수이다.

세계유산에 등재되면 국내외적으로 엄격한 보호가 뒤따르므로 그만큼 주변 지역에 대한 규제가 이루어진다는 의미이기도 하다. 따라서 현실적으로 DMZ 전체를 등재하려고 할 경우 국민적 합의가 요구되며 국내법적인 보호조치도 강력하게 이루어져야 한다. 세계유산 등재 시 법적 보호조치와 규제가 따르는 문제 때문에 보호가 필요한 범위를 최소화하면서 주변을 지속 가능하게 이용할 수 있는 계획을 수립하는 것이 현실적이다.

chapter 07

남북교류협력을 통한 DMZ 장벽 넘기

1. 남북관계와 DMZ

1) 남북관계 개선 없이 DMZ 활용 없다

DMZ는 말 그대로 비무장지대이다. DMZ는 국가가 자국의 영토임에도 국제법상 병력 및 군사시설을 주둔시키지 않을 의무가 있는 특정 지역이나 구역을 지칭한다.[1] 하지만 모두가 알고 있는 것처럼 한반도 DMZ와 그 일대는 세계에서 가장 중무장된 지역이다.

최근 DMZ의 생태적·환경적 가치가 새롭게 주목받으면서 DMZ 활용과 관련된 다양한 정책이 제시되고 있다. 하지만 DMZ의 생태와 환경이 주목받게 된 이유는 역설적으로 DMZ에 인간이 접근할 수 없었던 제한조건 때문이었다. DMZ는 전쟁이 종료된 것이 아니라 중단된 상태에서 쌍방 간 군사적 충돌을 방지하기 위해 설정되었으며 아직도 DMZ의 핵심적 기능은 남북

---

1) 손기웅, 『DMZ 총람: 개요, 정치·군사적 현황』(통일연구원, 2011), 3쪽.

의 분쟁 방지이다.

엄연히 존재하는 남북 간 정치적·군사적 대립이라는 조건을 무시하고 제시된 정책은 실현 가능성이 없다. 즉, DMZ의 활용을 위해서는 남북의 대립

〈표 2.7.1〉 비무장지대의 평화적 이용과 관련한 주요 제의내용

일시	내용
1971.6.12	군사정전위원회 제317차 본 회의에서 유엔군 수석대표인 펠리스 로저스(Feliz H. Rogers) 공군소장이 휴전협정을 체결한 이후 최초로 'DMZ의 평화적 이용방안'이 제기되었다(북한: 기만적 행위라고 거부했다).
1971.7.29	군사정전위원회 제319차 본 회의에서 공산군은 DMZ의 비무장화, 주한미군 철수, 민간인 자유 왕래 등을 제의했다(북한: 유엔군의 비무장화 조사 제안을 거부했다).
1972.2.12	김용식 외무부장관이 평화통일 4개 선행조건을 제시하고 'DMZ의 철저한 비무장화와 그 평화적 이용'에 관한 유엔군 제안[로저스안(案)]의 수락을 촉구하는 성명을 발표했다(북한: 1972년 6월 21일 김일성은 협상용의를 표명했다).
1981.11.9	군사정전위원회 제408차 본 회의에서 유엔군 수석대표인 제임스 스톰(James G. Stoms) 해군소장이 'DMZ의 진정한 비무장화'를 제의했다(북한: 무반응)
1982.2.1	손재식 국토통일원장관이 20개 시범실천사업을 제의하며 'DMZ의 평화적 이용방안'을 제의했다. · DMZ 자유관광지역 설정, 공동경기장시설 마련·이용 · DMZ 자연생태계 공동학술조사 · DMZ 군사시설 완전 철거(북한: 무반응)
1988.10.18	노태우 대통령이 유엔총회 연설에서 통일시기를 앞당길 수 있는 상징사업으로 휴전선 간 DMZ 내에 '평화시' 건설을 제의했다.
1989.9.11	노태우 대통령이 국회 특별연설을 통해 「한민족공동체 통일방안」을 제시하며 비무장지대에 '평화구역'을 만들어 남북연합기구와 시설을 설치하고 이 평화구역을 점차 '통일평화시'로 발전시킬 구상을 밝혔다.
1991.12	고위급회담에서 남북은 'DMZ의 평화적 이용'에 합의하고 기본합의서 제12조에 이를 규정했다.
1992.1.10	노태우 대통령이 연두기자회견에서 DMZ 내 남북공동출자의 합작공장 설치를 제의했다.
1992.6.13	국무총리가 리우환경회의에서 국제기구인 UNEP와의 긴밀한 협조하에 남북 공동으로 DMZ 생태계 조사를 제의했다.
1992.12	제14대 대통령선거 때 DMZ 일부 지역을 '세계평화구역' 및 '환경보호구역'으로 설정하는 사안이 공약으로 제시되었다.
1994.8.5	김영삼 대통령은 '민족발전공동계획'에 DMZ의 자연공원화를 제의했다(북한: 무반응)

자료: 김명기, 「DMZ 평화화의 국제법적 구상」·최승담, 「DMZ의 관광자원 공동개발」, 김재한 엮음, 『DMZ: 발전적 이용과 해체』(소화, 1999), 84~90쪽·140쪽 〈표 5-1〉을 보완.

과 갈등이라는 근본문제를 해결하기 위한 방안이 병행되어야만 한다. 이것은 DMZ의 활용보다 훨씬 더 큰 차원의 문제이지만 DMZ의 활용과 관련해서도 분단의 장벽을 낮출 수 있는 아이디어가 마련되는 것이 바람직하다.

DMZ 관광, DMZ 마을 등에 대한 논의가 활성화되면서 많은 프로그램이 진행되고 있다. 하지만 민간인이 DMZ 내부에 접근하는 것은 매우 어려우며 DMZ가 아닌 DMZ 주변 지역에서 프로그램의 대부분이 진행될 수밖에 없는 것이 현실이다.

실제로 DMZ의 평화적 이용에 대한 제안이 여러 번 있었지만 그 어떤 것도 가시적인 성과를 거두지 못했다. 왜냐하면 DMZ는 정전협정에 의해 탄생한 국제법적 공간이고 근본적으로는 남북 간 대립이 청산되지 않았기 때문이다.

DMZ는 정전협정에 의거해 설치되었기 때문에 남북이 공동으로 영유하지만 군사정전위원회가 통치하는 국제법적 공간이다. 즉, DMZ는 헌법에 의거한 영토주권은 있으나 국제법에 의해 관할권을 행사하지 않기로 합의한 지역이다. DMZ의 관리책임자는 군사정전위원회로서 MDL 이남지역은 유엔군 사령관이 관할하고 이북지역은 북한군 최고사령관 및 중국 인민지원군 사령관이 공동책임으로 관할한다.

DMZ 내 토지 사용권 및 수익권과 관련해서 북쪽 부분은 북한과 중국이 공동으로, 남쪽 부분은 유엔군 사령관이 각각 보유하며 처분권은 남북 당국이 공동으로 영유한다. 따라서 최근 논의되고 있는 평화생태공원 등이 DMZ 일원이 아닌 DMZ 내부에 설치될 경우 국제법적으로 남한이나 북한의 단독적 조치는 불가능하다. 법적으로 본다면 DMZ 내부의 물건(物)은 남한이나 북한이 단독 또는 배타적으로 사용하거나 처분할 수 없으며 사람(人)에 대해서도 단독 통치는 불가능하다.

남북관계라는 근본문제 이외에도 DMZ의 평화적 활용을 위해서는 지뢰 제거 등 현실적인 문제를 고려해야만 한다. 지뢰 매설은 반세기 이상 지속적으로 이루어져왔으며 직접 매설은 물론이고 항공기를 이용한 살포까지 이루어진 것으로 알려져 있다. 이 지역에 매설된 지뢰의 총 수량과 위치에 대한 정보를 얻을 수는 없지만 홍수나 호우 등으로 인한 지뢰 이동 등을 고려할 때 정확한 정보가 존재하지 않을 가능성도 있다. 1999년 국정감사에서 밝혀진 바에 의하면 MDL 이남에 112만 5,000여 발의 지뢰가 매설되어 있다.[2] 이 외에 국내 NGO인 '한국지뢰제거연구소'는 DMZ 일원 남북방한계선 내부에 지뢰 300만 발이 매설되어 있다고 주장한다.

2000년 남북은 경의선과 동해선 철도와 도로를 연결하기 위해 MDL 서쪽(경의선)과 동쪽(동해선)에 각각 250m와 100m 폭의 통로를 만들어 해당 지역의 철책을 걷어내고 지뢰를 제거한 바 있다. 당시 경의선구간에서만 지뢰 1만 발이 나왔다.[3] 특히 나무와 수풀이 우거진 지역에서의 지뢰 제거에는 첨단장비도 별 도움이 되지 않아 결국 대부분 폭발시킬 수밖에 없다. 다른 지역도 형편이 마찬가지라면 나무와 수풀이 잘 보존된 지역일수록 지뢰 제거를 위해 생태계를 파괴시켜야 한다는 역설이 성립한다. 더구나 워낙 위험한 작업이다보니 작업 시간과 비용도 엄청나다. 2000년 당시 평당 30만 원의 비용이 소요되었다고 하니 DMZ 전역(약 2.7억 평, 900km^2)의 지뢰를 제거한다고 하면 어림잡아 80조 원이라는 천문학적 예산이 소요된다. 결국 어떤 형태로든 DMZ를 활용하기 위해서는 남북관계 개선이라는 근본문제가 해

---

2) 김재한, 『DMZ 평화답사』(오름, 2006), 93쪽.
3) 고경빈, 「DMZ 생태계 보전과 활용을 위한 남북협력체계」, 『DMZ 일원 평화생태공원 조성과 협력체계 구축』, 46쪽, 경기도·경기개발연구원 공동주최 세미나 자료집(2008).

결되어야 한다. 혹은 DMZ 활용에서도 남북관계의 현실을 반드시 고려해야 하며 남북관계 개선에 대한 관심이 병행될 필요가 있다.

2) 남북의 DMZ에 대한 인식

DMZ의 평화적 활용에 대한 아이디어는 매우 다양하게 제시되고 있다. 하지만 우리의 사고 지평은 MDL을 넘지 못한다. 즉, 조사와 연구 대부분이 다루는 DMZ의 범위는 MDL 남쪽지역에 한정되어 있다. 물론 이것은 북쪽지역에 대한 현지조사가 어렵고 구할 수 있는 문헌자료도 제한적이라는 현실상의 한계 때문이다. 하지만 더 근본적으로는 우리의 인식 속에서도 DMZ 혹은 MDL이 강력한 경계로 작용하기 때문일 것이다.

각종 계획에서 다루어지는 DMZ가 MDL 이남지역만을 대상으로 한다는 것은 북한이라는 현실적 존재를 인정하는 것이다. 그런데 재미있는 것은 각종 연구와 계획에서 북한과의 관계를 다루는 경우는 매우 적다는 것이다. 실질적으로 DMZ를 활용하기 위해서는 북한과의 관계가 필수적임에도 남북관계를 개선하기 위한 계획보다는 남북관계 개선을 전제로 한 계획이 대부분이다. 어쩌면 그것이 각종 DMZ 관련 계획이 현실화되지 못하는 근본적인 원인일 것이다.

이러한 인식의 한계는 행정구역을 경계로 사고할 때 더 극명하게 드러난다. 예컨대 경기도는 서부 접경지역만을, 강원도는 동부 접경지역만을 대상으로 접근하는 경향이 있다. 중앙정부라고 해서 사정이 나은 것은 아니다. DMZ에 대한 행정안전부, 통일부, 환경부의 구상이 서로 다르다.

그렇다면 북한은 DMZ를 어떻게 인식할까? 북한은 기본적으로 DMZ에 대한 냉전적 사고 틀에서 크게 벗어나지 못하고 있다. 특히 생태적·환경적 접근 측면에서 DMZ에 대한 북한의 인식수준은 매우 낮다. 북한의 조국평

〈표 2.7.2〉 북한 조국평화통일위원회 2004년 4월 대변인 담화(요약)

남조선 당국은 비무장지대를 가지고 돈벌이할 망상을 할 것이 아니라 콘크리트 장벽부터 해체할 결단을 내려야 한다. …… 최근 남조선에서 비무장지대를 세계유산으로 등록하고 국제관광지로 개방하려는 움직임이 본격화되고 있는데 민족 분열의 불행과 고통의 상징이며 북과 남이 군사적으로 대치되어 있는 비무장지대를 그 무슨 유산으로 등록하려는 것은 상식 이하의 반민족적 망동이다. …… 민족이 나뉘어 서로 총구를 겨누고 있는 것만도 가슴 아픈 일인데 비무장지대를 그 무슨 유산으로 등록하고 상품화하려는 데는 경악을 금할 수 없으며 비무장지대는 보존할 것이 아니라 걷어내 하루 빨리 통일을 해야 할 것이다.

화통일위원회는 2004년 4월 대변인 담화를 통해 DMZ 활용에 대한 인식을 간접 표명했다. 〈표 2.7.2〉는 이 담화를 요약한 것이다.

이러한 북한의 부정적 태도를 고려하지 않더라도 경제난에 시달리고 있는 북한의 입장에서 생각해본다면 DMZ 활용보다 시급한 문제가 산적해 있는 것이 현실이라고 할 수 있다. 따라서 DMZ의 평화적 이용이 북한에 가져다줄 이익이 북한이 부담해야 할 비용보다 크다는 확신을 심어주지 않는 이상 북한의 전향적 태도 변화를 기대하기는 어려울 것이다.

2. DMZ 일원에서의 남북교류

1) 왜 DMZ에서의 남북교류가 필요한가?

앞서 언급한 바와 같이 DMZ는 남북분단의 상징이자 단절의 공간이다. 따라서 역설적으로 DMZ의 평화적 이용은 남북 간 군사적 긴장완화에 기여할 수 있을 것이다. 또한 새롭게 주목받는 DMZ의 가치를 보존할 수 있는 방안을 마련하는 것도 필요하다.

그런데 이러한 고차원적인 명분 이외에도 DMZ에서는 남북교류와 협력

〈표 2.7.3〉 2011~2012 말라리아 위험지역

구분	2011년 위험지역	2012년 위험지역
고위험 지역	총 1개 ·인천(1개): 강화군	-
위험 지역	총 11개 ·경기(6개): 연천군, 파주시, 김포시, 고양 시 일산서구, 고양시 덕양구, 동두천시 ·강원(2개): 철원군, 고성군 ·인천(3개): 옹진군, 중구, 서구	총 5개 ·경기(2개): 연천군, 파주시 ·강원(1개): 철원군 ·인천(2개): 강화군, 옹진군
잠재 위험 지역	총 10개 ·경기(5개): 고양시 일산동구, 양주시, 포천 시, 의정부시, 가평군 ·강원(4개): 양구군, 화천군, 춘천시, 인제군 ·인천(1개): 동구	총 17개 ·경기(9개): 김포시, 고양시 일산동구, 일산 서구, 덕양구, 동두천시, 양주시, 포천시, 의정부시, 가평군 ·강원(5개): 양구군, 화천군, 고성군, 춘천시, 인제군 ·인천(3개): 중구, 서구, 동구

자료: 질병관리본부, 「야외활동 시 말라리아 감염 주의하세요」 (2012).

을 통해서만 해결할 수 있는 문제가 발생한다. 예컨대 말라리아는 한때 한 국에서 사라진 질병이었다. 질병관리본부에 따르면 말라리아는 1970년대 후반부터 거의 사라져 1984년 2건이 발생한 이후 완전 근절된 것으로 알려 졌다. 그러나 1993년 파주 DMZ에서 근무하던 군인 1명이 말라리아 증세를 보이더니 이후 말라리아 환자가 급증해 2,000년에는 4,142명까지 증가했다.

접경지역에서 말라리아가 급증한 것은 북한지역의 보건·의료체계 붕괴 와 무관하지 않다. 말라리아는 매개 곤충이 모기이기 때문에 남쪽지역만을 대상으로 한 방역사업으로는 한계가 있을 수밖에 없다. 실제로 서부 접경지 역은 말라리아 위험지역으로 분류되어 주민들의 헌혈마저도 불가능하다.

말라리아 이외에도 남북이 접경하고 있는 DMZ 일원에서는 산림병충해, 산불 등 양국이 공동으로 대처해야만 해결할 수 있는 문제들이 발생하고 있 다. 이러한 문제들 중 중장기적으로 가장 심각한 것은 임진강·북한강 등 남 북공동수계를 형성하는 하천관리와 관련된 문제일 것이다.

〈표 2.7.4〉 임진강 및 북한강 수계 남북현안

황강댐 개요: 1999년 착공, 2008년 담수 확인
· 저수용량: 최대 4억 톤, 유효 3억 5,000만 톤(국토해양부 추정)
· 대응 댐: 군남 홍수조절지(2010년 준공)

쟁점
· 군남댐 건설로 하류지역 홍수문제는 상당부분 해소
· 북한의 무단 방류는 지속
· 유역변경식 발전에 따른 갈수기 하류지역 물 부족 발생 예상

- -

임남댐(금강산댐) 개요: 2003년 준공
· 저수용량: 최대 26억 톤, 유효 16억 톤
· 대응 댐: 평화의 댐(2005년 2단계 공사 완료)

쟁점
· 하류지역 유량 감소: 수력발전 차질, 수질 악화
· 댐 안정성 문제

남북접경지역의 임진강·북한강 수계에 북한은 유역변경식 발전을 하는 황
강댐과 임남댐(금강산댐)을 각각 건설했다. 이에 따라 각 수계의 하류인 남쪽
지역에 갈수기 물 부족과 홍수기 수재 우려가 증가하고 있다. 실제 2009년
임진강에서는 황강댐의 무단 방류로 하류지역의 주민 피해가 발생하기도
했다.

북한강 수계에 건설된 유역면적 2,394km^{2}의 임남댐은 45km의 터널을 통
해 40만kw의 발전을 위한 동해안 안변청년발전소에 발전용수를 공급하고
있다. 임남댐 건설 이후 화천댐 유입량(연평균 29억m^3)은 1996~2000년의 경
우 연평균 3억 5,000만m^{3}가 감소했다. 유역변경식으로 건설된 임남댐에서
연간 17억 4,000만m^{3}의 물이 안변지역으로 유출되면 하천 유입량이 감소해
수도권 물 수급에 큰 영향을 미쳐 6억 2,000만m^{3}의 물 부족이 추가 발생할
것으로 예상되었다(2011년 기준).

또한 임남댐으로 인해 하천 유입량이 차단될 경우 5개 수력발전소 발전

량 30%, 연간 발전량 3억 7,700만kw 감소가 예상된다. 그리고 북한강 수량이 감소하면 한강 유지용수가 부족해 수질오염 심화도 예상된다.[4]

임진강유역은 현재뿐만 아니라 향후에도 지속적으로 물 부족이 발생할 것으로 전망되는 지역이다. 기존 댐의 공급능력과 하천 유지용수를 고려할 때 남북을 합해 2011년에는 약 3억 4,000만㎥ 정도의 물이 부족하며 이 중 남한에는 2억 2,000만㎥ 정도의 용수가 부족할 것으로 추정되었다. 북한이 임진강 상류에 댐을 추가로 건설할 경우 남한지역의 물 부족은 더욱 심해질 것이다.

이 외에도 DMZ의 범위를 벗어나는 일이기는 하지만 구제역이나 조류독감 등 초국경 질병이 증가하면서 남북의 공동대처가 필요한 사안이 지속적으로 발생하고 있다. 즉, DMZ에서의 남북협력은 군사적 긴장완화나 통일이라는 대의를 위해서도 필요하지만 인근 지역 주민들의 생존과 삶의 질을 보장하는 실질적인 이유에서도 반드시 필요하다.

2) 열리는 DMZ 장벽: 개성공단, 금강산관광

2000년 남북정상회담 이후 이른바 '철의 장막'이라 불리던 북한과의 교류가 확대되면서 DMZ 장벽 역시 서서히 열리기 시작했다. 개성공단, 금강산관광, 남북 도로·철도 연결 등 굵직한 사업들이 DMZ를 관통해 추진되었다. 이후 남북관계의 경색으로 금강산·개성관광이 중단되고 연결된 철도 운행 역시 중단되었으나 개성공단사업은 명맥을 유지하고 있다.

---

4) 최동진, "공유하천 관리, 협력사업 연계·통합해 추진 필요", ≪워터저널≫, 2009.11.5.

(1) 모두가 알고 있는 DMZ에서의 남북교류

① 개성공단

개성공단은 개성시 및 판문군 일대에 총 2,000만 평(66.1km²) 규모의 배후 도시를 조성하고 남한 기업이 개성에 들어가 북한 사람들을 고용해서 제품을 생산하는 공업단지를 조성하는 사업이다.

2000년 8월 현대아산과 북한(아태·민경련) 간에 「개성공업지구 건설운영에 관한 합의서」를 체결하면서 시작된 개성공단은 2003년 6월에 착공식을 열

〈표 2.7.5〉 개성공단 단계별 개발계획

구분	개발기간	개발규모			입주기업	고용인원	연간 총 생산액
		공장구역	배후단지	계			
제1단계	2003~2007	100만 평	-	100만 평	300개	10만 명	20억 달러
제2단계	2007~2012	150만 평	100만 평	250만 평	400개	13만 명	30억 달러
제3단계	2012~2017	350만 평	200만 평	550만 평	1,000개	15만 명	200억 달러
합계	14년	600만 평	300만 평	900만 평	1,700개	38만 명	250억 달러

자료: 현대아산, 「개성공업지구 개발총계획」(2005).

〈표 2.7.6〉 개성공단 가동기업 및 생산액 현황

연도	2005	2006	2007	2008	2009	2010	2011	2012.9
기업 수(개)	18	30	65	93	117	121	123	123
생산액(만 달러)	1,491	7,373	18,478	25,142	25,648	32,332	40,185	35,467

자료: 통일부 웹사이트(www.unikorea.go.kr), 개성공업지구지원재단 웹사이트.

〈표 2.7.7〉 개성공단 근로자 현황

(단위: 명)

구분	2005	2006	2007	2008	2009	2010	2011	2012.9
북한	6,013	11,160	22,538	38,931	42,561	46,284	49,866	53,181
남한	507	791	785	1,055	935	804	776	780
합계	6,520	11,951	23,323	39,986	43,496	47,088	50,642	53,961

자료: 통일부 웹사이트, 개성공업지구지원재단 웹사이트.

었다. 2008년 북한 근로자 3만 명, 총 생산액 5억 달러 돌파를 달성했지만 같은 해 일어난 금강산 관광객 총격사망 사건과 북한의 '12·1 출입제한조치'(화물열차 운행 중단, 개성관광 중단, 인원·차량제한 등) 실행으로 개성공단 상주 체류인원은 880명으로 제한되었고, 통행 시간과 한도도 대폭 축소되었다.

그 후 2009년 3월 현대아산 직원 억류와 북한-개성공단 육로 차단 등의 우여곡절이 있었지만 같은 해 12월 개성공단사업은 다시 정상화되었다. 그러나 2010년 3월 발생한 천안함 사건과 이에 따른 '5·24 대북조치'로 체류인원 축소, 기업의 신규진출 및 투자확대 불허조치가 취해져 현재까지 계속되고 있다. 그럼에도 개성공단에 근무하는 북한 노동자의 수는 지속적으로 증가해 2012년 9월 기준으로 5만 명을 넘어섰으며 생산액 역시 꾸준히 증가하고 있다.

② 금강산·개성관광

1998년 11월 18일 시작된 금강산관광사업은 2002년 금강산관광 활성화 조치 등으로 꾸준한 상승세를 보였으나 2008년 7월 11일 발생한 금강산 관광객 총격사망 사건과 같은 해 북한의 12·1 조치로 현재는 사실상 중단된 상

〈표 2.7.8〉 금강산 관광객 현황

(단위: 명)

구분		1998~2000	2001	2002	2003	2004	2005	2006	2007	2008	2009~2010	합계
금강산관광	해로	371,637	57,879	84,727	38,306	449	-	-	-	-	-	552,998
	육로	-	-	-	36,028	267,971	298,247	234,446	345,006	199,966	-	1,381,664
	합계	371,637	57,879	84,727	74,334	268,420	298,247	234,446	345,006	199,966	-	1,934,662
개성관광		-	-	-	-	-	1,484	-	7,427	103,122	-	112,033
평양관광		-	-	-	1,019	-	1,280	-	-	-	-	2,299

자료: 통일부 웹사이트.

태이다.

2010년 4월 북한은 남한의 부동산에 대한 몰수·동결조치를 취한 데 이어 2011년 4월 8일 현대아산의 금강산관광사업 독점권 취소를 일방적으로 발표하고 기존의 「금강산관광지구법」을 대체한 「금강산국제관광특구법」을 채택하는 등 남한 사업자와의 모든 약속을 일방적으로 파기했다. 한국 정부가 문제 해결을 위해 노력했음에도 같은 해 8월 22일 북한은 남한 재산에 대한 법적처분 단행을 통지했고 남한의 시설을 무단으로 이용하면서 불법 국제관광을 실시하고 있다.

금강산관광에 이어 실시된 개성관광은 2007년 12월에 본 관광이 실시되면서 본격화되었다. 2005년 7월 현정은 회장이 김정일 국방위원장과 면담한 후 백두산·개성관광이 합의되었으나 금강산관광과 마찬가지로 금강산 관광객 총격사망 사건과 북한 12·1 조치의 영향을 받아 잠정 중단된 상태이다.

③ 남북 도로·철도 연결

경의선·동해선 철도 및 도로 연결사업은 2000년 남북정상회담 이후 장관급회담을 통해 합의된 남북경협의 상징적 사업이다. 하지만 이 사업 역시

〈표 2.7.9〉 남북의 차량 왕래현황

(단위: 회)

구분		2003	2004	2005	2006	2007	2008	2009	2010	2011	계
차량 (운행횟수)	경의선	2,497	30,442	77,395	94,506	143,450	184,072	145,802	166,181	162,848	1,007,193
	동해선	6,286	31,072	39,565	29,406	40,053	25,077	2,534	2,140	397	176,530
	합계	8,783	61,514	116,960	123,912	183,503	209,149	148,336	168,321	163,245	1,183,723
차량 (물동량)	경의선	-	-	563,321	570,044	769,249	382,848	221,518	289,168	208,423	3,004,571
	동해선	-	-	95,675	41,975	134,296	58,751	8,695	4,451	613	344,456
	합계	-	-	685,996	612,019	903,545	441,599	230,213	293,619	209,036	3,349,027

자료: 통일부 웹사이트.

2008년 금강산 관광객 총격사망 사건으로 인한 관광 중단과 같은 해 북한의 12·1 조치의 영향을 받았다.

문산-봉동구간에서 운행되던 철도는 12·1 조치로 정지되었다. 하지만 개성공단사업 추진을 위한 도로 운행은 2009년 9월 1일 이후 출입제한조치가 해제되어 현재 재개 중이다. 남북의 차량 왕래현황은 〈표 2.7.9〉와 같다.

(2) 잘 알려지지 않은 DMZ에서의 남북교류협력

개성공단 및 금강산·개성관광처럼 일반에 잘 알려진 남북교류사업 이외에도 DMZ에서 발생하는 문제 해결을 위한 남북 협의와 교류는 다양하게 이루어졌다. 특히 임진강유역 수해 방지와 관련된 협의는 일부 성과를 거두기도 했으며 경기도, 강원도 등 접경지역 지자체의 남북교류 역시 활발하게 이루어졌다.

① 임진강유역 관련 남북합의 내용 및 이행현황

임진강을 둘러싼 남북 간 협력은 주로 임진강의 수해 방지를 위해 실시되었다. 2000년에는 제1차 정상회담 이후 10여 차례 이상 임진강 수해 방지를 위한 당국 간 협의가 이루어졌다. 물론 실질적인 대책 마련을 위한 논의는 소극적이었으며 실제로 진전을 보인 부분은 많지 않았다.

2000년 열린 제4차 장관급회담 이후에 임진강 수해 방지에 관한 남북 간 협력문제는 남북경제협력추진위원회(이하 경추위)에서 본격적으로 논의되기 시작했다. 경추위는 2001년 1월 제1차 회의에서 '임진강 수해방지 실무협의회'와 '임진강 수해방지 공동조사단'을 구성했으며 실무협의회는 2004년 3월 「임진강 수해방지와 관련된 합의서」를 채택해 필요한 조사와 제도 마련을 병행하기로 했다. 경추위는 2005년 7월 제10차 회의에서 쌍방의 조사결

〈표 2.7.10〉 임진강 관련 남북 협의일지

일시	내용
2000.9.1	제2차 장관급회담 공동보도문
	5. 남과 북은 조속한 시일 내에 임진강 수해방지사업을 공동으로 추진한다.
2000.9.14	김용순 특사 방문 공동보도문
	7. 임진강유역 수해방지사업을 위해 남북공동조사 실시, 사업계획 마련
2000.12.16	제4차 장관급회담 공동보도문
	1.…… 임진강유역 수해방지사업 추진문제 등 당면한 경제협력문제 협의
2001.1.30	남북경제협력추진위원회 제1차 회의 합의문
	3. 임진강 수해방지사업의 협력을 위해 남북경제협력추진위원회 산하에 임진강 수해방지 실무협의회와 임진강 수해방지 공동조사단을 구성·운영한다.
2001.9.18	제5차 장관급회담 공동보도문
	⑥ 임진강 수해방지 대책문제와 관련해, …… 현지조사에 착수하기로 한다.
2002.4.25	특사 방북 관련 공동보도문
	① …… 임진강 수해방지대책 등을 토의하기 위한 …… 실무협의회 가동
2002.8.14	제7차 장관급회담 공동보도문 전문
	1.…… 임진강 수해방지문제와 그 밖의 경제협력문제들에 대해 협의
2002.8.30	남북경제협력추진위원회 제2차 회의 합의문
	3. 임진강 수해방지 문제의 해결을 위해 …… 현지조사에 착수한다. 홍수 방지를 위한 대책으로서 북측은 남측에 임진강 상류의 기상수문 등에 관한 자료를 통보해주며 남측은 임진강 상류의 치산치수에 필요한 묘목을 북측에 제공한다.
2002.11.2	임진강 수해방지 실무협의회 제2차 회의 공동보도문
	임진강지역의 수해를 방지하는 것의 의의와 중요성에 대해 인식을 같이하고 임진강유역과 한강하류에 대한 현지조사, 기상수문자료 통보, 홍수예보시설 설치, 임진강 상류의 치산치수에 필요한 묘목을 제공하는 문제와 관련된 의견을 교환하고 진지하게 협의했다.
2003.4.10	임진강 수해방지 실무협의회 제3차 회의 공동보도문
	1. 쌍방은 단독조사 항목과 세부조사 내용 및 조사용 기자재 제공 목록, 북측의 기상수문 등 자료제공 항목에 합의하고 이를 「임진강 수해방지와 관련한 합의서」의 부록으로 첨부하기로 했다.
2003.8.28	남북경제협력추진위원회 제6차 회의 합의문
	5.…… 임진강 수해방지를 위한 구체적 대책을 마련해나가기로 한다.
2003.11.8	남북경제협력추진위원회 제7차 회의 합의문
	4.…… 임진강 수해방지와 관련한 합의서 토의를 빠른 시일 내에 타결하기로

2004.3.5	남북경제협력추진위원회 제8차 회의 합의문
	5. 「임진강 수해방지와 관련한 합의서」를 채택하고 …… 현지조사에 착수
2004.3.5	임진강 수해방지와 관련한 합의서
	1. 임진강유역의 수해방지를 위한 쌍방 지역의 현지조사를 진행한다.
	① 단독조사는 2004년 4월부터 3개월간 실시하며 단독조사가 끝난 후 1개월 안으로 공동조사를 진행한다.
2005.7.12	남북경제협력추진위원회 제10차 회의
	7. 임진강 수해방지를 위한 단독조사 자료를 빠른 시일 내에 상호교환하고 군사적 보장조치가 조속히 마련되는 데 따라 8월 하순경에 공동조사를 진행하기로 한다. 당면한 올해 홍수철 피해대책을 위해 북측은 임진강과 임남댐의 방류계획을 남측에 통보하기로 한다.
2005.10.18	남북경제협력추진위원회 제11차 회의
	임진강 수해방지사업 등 …… 계속 협의해나가기로 했다.
2006.6.6	남북경제협력추진위원회 제12차 회의
	4. 단독조사 결과 검토와 공동조사계획, 홍수예보체계 등을 협의하기로 한다.
2007.4.22	남북경제협력추진위원회 제13차 회의
	6. 「임진강 수해방지와 관련한 합의서」를 문서교환 방식으로 채택하고 이행
2009.10.14	남북 임진강 수해방지 실무회담
	북은 '임진강 사고'에 대한 유감과 유가족에 대한 조의를 표명했고 남은 이를 '사과'로 인정했다. 그리고 사고재발 방지를 위한 방류 사전통보를 북에 요구하고 댐 이름과 방류량, 방류 이유로 구분된 통보양식을 북에 전달했다. 또한 남북은 임진강 등 남북공유하천의 수해 방지 및 공동 이용방안을 계속 논의한다는 데 뜻을 같이하고 앞으로 문서교환 방식으로 후속 회담일정을 협의하기로 했다.

자료: 손기웅, 『남북한 공유하천 교류협력 방안』(통일연구원, 2006) 참고해 재구성.

과를 교환하고 유역에 대한 공동조사를 하기로 합의했으나 그 해에만 임시적으로 임진강 방류계획 통보에 대한 합의가 이루어졌다. 이후 지속적인 협의 및 논의가 이루어지지 못하고 이와 더불어 남북관계, 북미관계 악화 등으로 논의가 중단되었다. 2007년 4월 경추위를 재개해 「임진강 수해방지에 관한 합의서」를 다시 채택하기로 했지만 같은 해 10월과 12월에 각각 제2차 정상회담, 제1차 서해평화협력 특별지대 추진위원회 회의에서 북한이 별도의 실무 접촉을 요구해 합의서는 채택되지 못했다.

2009년 9월 황강댐 무단 방류로 하류지역에 인명피해 사건이 발생함에 따라 같은 해 10월 14일 남북 임진강 수해방지 실무회담이 개최되었다. 이 자리에서 남북은 2009년 9월에 발생한 북한의 황강댐 무단 방류와 그에 따른 남한 주민 6명 사망사고에 대한 북한의 사과와 해명에 관해 협의했다.

북한은 이 자리에서 '임진강 사고'에 대한 유감과 유가족에 대한 조의를 표명했고 남한은 이를 '사과'로 인정했다. 또한 북한에 사고재발 방지를 위한 방류 사전통보를 요구하고 댐 이름과 방류량, 방류 이유로 구분된 통보양식을 전달했으며 북한은 앞으로 방류 시 남한에 통보하겠다고 답했다. 이후 북한의 성의 있는 태도 변화는 없었지만 2009년 발생한 임진강 인명사고로 알 수 있듯이 남북 간 협력을 통해 임진강, 북한강 등 양측 공유하천에 대한 공동관리와 관련 제도장치나 정책을 마련해야 할 필요성이 높아지고 있다.

② 지자체 남북교류 현황

지자체의 남북교류협력사업은 1999년 1월 제주도가 북한에 감귤 100톤을 지원한 것이 시작이다. 이와 비슷한 시기에 강원도 역시 본격적인 남북교류를 시작했다. 강원도는 1998년 전국 지자체 중 최초로 남북교류 전담조직을 설치했으며 연어치어 방류·산림병충해 공동방재 등의 사업을 적극적으로 추진했다.

경기도 역시 농업협력사업, 인도지원사업 및 말라리아 공동방역, 양묘장 등 다양한 남북교류협력사업을 추진해왔다. 특히 말라리아 공동방역사업은 남북 모두에게 이익이 되는 사업으로서 5·24 조치 이후인 2011년에도 방역물자가 전달될 수 있었다. 동 사업은 2011년 말라리아와 관련해 동일한 피해가 발생하고 있는 인천시와의 협력을 통해 공동으로 추진됨으로써 광역지자체 간 협력을 통한 최초의 사업이 되기도 했다.

〈그림 2.7.1〉 경기도 인도지원물품 및 말라리아 방역자재 지원

자료: 경기도 남북협력담당관실.

이처럼 중앙정부 차원에서뿐만 아니라 지자체 차원에서도 DMZ와 그 인근 지역에서의 남북교류가 이루어져왔다. 그럼에도 남북관계의 경색은 이러한 협력사업을 크게 위축시켰으며 현재는 개성공단사업 정도가 유지되고 있는 수준이다. 하지만 남북관계가 개선된다면 DMZ를 둘러싼 남북교류협력은 더욱 확대될 것이다.

3) 접경지역에서의 동서독 협력사례

분단국가로서 통일 이전 동서독 사례는 남북관계와 관련해 많은 시사점을 준다. 물론 동서독의 사례가 남북에 그대로 적용될 수는 없다. 동서독의 경우 서로 전쟁을 겪지 않았기 때문에 접경지역에서 민간인출입 통제구역 범위가 고작 수십 미터 정도로 매우 협소했다. 또한 동서독 국경의 경우 통행에 많은 불편이 따르기는 했지만 상호방문이 완전히 막혀 있었던 것도 아니다. 그럼에도 접경지역에서의 협력과 관련해 동서독의 사례는 여러 가지 시사점을 던진다. 그렇다면 분단시절 동서독은 접경지역에서의 문제를 어떻게 다루었는가?

(1) 3개 분야 공동위원회 설치[5]

동서독 교류와 남북 간 교류를 비교할 때 가장 큰 차이점은 아마도 제도화와 관련된 부분일 것이다. 즉, 동서독은 협력사업을 추진할 때 협상을 통해 제도를 만들고 이렇게 만들어진 제도적 틀을 최대한 활용해 협력을 추진했다. 반면 남북의 경우는 일단 협력사업을 추진하고 사업이 진행되는 과정에서 새로운 제도와 협력방식을 도입하는 경향을 나타낸다.

동서독의 경우 1972년 체결된 「동서독관계기본조약」에 의거해 1973년 1월 31일 국경위원회(Grenzkommission)를 구성했다. 동 위원회는 국경선 통과와 관련해 발생하는 문제, 예컨대 수자원, 에너지 공급, 재해 방지와 같은 문제를 처리하기 위해 설치되었다. 국경위원회에는 동서독에서 각기 필요에 따라 임명된 대표단이 파견되었다. 서독의 대표단은 내무성 직원을 단장으로 내독관계성, 재무성, 동독과 국경을 접한 4개 주(바이에른, 니더작센, 헤센, 슐레스비히-홀슈타인)의 대표로 구성되었다. 동독은 외무성 직원을 단장으로 국방성(국경수비대), 환경 및 수자원 보호성, 내무성 직원 등으로 구성되었다.

국경위원회 회의는 국경 부근 도시에서 동서독을 번갈아가며 개최되었고 1978년 정부 간 의정서에 의해 1년에 4회 개최하기로 합의했다. 동 합의 이전까지는 보통 이틀간 개최되는 회의가 45회 개최되었다.

국경위원회 이외에 동서독은 통과여행위원회(Transitkommission)와 통행위원회(Verkehrskommission)를 설치했다. 통과여행위원회는 1971년 12월 17일자 '동독지역을 경유해 서독-서베를린을 왕래하는 민간인들의 통행과 민간물자 통과에 관한 양독 간 협정(Transitabkommen)' 제19조에 의거해 1972년 7월 설치되었다. 통과여행위원회는 본과 동베를린에서 번갈아 개최되었

---

5) 통일원, 『동서독 교류협력 사례집』(통일원, 1993), 100~104쪽.

으며 교통성 직원을 대표로 양측의 관련 부처가 참여했다. 서독의 경우는 내독성 직원이 추가로 참여했다. 동 위원회의 주요의제는 양측의 입장에 따라 서로 달랐다. 서독은 서독에서 서베를린지역을 방문할 때 겪는 불편사항을 주로 제기했으며 동독은 동독지역 탈출을 기도하는 동독 주민들이 서베를린 연결도로를 악용하는 문제 방지를 요청하는 것 등이었다.

통행위원회는 1972년 11월 설치되었다. 통행위원회 회의 역시 본과 동베를린에서 번갈아 개최되었으며 국경에서 인적·물적 상호 간 교통 및 왕래, 제3국으로의 통과교통과 관련된 문제를 다루었다. 이러한 위원회들의 성과는 사실상 제한적이었다. 그럼에도 이러한 위원회들이 선행 합의에 의해서 설치되고 지속적으로 협의하는 구조를 유지했다는 사실은 남북관계와 관련해 많은 시사점을 준다고 할 수 있다.

(2) 접경지역에서의 동서독 간 협력사업[6]

동서독 국경지역의 경우 분단시절에도 그 모습이 남북접경지역과 매우 달랐다. 남북 간에 설치된 DMZ의 경우 폭이 4km에 이를 뿐만 아니라 남북 양측에 모두 군사시설과 장애물이 있어 거대한 방벽을 이루고 있다. 반면 동서독 국경지역은 폭이 수십 미터 정도로 매우 좁고 접근 장애물은 오로지 동독지역에만 설치되어 있었다. 즉, 서독 국경지역의 경우 어떠한 장애물도 설치되지 않았으며 서독 군대가 국경지역에 촘촘하게 배치되어 있지도 않았다. 동독지역에 설치된 장애물의 경우에도 서독군의 침입을 방지하기 위한 시설이 아니라 대부분 동독 주민들이 서독으로 넘어가는 것을 방지하기 위한 시설이었다.

---

6) 같은 책, 326~328쪽.

〈그림 2.7.2〉 동서독 국경지역

주: 왼쪽은 원경, 오른쪽은 근경이다. 콘크리트 부분이 동독군의 국경 순찰로이며 순찰로 왼편이 지뢰지대, 그리고 지뢰지대 왼쪽의 움푹 패인 부분이 차량 통행을 저지하기 위한 장애물지대이다. 차량 통과를 막기 위해 설치한 자그마한 해자(垓字) 건너편이 과거 서독지역이며 이 지역에는 어떠한 장애물도 설치되어 있지 않았다.

동서독 국경지역의 경우 거의 일방적으로 동독에 의해 국경이 공고화되었으며 이 과정에서 발생한 문제를 해결하기 위해 양측의 협력사업이 추진되었다. 가장 괄목할 만한 것은 1973년 9월 20일 국경위원회에서 동서독 양측이 합의한 국경지역에서의 공동재산 방지에 관한 협정이다. 동 협정에서는 국경지역에서 화재가 발생하거나 홍수, 산사태, 전염병, 병충해, 수자원 오염 및 기타 사고가 발생했을 때 이를 상대편에게 신속히 알리고 공동으로 대처하기로 했다. 이로써 동서독은 재난방지 전화통화를 위해 국경정보교환소(Grensinforma-tionsstelle) 14개를 설치했다.

이 외에도 양측은 천연자원이 국경지역을 넘어 상대편 지역까지 매장되어 있어 그 지역의 천연자원까지 채굴해야만 하는 경우에 상호 지하월경 허용과 정보 교환에도 합의했다. 갈탄의 경우 1976년, 천연가스의 경우 1978년, 칼리의 경우 1984년에 합의가 이루어졌다.[7] 또한 국경에 관계없이 상대

---

7) 박래식, 『분단시대 서독의 통일·외교정책』(백산서당, 2008), 273~275쪽.

편 지역에 피해를 주는 환경오염에 대해 양측이 공동으로 대처하기 위한 합의도 있었다.

국경에 통과로가 설치되지 않아 국경지역에 거주하는 사람들이 시간을 들여 멀리 돌아가야 하는 경우, 서독 정부는 동서 간 통과로 건설에 많은 노력을 기울였다. 분단 이전에는 철도노선 40개, 고속도로와 국도 30개, 지방도로 140개 , 지역 간 통과도로 수천 개가 있었으나 분단시절에는 국경 통과도로(이 중 4개는 고속도로) 10개, 국경 통과철도 8개, 내륙운하 2개, 항공로 3개만 허용되었으며 동서 베를린 간에는 통과로 8개가 개설되어 있었다.

국경 통과부분은 남북접경지역과 가장 큰 차이점이라고 할 수 있다. 남북 간에 국경 통과가 가능한 길은 복원된 경의선 및 동해선 철도, 그리고 개성공단으로 가는 도로 정도로 이 역시 제한된 목적에서만 가능하다. 개성공단 연결통로만 개설되어 있을 뿐 남북접경지역이 전면적으로 차단되어 있는 것(2012년 기준)과는 대조적이라고 할 수 있다.

(3) 양독 국경지역에서의 공동수계문제[8]

분단기간에 동서독 간 하천 및 수자원 관련 협력은 무엇보다 동독에 의한 수질오염이 동기가 되었다. 동독은 산업과 농업 분야에서 외연적 팽창정책에 중점을 두었고 그 결과로 환경 악화가 불가피했다. 당의 핵심 간부들은 산업과 농업이 계획된 성과를 달성하느냐의 여부에만 관심이 있었다. 이들에게 환경문제는 비용 부담이 발생하는 부차적인 것으로만 인식되었고 이점에서는 서독도 마찬가지였다. 다만 동독과 달리 서독은 환경보호를 실천

---

8) 최용환 외, 「임진강 수계를 활용한 경기도의 남북협력방안 연구」(경기도, 2012), 46~60 쪽 참조.

〈표 2.7.11〉 동서독 간 수자원 협력 관련 성명 및 합의

협력명	협력내용
1989.2.22 국경하천에 대한 수리적 조치에 관한 국경위원회의 각서	동독은 국경하천에 대한 합의에 따라 1989년 중 98개의 조치를 실행, 하수에 대한 적절한 처리를 통해 하천오염을 감소한다.
1989.7.6 동독 내 환경보호프로젝트 실행에 관한 서독 환경, 자연보호 및 원자력 안전성 장관과 동독 내각자문회 의장 대행 및 환경보호 및 수리성 장관의 공동성명	서독의 재정지원에 의해 6개 환경보호 프로젝트를 수행, 수은 및 염화탄산수소로 오염된 엘베 강을 정화하고 SO₂와 산화질소로 오염된 대기를 정화, 이러한 조치를 통해 서독과 서베를린의 환경을 개선, 적절한 측정 및 송신 시설을 설치해 스모그 현상과 같은 극심한 대기상황 시 정보를 교환해 대기오염의 감소를 위한 보호적 예비조치를 실시한다.
1989.7.8 동독과 서독 니더작센 주의 환경공채 발행에 관한 성명	공채 발행으로 국경을 통과해 영향을 미치는 하천 및 대기의 정화계획을 수행, 화학단지인 비터펠트에 수은제거시설을 설치하고 하일리겐슈타트와 슈텐달에 다단계 정화시설을 건립한다.
1989.11.2 동독 내각자문회 의장 대행 및 환경보호 및 수리성 장관과 자유 한자 시 함부르크의 공동성명	함부르크는 파트너 시인 드레스덴을 지원하는 일환으로 솔리도르 드레스덴 공장의 중금속 배출을 줄이기 위해 드레스덴 카디츠의 정화시설 중 유도 및 주 집전기 세척과 세광을 위한 시설 및 장비를 제공한다.
1989.12.22 동독 환경보호 및 수경제성과 서베를린 시 발전 및 환경보호 담당 시상원 사무국 간 서베를린에서 나오는 하수의 배출 및 처리에 관한 지속과 변화에 관한 합의	동독은 추후 10년간 서베를린에서 나오는 하수에 대한 인산염 제거를 포함한 정화를 실시한다.
1989.12.20 서독 수상 헬무트 콜과 동독 수상 한스 모드로우 간의 공동성명	동서독 공동환경보호위원회 발족(1990.2.23) 위원장: 양국 환경성 장관 임무: 환경보호 공동계획 수립, 환경오염 방지를 위한 구체적 대책 수립, 사전 합의된 환경보호대책 실시를 위한 법안 작성

자료: 최용환 외, 「임진강 수계를 활용한 경기도의 남북협력방안 연구」(경기도, 2012), 53쪽.

할 수 있는 기술적 노하우와 재정능력이 있었다.

특히 동독의 주요한 하천(엘베 강, 오더 강, 나이세 강)은 동부 및 서부의 인접 국가로 흐르는 국경하천이었다. 그중 수량의 약 95%가 동서독 간 국경을 240여 회에 걸쳐 유출입하면서 동독에서 서독으로 흐른다. 서독 정부는 동독에서부터 기원해 자국으로 흐르는 오염된 하천의 문제를 경감시키기 위해 동독 정부와 합의를 도출하려고 끊임없이 노력했다.

동서독 간 수자원 협력과 관련된 합의내용은 〈표 2.7.11〉과 같다. 이러한 합의가 항상 성공적으로 이행되었던 것은 아니지만 다른 분야에서와 마찬 가지로 동서독의 경우 끊임없이 상호 간에 문제를 제기하고 협의하는 과정 을 중단하지는 않았다.

(4) 동서독 사례의 시사점

동서독 국경지역은 그 규모나 모습에서 남북접경지역의 경우와 매우 다 르다. 또한 동서독 교류의 실질적인 성과는 고르바초프 등장 이후인 1980년 대 후반에 나타나기 시작했다. 하지만 그 이전에 양독 간의 교류와 협력이 이루어지지 않았다면 탈냉전 분위기가 조성되었을 때 이 같은 성과를 거두 기는 어려웠을 것이다.

동서독 사례가 주는 시사점을 찾아보자면 첫째, 동서독 교류는 제도적 기 반을 마련하고 이를 기반으로 협의를 진행하면서 추가적인 제도를 지속적 으로 강화하는 모습을 보인다. 남북의 경우 기존 합의가 너무나 쉽사리 무 시되고 사문화되는 이유는 합의 대부분에 제도적 관심이 결여되어 있기 때 문이라고 할 수 있다. 특히 남북의 경우처럼 당국 간 관계가 경색과 협력 분 위기를 반복하는 상황에서는 정치적 변수와 무관하게 유지될 수 있는 제도 적 부분에 대한 관심이 필요하다.

둘째, 동서독 국경지역에서 양측이 합의한 핵심의제는 남북접경지역에 서도 그대로 적용될 수 있다. 즉, 공동의 재해·재난 방지, 수자원 협력, 지하 자원 협력 등은 남북접경지역에서도 발생하는 문제이자 협력이 필요한 분 야이다. 경기도는 이미 말라리아 공동방역 등의 사업을 추진하고 있다. 말 라리아 이외에도 접경지역에서 발생하고 있는 병충해, 산불, 댐 무단 방류 로 인한 하류지역의 피해 등을 고려한다면 접경지역에서 남북협력사업을 추진할 필요성은 충분하다고 할 수 있다.

3. 남북교류협력 추진방안

1) 남북교류, 무엇이 문제였나?

DMZ와 접경지역에서 다양한 남북교류협력사업이 추진되었음에도 남북 관계의 경색으로 사업 대부분이 중단된 것은 기존 사업방식의 한계를 의미한다고 볼 수 있다. 양적으로 다양한 사업이 추진되었으나 그 제도적 기반은 여전히 허약했으며 당국 간 관계라는 정치적·군사적 변수의 영향력은 거의 절대적이었다.

하지만 DMZ에서 발생하고 있는 문제를 해결하고 접경지역에서의 군사적 긴장을 완화시키기 위해서 남북교류협력사업은 필수적이다. 여전히 분단의 장벽역할을 하고 있는 DMZ에 교류를 통해 틈새를 열고 이를 점차 확대해가는 것 자체가 통일의 과정이 될 것이다.

이를 위해서는 기존 남북교류의 성과를 확대하고 남북교류를 지속적으로 추진할 수 있는 시스템을 고민해야 한다. 우선 기존 성과를 확대하기 위해서는 남북관계 개선 시 다시 확대될 가능성이 높은 기존 사업에 대한 일차적인 관심이 필요하다. 예컨대 현재에도 지속되고 있는 개성공단사업을 어떻게 할 것인지에 대한 관심이 높아질 것이다. 이미 인력 부족이 발생하고 있는 현실을 고려한다면 애초에 계획했던 정도의 확대가 어려울 수도 있을 것이다. 하지만 이보다 더 중요한 것은 개성공단이 중국 개혁·개방 초기의 경제특구와 같이 북한 내부경제와의 연계성을 제고할 수 있는 방안이 무엇인지에 대한 관심이다. 이는 제2·3의 개성공단을 고민하기 이전에 개성공단모델의 성과에 대한 평가가 이루어져야 한다는 의미이기도 하다. 이 외에 경기도와 인천시, 강원도 등 접경지역 지자체 남북교류협력사업의 성과와 경험을 활용할 수 있는 방안도 마련되어야 한다.

개성공단 이외에 금강산·개성관광 등은 재개될 가능성이 높다. 이 경우에는 금강산 관광객 총격사망 사건과 같은 우발적인 문제의 발생 가능성을 낮추고 사업이 안정적으로 지속될 수 있는 방안을 마련해야 할 것이다. 이 문제는 단순히 관광사업에만 한정된 것은 아니다. 남북교류 전반에서 제도화 문제, 그리고 사업의 성과를 확대시킬 수 있는 확산성·지속성에 대한 고민이 지속되어야 한다.

2) DMZ에 협력의 다리를 놓자
(1) 개성공단과 북한 내부경제의 연계성 강화를 위한 남북교류

개성공단사업이 기획되던 초기에 많은 사람들은 중국 개혁·개방 초기의 경제특구와 같이 개성공단이 북한 개혁·개방의 촉매제가 되기를 기대했다. 하지만 개성공단은 북한 내부경제와 단절된 상태로 운영되고 있다. 물론 개성공단은 남북경협의 상징적인 사업으로서 그 나름의 의의를 지니며 그것을 무시할 수 없다. 하지만 개성공단과 같은 특구를 북한의 여기저기에 건설하려면, 그리고 특구 건설의 효과가 북한 내부의 변화와 연결되기 위해서는 북한 내부경제와 개성공단의 연계를 강화할 필요가 있다.

즉, 폐쇄된 특구가 아니라 북한 내부에서 원료와 자재를 조달할 수 있어야 한다. 그래야 공단 활성화의 효과가 북한 내부에 영향을 미칠 것이며 그 효과가 크면 클수록 북한이 특구에 대한 자의적 조치를 내리는 것이 어려워질 것이다.

이를 위해서 우선 생각해볼 수 있는 것은 개성공단 배후지 농업의 활성화

〈표 2.7.12〉 2005년 남북농업협력위원회 제1차 회의 합의문(요약)

---

1. 남과 북은 농업협력사업을 좀 더 높은 단계에서 확대해나가기 위해 일정한 지역의 협동농장을 선정해 아래와 같은 방식으로 협력사업을 진행하고 그 성과에 기초해 확대해나가기로 한다. 남측은 협력하는 농장들의 육묘시설, 비료·농약·농기계 등 농기자재, 배합사료 및 영농기술 등을 2006년부터 지원한다. 이를 위해 북측은 남측 전문가들과 기술자들이 필요한 시기에 해당 지역을 방문할 수 있도록 보장한다.

2. 남과 북은 현대적인 종자 생산과 가공·보관·처리시설을 2006년부터 지원하는 데 적극 협력하기로 한다.

3. 남과 북은 우량한 유전자원의 교환과 육종 및 재배 기술, 생물농약의 개발과 생산기술, 농작물 생육예보 및 종합적 병해충관리체계(IPM) 형성, 남측 농업 전문가들의 방문 등 농업과학 기술분야에서 협력하기로 한다.

4. 남과 북은 축산, 과수, 채소, 잠업, 특용작물 등의 분야에서 협력사업을 발전시켜나가기로 한다.

5. 남과 북은 토지 및 생태환경 보호를 위한 양묘장 조성과 산림병해충 방제 등 산림자원을 늘려나가는 데 서로 협력하기로 한다. 이를 위해 쌍방은 북측의 동·서부지역에 각각 양묘장 1개씩을 조성하며 구체적인 장소는 앞으로 정하기로 한다.

이다. 농업에 관심을 보이는 이유는 첫째, 북한의 식량난을 고려할 때 북한이 쉽게 받아들일 수 있는 사업이기 때문이다. 사실 경기도를 비롯해 전라남도, 경상남도, 제주도, 강원도 등 지자체는 물론이고 여러 NGO가 북한에서 농업협력사업을 추진한 경험이 있다. 특히 경기도의 경우 2006~2008년 3년간 평양시 강남군 당곡리에서 농촌 현대화와 결합된 벼·채소 분야 협력사업을 추진하기도 했다. 둘째, 농업협력에 관한 남북 간 합의서가 존재한다. 물론 남북관계의 특성상 합의서 자체가 사업의 추진 여부를 보장하는 것은 아니지만 북한의 수요라는 측면, 그리고 그간의 협력 경험에 더해 합의서의 구체성 등을 고려할 때 농업분야의 협력 가능성은 상대적으로 높은 편이라고 할 수 있다.

① 개성공단 및 개성관광과 연계된 특산품 재배

남북관계가 경색되었음에도 개성공단은 지속적으로 유지·확대되어왔다. 따라서 남북관계가 개선된다면 개성공단은 현재보다 더 확대될 가능성이 높다. 물론 개성공단 자체의 한계가 있기 때문에 원래 계획만큼 확대되기는 어렵겠지만 1단계 100만 평 규모로만 확대되어도 약 15만 명 정도가 거주하는 소규모 도시가 될 수 있을 것이다.

그뿐만 아니라 개성관광 역시 금강산관광이 재개되는 시점에 맞추어 재개될 가능성이 높다. 그런데 개성관광의 경우 관광인프라가 부족한 것이 현실이다. 특히 개성지역을 방문해도 구매할 만한 북한 특산품이 부족하다는 문제가 있다. 과거 개성관광 당시 북한에서 판매한 품목의 대부분은 술과 꿀, 그리고 일부 농산물 정도였다.

따라서 남북농업협력사업과 개성공단 및 개성관광의 연계를 고려할 필요가 있다. 적절한 품목을 선정해 북한에서 생산되는 농산물의 상품성을 제고시킬 수 있는 방안이 마련되어야 한다.

고령지농업 관련 작물의 계약재배: 한국의 고령지농업(高嶺地農業)은 대관령 등 고산지대에서 주로 이루어지고 있다. 그 결과 토사 유출이 심해 환경이 파괴된다는 비판도 있다. 특히 무, 배추 등 주요 고령지농업 품목은 심한 가격 변화로 정부의 개입이 빈번하다. 따라서 남북협력사업을 통한 계약재배 방식을 추진할 필요성이 있다.

무, 배추 등은 높은 기술이나 많은 자본이 필요한 작물이 아니기 때문에 북한지역에서 재배한다고 하더라도 큰 문제가 발생하지 않을 것이다. 북한의 현실을 고려할 때 농산물 계약재배라고 하더라도 많은 자본이나 높은 기술이 필요한 분야의 협력사업은 많은 협력 경험이 축적된 이후에 계획하는 것이 바람직하다.

특히 경기도는 당곡리에서 농업협력사업 추진 시 방울토마토 등 채소 재배를 병행한 경험이 있기 때문에 경기도 농업기술원과의 협력을 통해 적절한 작물을 선정해 추진할 수 있을 것이다.

인삼 계약재배: 2007년도에 북한은 황해북도 토산군 인삼재배단지 현대화사업을 요청한 바 있다. 하지만 당시 북한 민화협 내부에서 의견 조율이 이루어지지 않아 사업은 추진되지 못했다. 인삼은 국제경쟁력은 있지만 우량 경작지 확보, 농촌 인력난, 인건비 과다 등의 문제가 따르는 농산물이어서 남북협력사업으로 인삼 재배가 추진된다면 한국에도 도움이 될 것이다.

북한 황해남·북도의 경우 지형, 기후, 토양 등이 인삼 재배에 적절한 것으로 평가되고 있다. 또한 개성인삼은 역사성이 있으므로 남북 공동으로 브랜드화할 수 있는 품목이다. 북한 인삼 재배의 문제점이 해가림시설이나 심경을 위한 중대형 트랙터가 부족해 양질의 수삼을 생산하지 못하는 것임을 고려할 때 경기도가 자재 및 표준 경작법을 제공하고 이것이 북한의 경작지 및 노동력과 결합한다면 최고의 인삼 브랜드를 육성할 수 있을 것이다.

특히 경기도와 인접한 황해북도와의 교류는 향후 지역 간 교류의 발판을 마련할 것이다. 또한 인삼이라는 특용작물을 통한 경제협력사업의 형태로 지역교류를 추진한다면 일방적인 지원 논란에서 벗어나 지방자치단체 차원의 남북교류협력 모범사례를 만들어갈 수 있을 것이다. 인삼의 경우 한국산 인삼에 대한 해외 인지도와 선호도가 높으므로 해외시장을 대상으로 남북이 공동경작한 단일 브랜드를 창출한다면 그 성과는 매우 높을 것이다.

거의 모든 분야에서 그렇지만 북한의 경우 상품 포장이나 해외 판매에서 한계를 보이고 있다. 즉, 해외 유통망이나 시장 변동에 대한 대응 면에서 아직 미숙한 부분이 많은 것이 현실이다. 따라서 개성공단에 북한 특산품을 가공할 수 있는 시설을 조성해 상품의 가치를 높이고 남북 공동 브랜드를 만들어 상품화하는 방안을 마련할 수 있다. 또한 한국이 해외 마케팅을 담당해 주체적으로 추진하되 이 과정에 북한 인력을 참여시켜 경험을 쌓도록 하는 방안을 마련하는 것도 바람직하다.

② 개성공단 및 개성관광 배후지 농업

북한의 특정 협동농장을 선정해 농업 지원 및 협력사업을 추진하면서 동 농장에서 생산되는 상품을 개성공단이나 개성관광과 연계시켜 상품화하는 방안을 고려할 수 있다. 상품화 이외에도 남북협력을 통해 생산된 채소와 나물 등을 개성 관광객 대상의 식품재료로 활용할 수 있다. 이 경우 서울 음식과 다른 개성 특유의 음식에 대한 개발이 연계된다면 상품성은 더욱 높아질 것이다. 혹은 개성공단이 확대되는 시점에 개성공단에서 제공되는 노동자들의 식사재료로 경기도와 북한의 농업협력을 통해 생산된 농작물을 사용하는 방안도 고려해볼 수 있다. 이는 개성공단과 북한 내부경제의 연계성을 높이는 방안이 될 것이다. 즉, 농업협력사업은 개별적인 사업으로 끝내는 것보다는 다른 사업과의 연계성을 강화함으로써 사업의 지속성과 확장성을 꾀할 수 있을 것이다. 이러한 사업 추진방식은 북한 경제의 자생력 강화에도 크게 기여할 것이다.

③ 잠업시범농장사업 추진: 개성공단 섬유업체와 연계

북한의 농업분야에서 잠사업은 수출 가능성이 높은 분야 중 하나로 평가된다. 북한은 1970년대 세계 5~6위의 잠업대국이었으며 1991년까지만 해도 뽕밭 6만 2,000ha에서 누에 60만 장을 사육했고 연간 생사 1,450톤을 생산했다. 그러나 생산성은 매우 낮아 ha당 뽕잎 생산량은 3.5톤, ha당 누에고치 사육규모는 9.9상자에 지나지 않았으며 생사 생산량은 24.5kg이었다. 국제농업개발기금(IFAD)은 북한의 잠업 개발을 위해 1996~2002년에 1,573만 달러를 융자해 황해북도, 평안남·북도 소재 28개 협동농장, 2개 원종장, 6개 국영농장, 2개 연구소에 대한 개발계획을 추진한 바 있다. IFAD는 북한이 잠업기반을 잘 개발할 경우 연간 생사 5,000톤을 생산할 수 있는 잠재력을 지닌 것으로 평가하고 있다.

한국은 한때 주요 잠사류 제품 수출국이었으나 국내 원료공급 부족과 수출 채산성 악화로 잠사류 제품의 수출을 중단하고 현재는 고부가가치 견직물 생산에 주력하고 있다. 2006년 한국은 중국, 브라질, 베트남 등지에서 생산된 견연사를 연간 1,400톤(2,600만 달러어치) 정도 수입하고 있으며 견제품 전체로는 연간 1억 5,000만 달러어치를 수입해 내수 또는 수출용으로 사용하고 있다.

따라서 북한에 잠업기술 및 기자재를 지원해 누에고치의 생산성과 품질 향상을 도모하고 고치 생사량을 증대시켜 개성공단에 입주한 생사 및 견연사 공장에 원료를 공급하는 사업을 추진해볼 수 있다. 물론 북한에서 생산된 누에고치나 생사를 국내에 들여와 제품화할 수도 있을 것이다.[9]

④ 개성관광을 남북연계 관광프로그램으로 확대

남북관계가 개선된다면 기존에 진행되었던 관광사업들이 재개될 것이다. 개성관광이 재개된다면 과거 개성관광 당시 발생했던 문제점을 개선할 필요가 있다. 기존의 개성관광은 당일 관광으로 진행되어 짧은 시간에 개성

---

9) 농림부, 「임진강유역의 농업기반 실태와 남북한 협력방안 연구」(2006), 208~212쪽 참조.

인근 지역을 둘러보고 귀환하는 프로그램이었다.

물론 북한지역 자체가 관광지로서 매력은 있지만 박연폭포, 선죽교 등 단조로운 여행코스에 대한 지적이 있었다.[10) 이 외에도 숙박의 불편성, 쇼핑 가능한 북한 특산물(상품)의 부족 등이 문제점으로 꼽혔으며 북한 주민의 생활상 체험 및 주민 접촉에 대한 요구도 있었다. 단기간 내 개성지역에 대규모 숙박시설을 도입하기가 어렵다는 점을 고려한다면 경기북부지역과 관광연계를 통해 문제를 해결할 필요성이 있고 중장기적으로는 남북협력을 통한 북한산 상품의 경쟁력 제고, 관광 프로그램 개발이 요구된다. 한편 개성관광 자체를 활성화시키기 위해서도 프로그램의 다양화 및 남북연계관광을

〈표 2.7.13〉 개성관광코스 안내

아침	남한 CIQ → 남한 출경수속 → 북한 CIQ 이동 → 북한 입경수속
오전 일정	박연폭포 관광 → 관음사 관광
점심	중식(통일관, 민속여관 중 1곳)
오후 일정	숭양서원 관광 → 선죽교, 표충비 관광 → 고려박물관 관광 및 쇼핑 → 개성공업지구 견학
저녁	북한 CIQ → 남한 CIQ → 남한 입경수속 → 집결지 이동 후 귀가

자료: 현대아산 웹사이트(www.ikaesong.com).

〈표 2.7.14〉 남북관광협력사업 현황

구분	1998~ 2002	2003	2004	2005	2006	2007	2008	2009	2010	2011	계
금강산 관광	514,243	74,334	268,420	298,247	234,445	345,006	199,966	-	-	-	1,934,661
개성관광	-	-	-	1,484	-	7,427	103,122	-	-	-	112,033
평양관광	-	1,019	-	1,280	-	-	-	-	-	-	2,299

자료: 통일부 웹사이트.

---

10) 개성관광 프로그램을 진행해왔던 관광업체 사장 등 인터뷰(2012.2.10).

추진할 필요성이 있다.

그렇지만 남북 간 관광교류는 2008년 발생한 금강산 관광객 총격사망 사건을 계기로 완전 중단된 상태이다. 〈표 2.7.14〉에서 나타나듯이 남한 관광객이 북한 군인에 의해 피살된 사건 이후 남북관광은 전면 중단되었으며 관광 이외에 남북 간 인적교류 역시 크게 위축되었다.

이는 개성공단사업이 남북관계가 경색되었음에도 지속된 것과는 대조적인 현상이라고 할 수 있다. 남북 간 관광사업은 남북관계의 경색에 의해 중단된 것이므로 당국 간 관계가 개선될 경우 급속하게 재개될 가능성이 높다. 특히 금강산은 남한 기업이 이미 많은 자본을 투자한 지역이자 관광효과가 가장 높은 지역이다. 더구나 북한은 금강산관광 재개를 한국 정부의 남북관계 개선의 시험장으로 삼고 있기도 하다.

개성관광보다 더 대규모로 이루어지는 금강산관광이 재개된다면 서부 접경지역인 개성지역에서의 관광 역시 자연스럽게 재개될 것이다. 따라서 남북 간 관광연계를 위한 대비가 필요하다.

남북연계관광: 북한은 남북관광교류가 단절되면서 중국 등 제3국 대상의 관광에 관심을 보이고 있다. 실제로 북한의 관광 프로그램 운영 사이트에서는 평양, 묘향산 등 북한 내부 관광지 이외에 개성과 금강산 등 남북관광 위주로 운영되던 관광 프로그램을 소개하고 있다(〈그림 2.7.3〉 참조).

물론 금강산이나 개성지역이 한국인이 아닌 중국 등 외국인에게 매력적인 여행지는 아니다. 특히 북한 내부의 열악한 교통수단과 빈약한 관광 프로그램 등을 고려할 때 제3국 관광객을 동 지역으로 끌어들이는 데는 한계가 있을 것이다. 하지만 북한이 이러한 관광 프로그램을 운영하고 있다는 사실에 착목하면 남북연계관광이라는 발전적 계기를 마련하기란 충분하다.

〈그림 2.7.3〉 판문점 및 금강산 관광 소개 사이트

자료: 주체여행사 웹사이트(www.juchetravelservices.com).

남북 간 협력이 이루어진다면 개성관광 이외에도 남북연계관광 프로그램을 추진할 수 있다. 예컨대 중국 등 제3국에서 북한을 방문해 판문점까지 방문하는 관광코스는 이미 운영 중이므로 동 프로그램을 확대해 남한지역을 방문하고 북한으로 귀환하는 프로그램을 꾸릴 수 있다. 반대로 한국을 방문하는 외국 관광객을 대상으로 한국관광과 개성관광 등 북한지역 연계관광 프로그램을 추진할 수 있다.

이러한 남북연계관광을 추진하는 데는 통행·통신·통관 등 이른바 '3통문제'의 해결이 필수적이다. 3통문제 해결은 남북연계관광뿐만 아니라 개성공단 등 경협사업은 물론이고 긴급한 물자 지원을 위한 육로교통 연계를 위해서도 반드시 필요하다.

관광지 및 관광 프로그램 개발: 남북연계관광이 경쟁력을 갖추기 위해서는 관광지 및 관광 프로그램 개발이 선행되어야 한다. 경기북부지역의 관광지

개발은 남북연계관광과 무관하게라도 이루어져야 할 부분이지만 남북관계 개선을 염두에 두고 추진한다면 개발 명분을 확보하는 것은 물론이고 그 효과를 배가시킬 수 있을 것이다.

남북연계관광을 염두에 둔 관광지 및 관광 프로그램의 개발방향은 첫째, 기존에 추진하고 있는 사업을 기반으로 그 성과를 확대할 필요가 있다. 경기도는 2010년부터 통일염원 임진강 수영대회를 개최한 바 있으며 강원도 철원지역에서는 DMZ 국제평화 마라톤대회를 개최하고 있다. 물론 아직까지 이러한 사업은 남한지역만을 대상으로 한 이벤트성 행사에 그치고 있다. 하지만 남북관계가 개선된다면 파주 등 남쪽지역에서 출발해 MDL을 넘어 개성지역으로 이어지는 코스를 개발할 수 있을 것이다. MDL을 넘어 세계인이 함께하는 마라톤대회 혹은 자전거 타기 행사를 연례적으로 개최한다면 이는 매우 상징적인 사업이 될 수 있을 것이다. 또한 그 행사 자체가 관광상품의 하나로 자리 잡을 수 있다.

이러한 행사가 갖추어야 할 관광상품으로서의 경쟁력은 MDL을 넘나드는 평화행사라는 상징성 이외에 주변의 볼거리, 먹거리 등과의 연계성이다. 예컨대 현재 임진강 황포돛배 운행구간은 국도 37호선과 떨어져 있어 이 지역을 지나는 사람들은 배를 구경할 수 없다. 즉, 황포돛배는 타는 것뿐만 아니라 강변에서 운항하는 배를 보는 것 자체로도 관광의 묘미를 더할 수 있다는 점을 고려해 이 지역의 주요 간선도로인 국도 37호선 근처까지 황포돛배 운행코스를 연장할 필요가 있다.

둘째, 남북연계관광을 활성화시키기 위해서는 남북교류를 염두에 둔 시설개발이 필요하다. 예컨대 임진각 평화누리 일대에 북한 공연단의 방문공연 시설을 건설할 수 있다. 이러한 사업은 남북 공연단의 상호교환 방문공연 등과 고려해 추진할 수 있을 것이다. 지금까지 남북인적교류에는 상대적으로 매우 어려운 측면이 있었으나 앞으로는 예술·스포츠 분야를 중심으로 추진하는 방향을 고려할 필요가 있다.

만약 이러한 공연시설이 만들어진다면 임진강의 어족자원을 살펴볼 수 있는 아쿠아리움이나 임진강 주변의 생태·환경자원을 체험할 수 있는 평화생태공원 등과의 연계를 꾀하는 것이 바람직하다. 즉, 경쟁력 있는 프로그램이라고 하더라도 단 하나에 그치는 것이 아니라 해당 지역의 특성을 최대한 살려 다른 프로그램과 연계시켜야 한다.

셋째, 개성관광과 관련해 북한지역의 관광 프로그램 개발에도 관심을 보일 필요가 있다. 앞서 간략히 언급한 바와 같이 기존의 개성관광 프로그램은 너무 단조로운 편이었다. 따라서 개성관광이 지속적으로 이루어지기 위해서는 북한지역에서의 관광 프로그램 역시 다양화될 필요가 있다.

물론 북한지역의 관광 프로그램 개발은 근본적으로 북한의 판단에 달린 것이다. 그렇기 때문에 북한의 긍정적 결정을 이끌어내기 위해서는 다른 프로그램과의 연계를 모색할 필요가 있다.

예컨대 임진강 북쪽지역에 남북 간 농업협력을 추진하는 협동농장이 있다면 동 협동농장에서의 남북협력사업 추진현황 자체가 하나의 견학 프로그램이자 관광상품이 될 수 있다. 협동농장에서의 남북협력사업이 잘 추진된다면 이를 관광객들이 요구하는 북한 생활상 체험 프로그램으로 발전시킬 수도 있다. 물론 그것이 진정한 체험에 미치지는 못하겠지만 남북이 협력해 새로운 북한 체험 프로그램을 만들 수 있을 것이다.

이와 동일한 콘셉트의 프로그램은 개성공단과 연계해 발전시킬 수도 있다. 이미 개성관광 프로그램에 개성공단 견학이 들어 있는 것도 이러한 개념으로 이해할 수 있다. 즉, 남북이 협력해 새로운 상품을 만들어내는 것은 상품 자체뿐만 아니라 그 과정까지도 흥미로운 관광상품이 된다. 더구나 개성공단 견학 프로그램은 개성공단에서 생산되는 상품을 판매하는 과정과 쉽게 연결할 수 있다.

이 외에도 북쪽지역에는 고려의 수도였던 개성이, 그리고 남쪽지역에는 조선의 수도였던 서울이 자리 잡고 있다는 점에서 개성(고려)의 문화와 서울(조선)의 문화를 비교 체험할 수 있도록 프로그램을 구성할 수 있을 것이다. 여기에는 음식, 문화, 풍속, 예술 등 다양한 측면에서의 접근이 요구된다. 또한 이 과정에서 개성·서울지역의 음식, 풍습, 문화, 예술 등을 서로 비교하고 발전시키는 계기가 마련될 수도 있을 것이다.

고구려·고려 유적의 복원, 발굴, 보전: 임진강유역에는 고구려·고려시대의 유적과 문화재가 다수 존재한다. 북한은 고구려와 고려에서 자국의 정통성을 찾으려 하기 때문에 이 시기 문화에 대한 관심이 상대적으로 높은 편이다. 실제로 북한은 평양 근교의 고주몽 묘역을 세계문화유산에 등재하는 등 고구려 문화에 대한 자부심이 높다. 물론 북한이 고구려와 고려의 정통성에 관심이 있는 것은 한반도의 정치적 정통성이 평양을 중심으로 한 북부지역에 있다는 것을 강조하기 위해서다.

이 같은 고구려·고려 역사에 대한 북한의 관심을 고려할 때 동 시기의 역사를 함께 연구하고 역사·문화자원을 복구하는 문제를 제기해볼 수 있을 것이다. 특히 중국의 동북공정 등 한반도의 역사를 왜곡하는 외국의 움직임에 대응해야 한다는 명분을 내세운다면 북한이 더욱 쉽게 공동연구·발굴 등의 사업에 동의할 것이다.

특히 개성지역은 한국전쟁 당시 유엔군의 폭격 피해가 상대적으로 매우 적었다. 그 이유는 개성 인근인 판문점에서 휴전협상이 진행되고 있었기 때문이다. 그런데 북한의 경제가 피폐해지면서 개성지역은 물론이고 북한 각

지에서 문화재 도굴과 훼손 문제가 심각해지고 있다. 따라서 북한지역에 소재한 문화재를 발굴·보전하는 사업은 시급하고도 중요한 과제가 되고 있다.

남북역사공동연구 등의 사업은 관이 주도하기보다는 경기도 내 대학과 북한 고려성균관 혹은 경기도박물관과 북한 고려박물관 등 다양한 주체가 참여해 추진하는 것이 좋다. 왜냐하면 역사, 문화와 관련된 부분에는 전문성이 요구되기 때문이다. 또한 다양한 주체가 참여해 남북 간 인적 접촉을 확대하는 것이 중장기적으로 바람직하기 때문이기도 하다.

금강산관광과 연계: 임진강을 따라 북동쪽으로 난 길은 서울에서 원산으로 이어지는 주요 교통로이다. 경의선이 복원되고 동해안에서 금강산관광길이 열렸으나 한반도의 중부 접경지대인 경원선구간은 여전히 단절된 지역으로 남아 있다. 남북관계가 개선된다면 경의선구간에서의 개성관광, 개성공단사업이 재개되고 동해안에서의 금강산관광 역시 다시 열릴 것이다.

따라서 한반도 중부 접경지대인 경원선구간에서의 남북협력사업에 대한 관심도 필요하다. 남북·러시아 가스관 연결사업이나 TSR과의 철도 연결사업은 결국 경원선 복원과 연관될 수밖에 없다. 한반도 내부적으로 경원선의 복원은 내금강관광으로 이어지는 단거리 코스이기도 하다.

또한 경원선구간의 DMZ 내에는 궁예의 태봉 유적이 산재해 있으므로 남북협력 여하에 따라서 새로운 문화, 관광의 계기가 마련될 수도 있다. 또한 DMZ의 생태적·환경적 측면과 연결해 미래지향적인 남북협력사업을 추진할 수도 있다.

이를 위해서는 경기도, 강원도 등 접경지역 지자체 간에 DMZ 관리 및 활용에 대한 협력과 입장 정리가 우선되어야 한다. 그뿐만 아니라 중앙정부 부처별로 다르게 추진되고 있는 DMZ에 대한 여러 구상과도 조율이 필요하다.

즉, 지자체 간, 그리고 지자체와 정부 간, 정부부처 간의 다양한 입장을 먼저 조율하고 정리해서 남북협력사업을 추진해야 할 것이다.

⑤ 기존 사업의 확대·발전방안

중앙정부는 물론이고 경기도와 인천시는 접경지역에서 증가하는 말라리아를 해결하기 위해 남북협력사업을 추진해왔다. 동 사업은 구제역, 조류독감, 산림병충해 등 초국경질병에 대한 공동대처사업으로 확대해 추진할 수 있다. 특히 구제역이나 조류독감은 축산분야의 남북협력과 관련해 매우 중요한 과제라고 할 수 있다. 중장기적으로는 질병분야에 대한 협력사업을 포괄해 남북 보건·의료분야 협력체계 구축을 구상할 수 있을 것이다.

축산분야 협력사업과 초국경질병 공동대처사업의 연계: 과거 북한은 양돈 등 축산분야의 협력사업을 추진하는 데 관심을 보여왔다. 남한의 경우에도 경기도를 비롯해 전라남도, 제주도 등이 양돈사업을 추진한 바 있다. 경기도와 북한의 양돈협력사업은 축산분뇨를 활용한 신재생에너지사업과 연계해 기획되었다. 동 사업들은 남북관계의 경색으로 중단되었지만 남북관계 개선 시 언제든지 재개가 가능한 것들이다.

축산분야의 협력사업에는 경기도 이외에 다른 지자체도 관심을 보이고 있으므로 경기도 단독으로 추진하기보다는 다른 지자체와의 연계를 통해 시너지효과를 확대하는 편이 바람직할 것이다. 또한 가축질병 등과 관련된 공동연구·방역은 사업의 효율성과 현실적 제약요인을 고려할 때 국가 차원의 질병관리조직과 함께 추진할 필요가 있다.

축산분야의 협력은 구제역, 조류독감 등 가축질병의 방역과 밀접하게 연관될 수밖에 없기 때문에 사업의 확장 가능성도 높다. 최근 가축질병이 국경을 넘어 확산되는 추세이기 때문에 가축질병에 대한 공동연구 및 대처방안을 마련하는 것은 남북 모두에게 필요한 사안이다.

구제역, 조류독감 등 가축질병의 대규모 발생현상은 한국에만 국한된 것이 아니다. 2005년 북한에서도 조류독감으로 평양 인근의 사육장에서 닭 수천 마리가 집단 폐사하고 대규모의 매몰 처분이 있었던 것으로 알려졌다.[11] 특히 철새의 이동에 따라 전염이 확산되는 구제역, 조류독감 등은 국경을 넘어 전파될 수 있으므로 남북의 공동대처가 필요한 사안이라고 할 수 있다.

북한의 경우 보건·의료체계가 열악해 가축질병에 더욱 취약할 것이므로 공동방역·방재 혹은 공동연구를 적극적으로 제안할 필요가 있다. 가축질병 공동방역·방재는 국내 가축질병 연구를 총괄하는 농림수산검역검사본부 등과 협력할 필요가 있다. 이는 지자체 차원에서 가축질병 원인 바이러스 등에 접근하기가 원활하지 않은 국내법적 한계 이외에 가축질병의 확산범위가 전국적이므로 국가 차원에서 접근하는 것이 타당하기 때문이다.

다만 경기도는 최근에 발생한 구제역 사례에서 볼 수 있듯이 국내에서 축산업 비율이 높은 자치단체이자 북한과 접경하고 있는 지역으로서 가축질병의 확산 방지와 관련된 경험과 기술을 전수할 수 있을 것이다. 즉, 국가와 지자체의 협력과 역할 분담 속에서 남북 공동으로 방역·방재사업 혹은 연구사업을 추진하는 것이 바람직하다.

축산협력과 신재생에너지사업 및 유기질 비료 지원: 2012년부터 축산분뇨의 해양 투기가 전면 금지된 현실을 고려할 때 신재생에너지 관련 산업은 남북협

---

11) "북(北), 조류독감 발생 확인: 2~3개 닭 공장서 수십 만 마리 소각·매몰", ≪한국일보≫, 2005.3.28.

력과 무관하게 관심을 가져야 하는 분야이다. 하지만 북한에서 축산분야의 남북협력사업을 추진한다면 소규모 전력생산 등에 활용될 수 있는 신재생에너지사업과 연계시켜 실행하는 것이 바람직하다.

신재생에너지사업을 청정개발체제(Clean Development Mechanism: CDM)와 연계시켜 추진한다면 온실가스 감축과 관련해 세계은행 등 국제기구의 기금 지원을 받을 수 있다. 국제기구의 지원이 동 사업을 추진하는 데 필수적인 것은 아니지만 온실가스 감축과 관련한 한국의 이미지 개선 이외에도 남북협력을 연결하는 상징적인 사업이 될 수 있을 것이다. 이 경우 사업의 규모를 일정 정도 확보하는 것이 바람직하므로 축산협력에 관심이 있는 제주도, 전라남도 등 다른 지자체와 협력해 추진할 필요가 있다.

⑥ 남북교류사업의 지속성과 안정성 확보

남북관계의 특성상 당국 간 관계의 부침이 있을 수밖에 없고 남북교류 역시 그 영향에서 자유로울 수는 없다. 그뿐만 아니라 남북교류사업에는 북한이라는 상대방이 있기 때문에 남한의 의지만으로는 추진이 불가능하다. 과거 경험에 비추어 보면 북한의 일방적인 사업중단 요구나 정치적·군사적 변수로 사업에 차질이 생기는 경우가 비일비재했다. 따라서 접경지역에서의 남북교류 추진에서도 남북교류사업의 안정적 관리는 매우 중요한 숙제가 아닐 수 없다.

남북교류를 안정적으로 관리하기 위한 확실한 해결책을 마련하기란 매우 어려운 일이지만 과거와 같이 외부변수에 너무나 쉽게 영향을 받는 구조는 개선할 필요가 있다. 이를 위해서는 첫째, 제도화에 관심을 보여야 한다. 남북 당국 간 관계의 부침과 무관하게 지속적으로 사업을 협의할 수 있는 제도적 틀이 있어야 한다. 남북관계 경색국면에서는 협의 틀을 유지하는 자체가 중요한 과제가 될 수도 있다. 이를 위해서는 어떤 경우에도 정기적으로 만나서 협의할 수 있는 제도적 틀이 필요하다.

또한 제도에 대한 관심은 사업 추진방식에 대한 남북 간 합의와 관련해서도 매우 중요하다. 남북교류에서는 특정한 사업도 중요하지만 그 사업 자체와 함께 이후 사업을 어떻게 추진해야 하는지에 대한 합의가 병행되어야 한다. 물론 제도적 틀이나 남북 간 합의 자체가 사업의 성공을 보장하는 것은 아니다. 하지만 사업방식에 대한 최소한의 합의를 만들어내는 것은 이후 사업의 진행이나 안정적 관리를 위해 반드시 필요하다.

앞서 살펴본 동서독 협력의 사례에서도 제도적 틀은 매우 중요했다. 동서독의 경우 「동서독관계기본조약」에 기초해 국경에서의 협력을 위한 여러 가지 제도적 틀을 만들고 이를 통해 사업을 추진했다. 물론 동서독의 경우에도 제도적 틀 자체가 사업의 성공을 보장하지는 못했다. 하지만 이러한 제도적 틀은 통일과정에서 커다란 역할을 했다고 할 수 있다. 즉, 제도가 성공을 보장하지는 않지만 양측이 제도를 만드는 노력을 하지 않고는 어떤 것도 할 수 없다는 점을 인식할 필요가 있다.

둘째, 일회성 사업이 아니라 패키지형 사업을 추진해야 한다. 지금까지 남북교류는 특정 사업 하나에 집중해 이를 성공시키는 방식으로 진행되었다. 그 결과 사업 자체에 장애가 발생하면 모든 것이 중단되는 문제가 있었다. 이러한 방식의 사업 추진은 사업 간 연계를 통한 시너지효과 측면에서도 문제가 있다. 따라서 서로 연관된 다양한 사업 패키지를 제시하고 실제 추진도 복합적으로 이루어질 필요가 있다. 즉, 여러 주체와 다양한 사업이 특정 지역에 집중되어 동시 병행되는 것이 바람직하다. 이로써 사업 간 연계를 통한 시너지효과를 기대할 수 있고 하나의 사업이 중단되더라도 다른 사업을 통해 우회적으로 접근할 수 있을 것이다.

셋째, 남북교류라고 해서 사업 추진주체를 남북 양측으로만 제한해서는 안 된다. 즉, 제3국이나 국제기구, 글로벌 NGO 등 제3의 파트너와 함께하는 사업방식도 필요하다. 특히 중국이나 러시아 혹은 북한과 외교관계를 수립하고 있는 제3국 등 북한과 상대적으로 우호관계에 있는 국가나 그 국가 소속의 단체 및 기관과의 연계를 적극적으로 고려할 필요가 있다. 즉, 사업 추진주체 간의 관계가 남북 간 일대일 대응구조가 아니라 제3·4의 파트너가 함께하는 네트워크형 구조인 것이 바람직하다.

물론 일반적으로는 사업 참여주체가 증가할수록 사업을 진행하는 데 시간과 노력이 많이 든다. 이는 의사 결정구조가 복잡해지고, 참여주체 간의 이해관계가 다를 수 있기 때문에 당연한 것이다. 하지만 남북교류사업을 안정적으로 관리하기 위해서는 이러한 비용을 기꺼이 지불해야 한다. 제3의 파트너가 참여해야 남북 당국 간 관계가 경색되었을 때 간접적·우회적 접근이 가능하기 때문이다.

예컨대 개성관광을 남북연계관광으로 확대한다면 더 많은 중국 관광객이 참여하는 방식이 바람직하다. 이를 위해서는 단순히 남북연계관광이 아니라 환황해권 전체를 아우르는 관광루트가 개발되어야 할 것이다. 금강산 관광의 경우에도 러시아와 중국 동북지방, 그리고 일본 서해안을 아우르는 환동해권 국제크루즈 여행으로 발전시키는 방안을 고민할 필요가 있다.

남북이 공동으로 보건·의료분야 협력체계를 고민하는 데도 국제기구나 선진국의 대학과 연구소를 함께 참여시켜 추진하는 것이 바람직하다. 제3국이 함께하는 협력체계가 만들어진다면 남북관계가 경색되더라도 우회적인 통로를 통해 사업을 지속할 수 있기 때문이다.

이러한 과정을 통해 북한의 중간 간부와 실무자가 국제사회의 일반 원칙을 배워나가는 과정 또한 매우 중요하다. 이것은 통일을 촉진하는 요인이 될 뿐만 아니라 통일 이후 남북의 사회 통합을 위해서도 긴요한 과제이다.

그뿐만 아니라 북한이 상대적으로 관심을 보이지 않고 있는 생태와 환경 등 글로벌 이슈의 중요성을 각인시킬 수 있을 것이다. 또한 중장기적으로 생태·환경의 가치를 북한 스스로 인식하게 함으로써 DMZ의 진정한 가치를 보존·확대할 수 있는 협력 프로그램이 활성화될 것이다.

넷째, 남북교류사업이 국내에 미치는 파급효과에 대한 고려가 필요하다. 제주도의 대북감귤지원사업이 오랫동안 지속될 수 있었던 것은 대북지원에 과잉생산된 감귤의 가격을 조정하는 기능이 있었기 때문이다. 물론 이것만 으로 제주도사업의 지속성을 평가하는 것은 문제가 있을 수 있지만 대북지 원의 국내적 효과와 관련해서는 제주도 사례를 참고할 만하다. 사실 제주도 사례뿐만 아니라 대북 식량·비료지원도 국내 식량·비료가격에 큰 영향을 주었다.

남북교류사업의 국내적 효과에 대한 관심이 필요한 것은 이것이 사업 자 체에 대한 한국 국민의 동의와 관련되기 때문이다. 대북 퍼주기 논란이나 남남갈등이 존재하는 상황에서 남북교류사업이 지속성과 안정성을 확보하 기 위해서는 사업 자체에 대한 국내의 지지가 매우 중요하다. 물론 남북 간 경제력 격차 등을 고려할 때 초기과정에서 인도적 지원은 불가피하다. 하지 만 남북 모두에게 이익이 되는 상생협력 프로그램에도 관심을 보여야 한다.

참고문헌

강원도. 2006. 「철원 평화시 건설 기본구상 연구」.

경기개발연구원. 2010. 「동아시아 경기제에 관한 연구」.

_____. 2012. 「경기도의 통일경제특구 유치방안 연구」.

_____. 2012. 『한중관계 2.0: 국가를 넘어 지방정부로』. 한울아카데미.

경기도. 2009. 「경기도 행정구역 변천지도」.

_____. 2011. 「DMZ 일원 종합발전계획」.

_____. 2012. 「경기도 종합계획(2012~2020)」.

_____. 2012. 「도, DMZ 사업 행안부에서 7억 원 지원받아」.

_____. 2012. 2012 제1차 DMZ 포럼 자료집.

경기도·경기개발연구원. 2008. 「살아 있는 생태문화 박물관 DMZ」.

경기도·인천광역시·강원도. 2005~2010. 『통계연보』.

경기도사편찬위원회. 1997. 「경기도 역사와 문화」.

고경빈. 2008. 「DMZ 생태계 보전과 활용을 위한 남북협력체계」. 『DMZ 일원 평화생태공
        원 조성과 협력체계 구축』. 경기도·경기개발연구원 공동주최 세미나 자료집.

국가균형발전위원회. 2007. 「제2단계균형정책」.

국방정보본부. 2010. 『군정위편람』. 국방부.

국토해양부. 2010. 『도로교통량통계연보』.

_____. 2010. 『도로현황조서』.

_____. 2011. 『국토해양통계연보』.

김귀곤. 2010. 『평화와 생명의 땅 DMZ』. 드림미디어.

김동성 외. 2011. 「DMZ 경제특구 구상」. ≪이슈&진단≫ 23호. 경기개발연구원.

김명기. 1999. 「DMZ 평화화의 국제법적 구상」. 김재한 엮음. 『DMZ: 발전적 이용과 해체』.
        소화.

김성원. 2012. "북한 급변사태 시 365만 명 남하할 것". 유코리아뉴스.

김원배. 1999. 「한반도의 지경학적 입지와 한국의 선택」. 홍철·김원배 엮음. 『21세기 한반
        도 경영전략: 지경학적 접근』. 국토연구원.

김재한. 2006. 『DMZ 평화답사』. 오름.

김주현. 2012.1.4. "경총 북(北) 붕괴 때는 최대 365만 명 남하". ≪조선일보≫.

김포시. 2008. 「김포 – 개성 간 육상교통망 확충방안」.

≪김포신문≫. 2008.10.1. "시, 낙후도 경기 31개군 시·군 중 20위 중하위권".

농림부. 2006. 「임진강유역의 농업기반 실태와 남북한 협력방안 연구」.

대한민국정부. 2011. 「제4차 국토계획 수정계획(2011~2020)」.

문화체육관광부. 2010. 「문화관광해설사 운영지침」.

_____. 2011. 「2010년 기준 관광동향에 관한 연차보고서」.

_____. 2012. 「2011 외래 관광객 실태조사」.

박래식. 2008. 『분단시대 서독의 통일·외교정책』. 백산서당.

박삼옥. 1999. 「남북한 경제지리적 통합의 기반구축전략」. 홍철·김원배 엮음. 『21세기 한반도 경영전략: 지경학적 접근』. 국토연구원.

박삼옥 외. 2007. 『북한 산업개발 및 남북협력방안』. 서울대학교출판부.

박상봉. 2010. 「동독 급변사태와 서독의 대응」. '북한 급변사태 시 긴급 식량구호대책' NDI POLICY SEMINAR.

박양호. 1999. 「한반도 지역개발의 전략」. 홍철·김원배 엮음. 『21세기 한반도 경영전략: 지경학적 접근』. 국토연구원.

박은진. 2010. 「생태계보호지역의 커뮤니티 비즈니스 도입 및 활성화 방안」, ≪Policy Brief≫ 42호. 경기개발연구원.

_____. 2011. 「민통선지역 생태계 훼손요인 및 영향 저감방안 연구」. 경기개발연구원.

박은진 외. 2012. 「분단·대립 접경지역의 해외사례와 한반도 DMZ의 시사점」. ≪이슈&진단≫ 44호. 경기개발연구원.

서미숙. 2007.8.8. "접경지역 부동산 다시 뜰까". 연합뉴스.

성원용 외. 2005. 『대륙철도를 이용한 국제운송로 발전전략 비교연구』. 한국교통연구원.

손기웅. 2006. 『남북한 공유하천 교류협력방안』. 통일연구원.

_____. 2011. 『DMZ 총람: 개요, 정치·군사적 현황』. 통일연구원.

신범철·전경주(평역). 2009. 「북한 급변사태의 대비」. 한국국방연구원.

여연호. 2000.8.27. "남북철도 따라 땅값 들썩들썩". ≪한겨레신문≫.

유네스코한국위원회. 1997. 「민통선지역의 생태계 보전과 지역사회 활성화 동시 달성을 위한 조사연구 보고서」.

이해정. 2010. 「접경지역 종합개발을 통한 남북상생구조 구축방안」. ≪통일경제≫ 100호. 현대경제연구원.

이혜은. 2006. 「DMZ의 세계유산적 가치」. 동국대학교 북한연구소 엮음. 『DMZ와 생태와 한반도 평화』. 아카넷.

인천광역시. 2005. 「인천-개성 연계발전 추진전략」.

제성호. 2010. 『한반도 안보와 국제법』. KIDA PRESS.

조봉현. 2011. 「남북관계에 있어서 개성공단의 발전방안」. 《KDI 북한경제리뷰》 10월호. 한국개발연구원.

조응래 외. 2012. 「DMZ·접경지역의 비전과 발전전략」, 《이슈&진단》 60호. 경기개발연구원.

질병관리본부. 2012. 「야외활동 시 말라리아 감염 주의하세요」.

최동진. 2009. "공유하천 관리, 협력사업 연계·통합해 추진 필요". 《워터저널》.

최성록·박은진. 2010. 「DMZ 일원 주요자원의 보전가치 추정 연구」. 강원발전연구원·경기개발연구원.

최승담. 1999. 「DMZ의 관광자원 공동개발」. 김재한 엮음. 『DMZ: 발전적 이용과 해체』. 소화.

최용환. 2007. 「개성공단과 경기북부지역 연계발전방안 연구」. 경기개발연구원.

최용환 외. 2012. 「임진강 수계를 활용한 경기도의 남북협력방안 연구」. 경기도.

통계청. 2012. 「인구 센서스 조사」(http://kosis.kr/abroad/abroad_01List.jsp?parentId=A).

통일원. 1993. 『동서독 교류협력 사례집』. 통일원.

포코니, 도리스(Doris Pokorny). 2010. 「DMZ 일원 생태평화적 관리를 위한 국제컨퍼런스」.

한국교통연구원. 2012. 「경기도 자전거 이용 활성화 5개년 기본계획」.

《한국일보》. 2005.3.28. "북(北), 조류독감 발생 확인: 2~3개 닭 공장서 수십 만 마리 소각·매몰".

행정안전부. 2011. 「접경지역발전 종합계획」.

허재완 외. 2008. 『경기도 경쟁력 강화를 위한 주요 정책과제와 대응방안』. 경기개발연구원.

현대아산. 2005. 「개성공업지구 개발총계획」.

환경부·문화재청·산림청·경기도·강원도. 2011. 「DMZ 생물권보전지역 신청서」.

황금회 외. 2010. 「경기도 접경권 초광역 종합발전계획(안) 추진방향 연구」. 경기개발연구원.

_____. 2011. 「경기북부지역 발전을 위한 특정지역 도입방안 연구」. 경기개발연구원.

Chartier, Pierre. 2007. "The Trans-Asian Railway." Transport and Communications Bulletin for Asia and the Pacific, No.77, UNESCAP.

Nelson, Arthur C. & Terry Moore. 1993. "Assessing urban growth management: The case of Portland, Oregon, the USA's largest urban growth boundary." Land Use Policy, Vol. 10, No.4. Elsevier.

Sang Chuel, Choe. 1999. "Spatio-Physical Strategies for a Unified Korea in the 21st Century." Paper presented at the Special Session of the 16th Pacific Regional Science Conference, July, 12~16, Seoul, Korea.

┌지은이

경기개발연구원(Gyeonggi Research Institute) ㅣ 경기개발연구원은 경기도와 31개 시·군, 그리고 지역기관·단체의 공동출연으로 1995년에 설립되었으며, 경기도의 경쟁력 강화와 삶의 질 향상을 위한 정책개발 연구기관으로서 지방분권 및 재정, 도시·주택, 창조경제, 교통, 환경, 사회경제, 통일동북아 등의 분야에 대한 종합적이고 전문적인 정책연구를 수행하고 있다.

조응래 ㅣ 대표 저자, 경기개발연구원 교통연구실 선임연구위원, 연세대학교 공학박사. 주요 논저에 『한중관계 2.0: 국가를 넘어 지방정부로』(2012), 『21세기 동북아 연결망 한중해저터널의 기본구상』(2010), 「대한민국의 미래를 여는 길」(2009) 등이 있다.

김군수 ㅣ 경기개발연구원 창조경제연구실 선임연구위원, 일본 쓰쿠바대학교 지역경제학박사. 주요 논저에 「한중 FTA와 경기도 대응방안」(2012), 『한중관계 2.0: 국가를 넘어 지방정부로』(2012), 「경기도 자영업실태와 정책방향」(2012) 등이 있다.

박은진 ㅣ 경기개발연구원 환경연구실 연구위원, 서울대학교 환경대학원 이학박사. 주요 논문에 「DMZ 생태평화마을 조성을 위한 기초조사 및 발전방향」(2012), 「DMZ 생물권보전지역 신청서」(2011), 「민통선지역 생태계 훼손요인 및 영향 저감방안 연구」(2011), 「DMZ 일원 평화생태공원 조성 및 생태관광 개발을 위한 연구」(2008) 등이 있다.

이수진 ㅣ 경기개발연구원 창조경제연구실 연구위원, 미국 텍사스 A&M 대학교 여가관광학박사. 주요 논문에 「경기도 강변레저 활성화 방안」(2012), 「베이비붐 세대 은퇴에 따른 여가소비문화 활성화 방안」(2011), 「신한류 콘텐츠 음식관광 활성화 방안」(2010) 등이 있다.

최용환 ㅣ 경기개발연구원 통일동북아센터 연구위원, 서강대학교 정치학박사. 주요 논저에 「임진강 수계를 활용한 경기도의 남북협력방안 연구」(공저, 2012), 『북한, 어디로 가는가?』(공저, 2009), 『세계화, 국가, 시민사회』(공저, 2006) 등이 있다.

황금회 ㅣ 경기개발연구원 도시·주택연구실 연구위원, 미국 텍사스 A&M 대학교 도시 및 지역과학박사. 주요 논문에 「메가리전 형성에 관한 기초연구와 시사」(2012), 「도시성장관리 평가와 실효성 제고방안」(2010), 「경기북부 3대축 발전방안 연구」(2009) 등이 있다.

한울아카데미 1526

DMZ의 미래

DMZ 가치의 세계화와 지속가능발전

경기개발연구원 ⓒ 2013

지은이 | 조응래, 김군수, 박은진, 이수진, 최용환, 황금회
엮은이 | 경기개발연구원
펴낸이 | 김종수
펴낸곳 | 도서출판 한울
편집 | 배유진

초판 1쇄 인쇄 | 2013년 2월 18일
초판 1쇄 발행 | 2013년 3월 4일

주소 | 413-756 경기도 파주시 파주출판도시 광인사길 153(문발동 507-14) 한울시소빌딩 3층
전화 | 031-955-0655
팩스 | 031-955-0656
홈페이지 | www.hanulbooks.co.kr
등록번호 | 제406-2003-000051호

Printed in Korea
ISBN 978-89-460-5526-1 93330

* 책값은 겉표지에 표시되어 있습니다.